SEX, DRUGS UND ROCK'N'ROLL

im habsburgischen Wien

Maria Mustapic

SEX, DRUGS UND ROCK'N'ROLL

im habsburgischen Wien

KRAL VERLAG

1. Auflage 2022

J.-F.-Kennedy-Platz 2
A-2560 Berndorf
Tel.: +43 (0) 660 4357604
Tel.: +43 (0) 2672/82 236-0, Fax: Dw. 4
E-Mail: office@kral-verlag.at

Text von Maria Mustapic

Umschlag- und grafische Innengestaltung:
office@xl-graphic.at | Wien

Printed in EU
ISBN: 978-3-99103-040-9

Besuchen Sie uns im Internet: www.kral-verlag.at

Inhaltsverzeichnis

Das Buch ist in drei Überkapitel geteilt, nämlich Sex, Drugs und Rock'n'Roll. Die jeweiligen Themen werden zu Beginn des Kapitels sozialhistorisch und kulturell aufgearbeitet, um dem/der LeserIn Entwicklungen und historische Zusammenhänge aufzuzeigen. Hierbei konzentriere ich mich nicht ausschließlich auf Wien. Allerdings dient dieser Aufbau zum Verständnis der folgenden Ausführungen über Wien und die Habsburger. Die drei Sujets werden von verschiedenen Blickwinkeln beschrieben und nach Möglichkeit mit historischen Anekdoten untermauert.

DRUGS

VON DROGEN, „ALLHEILMITTELN“ UND „GEHEIMEN“ KRANKHEITEN

ROCK'N'ROLL BEI HOF

DANKE

Ein großer Dank geht an den Kral Verlag und seine engagierten Mitarbeiter. Nur durch ihren eifrigen Einsatz konnte dieses Projekt gelingen.

Auch meiner Familie möchte ich danken, vor allem meinen Eltern, die mich immer unterstützt haben und hinter mir gestanden sind.

Ich kann mich auch glücklich schätzen, tolle Freunde zu haben. Sie sind meine größten Fans und Kritiker und motivieren mich so stetig.

Außerdem bin froh, Kollegen zu haben, die mich nicht nur zu der einen oder anderen der Erzählungen in diesem Buch inspirierten, sondern auch meinen Arbeitsalltag regelmäßig versüßen.

Aber mein größter Dank gilt meiner wundervollen Tochter Mia, dem wichtigsten Menschen meines Lebens. Ihre Liebe, ihr gutes Herz und vor allem ihre Geduld mit mir machen mich zu einem besseren Menschen.

Last but not least möchte ich all jenen danken, die mir geholfen haben, auf meinem Weg voranzukommen.

Wien, im Februar 2022

VORWORT

Welche Themen sind seit jeher nicht nur in Wien, sondern auch im Rest der Welt kontrovers? Wie hat sich der Umgang und die Rezeption von Sexualität im Laufe der Geschichte verändert? Wirkten Sucht- und Genussdrogen immer schon anziehend auf die Wiener Bevölkerung? Was sind *geheime Krankheiten* und wie beeinflussten sie die Wirtschaft? Waren die Wiener allerweil Lebensmenschen und feierten die Feste, wie sie fielen? Und wie meisterte die Crème de la Crème der Gesellschaft die Herausforderung der natürlichen Notdurft bei barocken Veranstaltungen?

All diese Fragen und noch vieles mehr werden in diesem Buch beantwortet, unterstützt von auflockernden historischen Anekdoten.

Ob nun von blutrünstigen Kaiserssprösslingen, nonnenliebenden Herrschern, dem persönlichen Koks-Spritzen-Set einer Kaiserin oder unter Opiumeinfluss gestochenen Tätowierungen, bis hin zu quasi „Swinger-Masken-Bällen" im Schloss Schönbrunn und dem sogenannten *Türkenkopfstechen* zur allgemeinen Belustigung.

Lust und Laster wurden in Wien also immer schon groß geschrieben – sowohl am Hof als auch in der „einfachen" Gesellschaft.

Die drei Überkapitel Sex, Drugs (Drogen & Allheilmittel) aber auch Rock'n'Roll, also die Tanz- und Feierkultur, zeigen die Geschichte Wiens von einer anderen Seite und sollen nicht nur informieren, amüsieren und schockieren, sondern auch verdeutlichen, dass im Laufe der Geschichte immer wieder mit zweierlei Maß gemessen wurde.

Es wird nicht nur die Entwicklung dieser umstrittenen Themen beschrieben, sondern auch aufgezeigt, dass es vielerorts noch ein weiter Weg zu einer offenen und toleranten Gesellschaft ist.

Im *Sex*-Kapitel wird der Umgang mit Sexualität im Laufe der Jahrhunderte aufgegriffen – ob nun die Rezeption verschiedener Kulturen und Religionen oder des Kaiserhauses und wie diese brisante Thematik zeitweise streng kriminalisiert wurde. Hierbei wird das älteste Gewerbe der Welt auch näher beleuchtet. Zudem auch, wie der eine oder andere habsburgische Kaiser seinen Samen zu jeder sich bietenden Gelegenheit säte und es so zu einer beachtlichen Anzahl von um die 50 Nachkommen schaffte. Es wurde geliebt, betrogen und es wurden Orgien gefeiert.

Gleichwohl wusste die „niedere“ Bevölkerungsschicht, sich horizontal zu amüsieren und dies, wenn nötig, auch zu Geld zu machen.

Das Kapitel *Drugs* setzt sich nicht nur mit Sucht- und Genussdrogen wie auch den sogenannten *Allheilmitteln*, sondern auch mit Geschlechtskrankheiten und deren Behandlungsmethoden im Laufe der Geschichte auseinander.

Und schließlich steht die Rubrik *Rock'n'Roll* für den Tanz und die Festkultur in Wien. Die Entwicklung von Festivitäten – von geistlich dominierten hin zu weltlichen Feierlichkeiten. Die Wiener Ballkultur und der Wiener Kongress haben hier natürlich eine tragende Rolle.

Jedes Kapitel dient nicht nur einem informativen Zwecke, sondern macht auch durch seine auflockernden und teils amüsanten Anekdoten Geschichte greifbarer.

Sex, Drugs and Rock'n'Roll sind Sujets, die die Gesellschaft seit jeher interessieren, schockieren und emotionalisieren. Auch in meiner Tätigkeit als Fremdenführerin habe ich bald gelernt, dass ich meine Gäste für die Vergangenheit begeistern kann, indem ich Geschichte durch Anekdoten und Vermenschlichung der historischen Persönlichkeiten zum Leben erwecke.

So sind auch dieses Buch wie meine Führungen spannend und unterhaltsam gestaltet.

SEX

Sex war seit Beginn der Zeit ein fundamentales Sujet.
Eltern hatten Sex, Großeltern hatten Sex. Und auch wenn die Kirche es nur ungern zugibt, ist es recht unwahrscheinlich, dass Adam und Eva keinen Sex hatten.
Im Laufe der Geschichte hatte die Menschheit ein ambivalentes Verhältnis zum Thema der körperlichen Liebe. Während es in manchen Kulturen immer schon als etwas vollkommen Natürliches und Normales verstanden wurde, entwickelten sich andere Zivilisationen in eine andere Richtung und werteten die lebensschaffende Praxis oft ab.

Sex in heiligen Schriften

Das Judentum steht dem Thema des Coitus gespalten gegenüber, einerseits ist die sexuelle Begierde notwendig, um die Welt zu schaffen und zu erhalten, dann wird er wiederum als „böser Trieb" bezeichnet. An einer anderen Stelle darf es dann doch lustvoll sein, so heißt es im Talmud Berachot 57b, dass „Sex ein Vorgeschmack auf die kommende Welt" sei „und der Mann verpflichtet sei, seine Frau zu befriedigen" (Ketubbot 61b), wobei die Häufigkeit reguliert sein will: „… die Unabhängigen jeden Tag, die Arbeiter zweimal wöchentlich, die Kameltreiber einmal in dreißig Tagen, die Schiffer einmal in sechs Monaten." (Ketubbot 5.6)[1]

Kein Wunder, dass es bald Tradition wurde, dass ein Seemann in jedem Hafen eine Freundin haben sollte.

Auch andere Weltreligionen beschäftigen sich in ihren heiligen Schriften mit Zwischenmenschlichem.

Der Koran etwa ermutigt seine Leser: „Eure Frauen sind für Euch ein Saatfeld. So geht zu ihm, wo immer ihr wollt. (Koran, Sure 2,223)"[2] Was weniger nach einer Aufforderung zur Reproduktion, als einem Freibrief für die Herren der Schöpfung, ihrer Libido freien Lauf zu lassen, klingt.

Auch das Alte Testament, das Buch der Sprüche 5,1819, bestärkt den Gläubigen: „… ihre Brüste sollen dich sättigen jederzeit, ihre Liebe mache dich immerfort trunken".[3]

Das Hohelied 7,8-9 liest sich fast wie der Playboy: „Ja, dein Wuchs gleicht der Palme, und deine Brüste Trauben. Entschlossen will ich die Palme ersteigen, will ihre Rispen ergreifen. Deine Brüste sollen nun sein wie Trauben des Weinstocks, und dein Atem wie Apfelduft, und dein Mund sei mir wie bester Wein." Auch diese Textstellen suggerieren nicht unbedingt, dass Sexualität nur zwecks Fortpflanzung praktiziert werden sollte.

Ferner bietet das *Neue Testament* in dieser Hinsicht so einiges und setzt hier sogar auf „Gleichberechtigung".

Im ersten Korintherbrief 7,35 steht geschrieben: „Der Mann leiste der Frau, was er ihr schuldig ist, desgleichen die Frau dem Mann. Die Frau verfügt nicht über ihren Leib, sondern der Mann. Ebenso verfügt der Mann nicht über seinen Leib, sondern die Frau. Entziehe sich nicht eins dem anderen …" Auch die ersten Apostel waren verheiratet und nahmen ihre Frauen auf „Geschäfts-", also Missionsreisen mit (1. Kor, 9.5). Jesus scheint eine zölibatäre Lebensweise völlig fremd gewesen zu sein, da er fest auf den Fundamenten des Judentums stand, das Ehe und Sexualität (innerhalb der Ehe) immer befürwortete. Sein eigenes Verhältnis zu Maria Magdalena deutet auf eine nicht ausschließlich platonische Beziehung hin. Im Philippusevangelium heißt es: „Die Sophia, die genannt wird: die Unfruchtbare, sie ist die Mutter der Engel. Und die Gefährtin [des Erlösers] ist Maria Magdalena. Der [Erlöser liebte] sie mehr als [alle] Jünger [,] und er küsste sie [oft] auf ihren [Mund]."[4]

In den Büchern der Bücher gibt es also einige Hinweise darauf, dass Sex nicht ausschließlich pragmatisch sein müsse und die Wollust nicht zwingend ein Werk des Teufel sei.

Sexmoral

Es ist, wie so oft in der Geschichte – insbesondere der Geschichte der Religionen –, eine Frage, wie die Theorie in der Praxis ausgelegt und gelebt wurde und wird. Hier spielt/e die Moral eine wichtige Rolle.

In der christlichen Sexmoral ist oft von Sünde die Rede. Das beginnt schon bei Adam und Eva. „Im asexuell konzipierten Paradies hatten Adam und Eva zunächst keinen Verkehr; erst durch den Sündenfall ‚erkannten' sie sich und wurden zu sexuellen Wesen – ein Vorgang, der seither ChristInnen in Form der ‚Erbsünde' belastet. Zwar sahen auch die Kirchenväter den Sexualakt als unumgängliche Voraussetzung für das Fortbestehen der Menschheit an, dessen lustvolle Ausübung galt aber als verdammenswerte Sünde, für die man mit den fürchterlichsten Höllenqualen bestraft werden sollte …" – ein Widerspruch in sich – „… die frühmittelalterliche Theologie des sechsten bis elften Jahrhunderts kodifizierte in sogenannten Pönitenzbüchern Richtlinien für Beichtväter, die Listen von Sünden und entsprechende Strafen enthielten; sie führten auch detailliert sexuelle ‚Vergehen' an. Dabei unterschied man zwischen ‚natürlicher‘ und ‚unnatürlicher‘ Unzucht: Als ‚natürliche‘ Unzucht bezeichnete man den außerehelichen, aber ‚naturgemäßen‘ Verkehr, bei dem der Mann in die Scheide der Frau ejakuliert und der Zeugung nichts im Wege steht.“[5] Alles andere wurde als widernatürlich abgestempelt und teilweise sogar als „Todsünde“ bezeichnet. „Geschaffen ist der Mensch aus ekelerregendem Samen.“, predigte Papst Innozenz III. (1161–1216) um 1200, „empfangen ist er in der Geilheit des Fleisches, in der Glut der Wollust.“[6]

Die Geschichte sexueller Ge- und Verbote monotheistischer Religionen veranschaulicht, dass sich das Verständnis von Richtig oder Falsch und akzeptablem Genuss den Gegebenheiten ihrer Zeit anpassten. Je nach Bedarf wurde aus Lust ein Laster und aus Spaß wurde Frevel.

Hier spielte die Entwicklung des Patriarchats in vielen Kulturen und Religionen eine maßgebliche Rolle. Die Auslegung von Sexualität und Geschlechterrollen veränderte sich nicht unbedingt zum Vorteil der Nachkommen Evas. Ein Instrument zur Macht und Kontrolle des Volkes durch Kirche und Staat.

„Das Christentum zählte seit seiner Ausbreitung in Europa zu den wichtigsten Autoritäten, die bestimmten, wie der Mensch zu sein und wie seine Sexualität auszusehen habe. Mit seinen umfangreichen Verboten und Geboten evozierte es eine primär negative Sicht auf die als ‚gefährlich‘ angesehene körperliche Lust, was – meist unbeaufsichtigt – gleichzeitig das Interesse wecken konnte, sich mit ihr auseinanderzusetzen. Die Menschen sollten die ‚Fleischeslust‘ durch individuelle Selbstkontrolle disziplinieren, daher wurden alle ‚schamlosen‘ Gedanken und Handlungen mit Schuldgefühlen besetzt. Den grundlegenden Anreiz zur Einhaltung der Keuschheitsgebote stellte die Rettung der eigenen Seele dar. Sexualität durfte rein der Fortpflanzung dienen und war ausschließlich in der Ehe erlaubt, allerdings auch dort nur maßvoll.“[7]

1139 definierte Papst Innozenz II. (~1088–1143) die Ehe als Sakrament, als unauflöslicher und einziger Rahmen, der Sexualität zwischen Mann und Frau erlaubte und ausschließlich der Fortpflanzung dienen sollte. Im selben Atemzug reglementierte er das Zölibat für Priester, denn nur „Der Unverheiratete sorgt sich um die Sache des Herrn; er will dem Herrn gefallen.“ (1 Kor 7, 27-33) Dabei war der erste Apostel, Petrus, der erste Bischof Roms und der Vorgänger der Päpste, verheiratet. Ihm war es also möglich, die Urgemeinde der Christenheit in Rom zu gründen und gleichzeitig eine Familie zu haben.

Der säkulare Grund für das Zölibat als kirchliches Gesetz war wohl ein finanzieller. Ohne Frau und Kinder vererbten die Diener Gottes ihren weltlichen Besitz „Mütterchen Kirche“.

Kriminalisierung von Sexualität

Im 16. Jahrhundert spitzte sich die Lage für das Volk zu. Mit der *Constitutio Criminalis Carolina* (1532) wurden die christlichen Werte, ob nun katholisch oder protestantisch, in die profane Legislative übernommen. Einer „Verwilderung der Sitten“ sollte so Einhalt geboten werden. „Als sexualbezogene Gesetzesverstöße normierte die *Carolina* etwa ‚Unkeusch[heit] wider die natur‘ (männliche und weibliche Homosexualität, Bestialität), ‚Unkeusch[heit] mit nahenden gesipten freunden‘ (Inzest), Entführung, ‚Nottzucht‘ (Vergewaltigung), Ehebruch und Kuppelei …“ Sie definiert auch, was eine Vergewaltigung zu einer Vergewaltigung machte, so musste sich das Opfer „… bis zur Bewusstlosigkeit beziehungsweise Verletzung“ wehren, „damit der Strafbestand erfüllt war (‚rechtlicher Notwehrzwang‘).“[8]

Sakrale Moral wurde zur irdischen Sittenlehre. Insbesondere ein vom Klerus als anstößig verurteilter Lebensstil wurde nun auch strafrechtlich verfolgt. Allerdings kollaborierte die weltliche Herrschaft nicht aus purer Kirchennähe, sondern, um die eigene Bevölkerung noch flächendeckender kontrollieren und züchtigen zu können. Ob nun Ehebruch, Masturbation, gleichgeschlechtlicher Sex, Analsex – egal in welcher Kombination – und auch Prostitution sowie Abtreibung waren nicht nur mehr unmoralisch, sondern wurden als Verbrechen charakterisiert. Zusätzlich galt Sodomie als kriminell: per Definition jeglicher Geschlechtsverkehr, der nicht der Reproduktion galt.

Die weltliche und sakrale Obrigkeit kriminalisierte mit ihren Sittengesetzen Sexualität, um ihre Macht zu manifestieren und beeinflussten so die gesellschaftliche Auffassung des Sujets. Anschauungen, die bis heute in vielen Religions- und Kulturkreisen stark verankert sind.

Gut 200 Jahre später spielte in Maria Theresias *Constitutio Criminalis* (1768) die Lust kaum und wenn, dann nur eine Nebenrolle. Dementsprechend wurden nicht nur ‚widernatürliche', sondern auch alle anderen nicht-prokreativen heterosexuellen Praktiken verboten. Die *Theresiana* verurteilte, ähnlich wie ihre Vorfahrin, die *Carolina*:

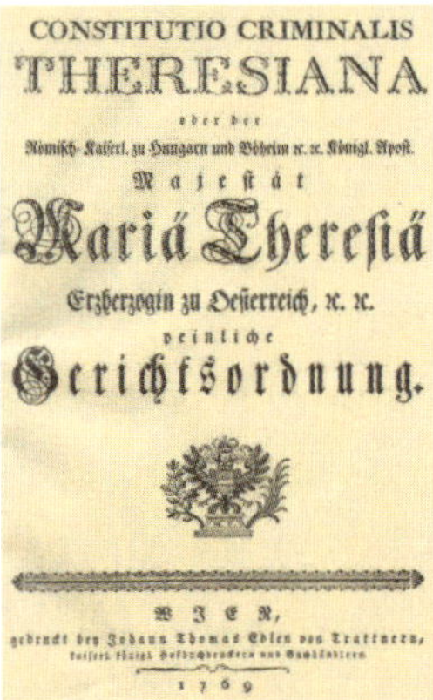
CONSTITUTIO CRIMINALIS
THERESIANA
oder der
Römisch-Kaiserl. zu Hungarn und Böheim x. x. Königl. Apost.
Majestät
Mariä Theresiä
Erzherzogin zu Oesterreich, x. x.
peinliche
Gerichtsordnung.
Wien,
gedruckt bey Johann Thomas Edlen von Trattnern,
kaiserl. königl. Hofbuchdruckern und Buchhändlern.
1769

Abb. 1: *Constitutia Criminalis Theresiana*, 1769

„74. Artikel von Unkeuschheit wieder die Natur.
§ 1. Das abscheuliche Laster der Unkeuschheit wieder die Natur, oder sodomitische Sünd' wird verübt erstlich: wenn von einem Menschen mit dem Viehe, oder toden Körpern; andertens: wenn zwischen Personen einerley Geschlechts, als Mann mit Mann, Weib mit Weib, oder Weib mit Mann wieder die Ordnung der Natur Unzucht getrieben wird, worzu drittens: gewissermaßen auch die von Jemanden alleine begehende – widernatürliche Unkeuschheiten zu rechnen sind.
§ 5. … Mit wem, oder mit was für einem Viehe er die Unzucht getrieben? Mit was Gelegenheit, und Hülffsmitteln? Wo, und an welchem Ort? Zu welcher Zeit? Wem das Vieh zugehöre? Ob er die That wirklich mit Auslassung des Saamens, und wie oft vollbracht? Ob damals die Leute im Haus gewesen? Ob er Niemanden gemerkt, der solches etwann gesehen? Wer ihn darzu bewogen, oder angetrieben? Wer ihn diese Unthat gelehret, oder ob er es von anderen gesehen habe? Wer dieselbe seyen?
§ 6. … Ein Knabenschänder, oder aber da sonst ein Mensch mit dem anderen sodomitische Sünd getrieben hätte, der solle anfangs enthauptet, und nachfolgends dessen Körper samt den Kopf verbrennet; und endlich Drittens: All – übrige widernatürliche Unkeuschheiten willkührlich nach Gestalt der Umständen schärffer, oder gelinder gestraffet werden.
81. Artikel von gemeiner Hurerey, und anderen ungeziemlichen Beywohnungen." – mit anderen Worten wurde Sex zwischen Unverheirateten und Sexarbeit unter Strafe gestellt – und
„82. Artikel von Unkeuschheit wider die Natur und fleischliche vermischung von Ungläubigen."[9] wurde mit dem Tode bestraft.

Anders ausgedrückt: Sex mit Tieren, Nekrophilie, Homosexualität, Analsex und Masturbation wurden, wie schon davor, als widernatürlich eingestuft und gesetzlich verboten.

Eine Grauzone war die sogenannte „Nothzucht“, die darin bestand, einer „unverleumdeten“ Frau mit Gewalt „ihre jungfräuliche oder weibliche Ehre“ zu nehmen, woraus folgte, dass weder eine Prostituierte noch eine Ehefrau (durch ihren Ehemann) Opfer einer Vergewaltigung werden konnte, denn eine Dirne war quasi rechtlos und dem Gatten stand das Recht auf Geschlechtsverkehr mit seiner Angetrauten zu, egal unter welchen Umständen. Andererseits war Sex mit Familienmitgliedern, ob nun blutsverwandt oder angeheiratet, die sogenannte „Blutschand“, schwer illegal – pure Ironie in Hinblick auf den habsburgischen Familienstammbaum.

Hier wurde also wie so oft mit zweierlei Maß gemessen.

Onanisten „gefährden“ den Fortbestand der Menschheit

Über Jahrhunderte wurde die „Verschwendung von Samen“ pathologisiert, kriminalisiert, ja sogar als Gefährdung für den Fortbestand der Menschheit dargestellt. Das „Verhalten wider die Natur“ wurde von der Kirche, der Obrigkeit und der Gesellschaft verurteilt und zeitweise auch strafrechtlich verfolgt.

Heute ist es wissenschaftlich bewiesen, dass es zu einer gesunden (sexuellen) Entwicklung eines Kindes gehört, sich selbst zu erforschen, auch den Genitalbereich und die Wirkung gewisser Stimulationen zu entdecken – eine frühe Form von Masturbation also.

In früheren Zeiten wurde sie von „calvinistisch-puritanischen Eiferern als ein das gesamte Leben schädigendes, krankhaftes Verhalten klassifiziert“,[10] besonders bei Kindern und Teenagern. Masturbation wurde tabuisiert oder als krankhaftes Verhalten denunziert. Bis heute ist es ein Thema, das von gewissen Personen, Gruppierungen oder auch Kulturkreisen totgeschwiegen wird, frei nach dem Motto „Onanie gleich Perversion“.

S. A. D. Tissot
der Arzneigelehrtheit Doktors
Versuch
von denen Krankheiten,
welche aus der
Selbstbeflekung
entstehen.
Aus dem Lateinischen übersetzt.

Propriis extinctum vivere criminibus.
C. Gallus.

Frankfurt und Leipzig,
In der Fleischerischen Buchhandlung
1760.

Abb. 2: Titelblatt von *Versuch von denen Krankheiten aus der Selbstbefleckung entstehen.1760*

1712 wurde in England eine anonyme Abhandlung veröffentlicht, *Onania; oder Die abscheuliche Sünde der Selbstbefleckung*, in der der Verfasser, später als John Marten (~1670–1737) – ein britischer Arzt – identifiziert –, propagandierte, dass die Welt von einem der größten Probleme der Menschheit bedroht wäre: den Masturbanten. „Im Schutz der Heimlichkeit rubbelten diese Leute sich um die Gesundheit, den Verstand und am Ende gar das Leben", so der „sittsame" Autor. Das prüde Essay erfreute sich großer Beliebtheit in Europa und schaffte sogar den Durchbruch in der neuen Welt. Andere Mediziner sprangen auf die Anti-Onanie-Kampagne auf, wie zum Beispiel der Schweizer Arzt Samuel August Tissot (1728–1797) mit seinem „hochwissenschaftlichen" Werk *Versuch von denen Krankheiten, welche aus der Selbstbeflekung entstehen* (1760). Der Verlust zu vieler Körperflüssigkeiten auf diese „unkeusche" Weise konnte nicht nur zu Hirnschäden oder einem Schwund des Rückenmarks, sondern auch zu Pocken, Tuberkulose, Lepra, Krebs oder Geisteskrankheit führen. Die „egoistische Selbstbefleckung" sei fast schon ein „sexueller Missbrauch" an sich selbst, so Tissot; Immanuel Kant (1724–1804) nannte es eine „wollüstige Selbstbeschändung", und sah diesen Akt als noch schlimmeres moralisches Verbrechen an als den Suizid.[11]

Abb. 3: Samuel August Tissot

Die Wirtschaft reagierte sogleich und eine neu entstandene Marktlücke wurde schnell zu einem innovativen Business für barocke Start-ups: Für Burschen gab es masturbationsvorbeugende Korsetts, Penis-Etuis oder onaniersichere Schlafgäustlinge und für Mädchen Schenkelgeschirr, also Anti-Schenkel-Spreitzer. Diese neuartigen Erfindungen sollten dem „unnatürlichen" Entwicklungsschritt Jugendlicher vorbeugen.

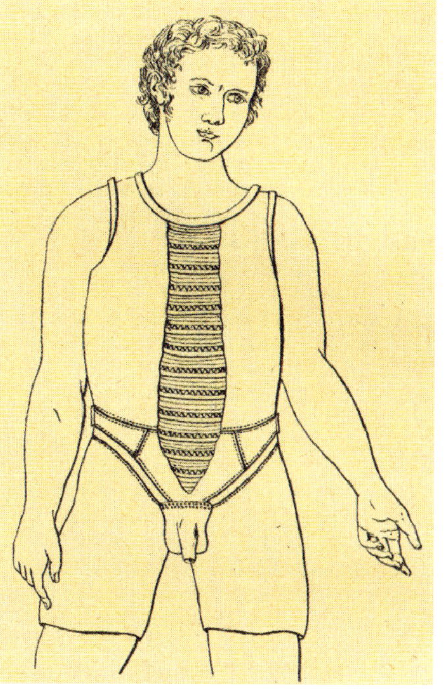

Abb. 4: Korsett zur Verhinderung der Masturabtion

Maria Theresia (1717–1780) ging in ihrer *Constitutio Criminalis* strafrechtlich gegen Onanisten vor, sie ließ solche Delinquenten foltern und im schlimmsten Fall sogar töten, während am französischen Hof die Infanten „sogar frühzeitig in der rechten Technik geschult" wurden. Bis ins 17. Jahrhundert pflegten „die Kindermädchen kleinen Knaben den Penis zu kitzeln, um sie ruhig zu halten. Selbst König Ludwig XIII. hatte als Knirps noch die bewährte Behandlung genossen …".[12] Wie schon ein altes Sprichwort sagt: „andere Länder, andere Sitten".

„Aufgeklärte Sexmoral"

„Unter dem Eindruck der Aufklärung vollzog sich im späten 18. und frühen 19. Jahrhundert eine zunehmende Abkopplung des Strafrechts vom Moralkanon der Kirche, was sich unter anderem in der Aufhebung der Todesstrafe für die meisten einvernehmlich begangenen ‚Sexualdelikte' ausdrückte. Zahlreiche Straftatbestände wie heterosexueller Analverkehr,

Masturbation oder Sexualverkehr zwischen ‚Heiden‘ und Christen wurden abgeschafft, und das Strafmaß für andere Delikte wurde verringert.“[13]

Ende des 18. Jahrhunderts wurden im habsburgischen Reich die ersten Schritte Richtung einer Entmoralisierung des Sexualstrafrechts vorgenommen. Maria Theresias Sohn und Nachfolger Joseph II. (1741–1790) lockerte diesbezüglich die Rechtsordnung, bis zu einem gewissen Grad jedenfalls. Hauptsächlich ob seiner aufklärerischen Agenda, jedoch teils vielleicht auch, um seinen „unmoralischen“ Freizeitbeschäftigungen ungestört nachgehen zu können.

Sogar Strafen wegen Delikten, die „die Menschenheit in dem Grade abwürdiget, um sich mit einem Viehe, oder mit seinem eigenen Geschlechte fleischlich zu vergehen“[14], wurden sehr abgemildert, möglicherweise weil des Kaisers halbe engste Familie Tendenzen zum eigenen Geschlecht hatte.

Die Bewegung der Aufklärung machte große Schritte in Richtung einer liberaleren Gesellschaft, aber diese frühe Form des Liberalismus hatte seine Grenzen. Auch hier muss man den Fortschritt im Kontext der Zeit sehen, denn auch wenn damals eine Art sexuelle Selbstbestimmung auf das Parkett kam, war dies, wie so oft in der Geschichte, nicht für jedermann und schon gar nicht für „jede Frau“ gedacht. Also wieder einmal mehr sexuelle Freiheiten für die Herren der Schöpfung. Allerdings galten mit dem Aufstieg der Bourgeoisie nicht nur mehr der Adel, sondern auch das Großbürgertum zu dieser „männlichen Elite“.

Es war die Zeit der *Libertinage*, ein Trend der Aufklärung: eine diskrete Befreiung von alteingesessenen Moralvorstellungen, vor allem für die heranwachsenden noblen und großbürgerlichen Sprösslinge. Man(n) amüsierte sich mit den niederen Gesellschaftsschichten oder besuchte, möglichst diskret, einschlägige Etablissements.

Während seine Mutter „weitgehend erfolglos versucht hatte, mit dem Mittel der Deportation, Prostitution in Wien zu bekämpfen, setzte ihr Nachfolger Joseph II. ganz auf öffentliche Bloßstellung. Sexarbeiterinnen wurden dem Richter vorgeführt, durch das Schneiden ihrer Haare erniedrigt und in Folge zu Zwangsarbeiten wie Gassenkehren verurteilt. Doch auch den Freiern blühte Züchtigung … die Botschaft dieser Darstellung ist deutlich: Egal ob Mann oder Frau, ob reich oder arm – ‚Unzucht‘ zieht öffentliche Strafe nach sich.“[15]

Selbstredend galt dieses Recht für alle, außer den Kaiser und ihm Nahestehende. Nur das „richtige Blut“ in den Adern schützte einen vor der strengen Exekutive.

Abb. 5: „Lohn der Ausschweifung / zur Warnung für andere“

Auch wenn der aufgeklärte Kaiser kein Fan der Kirche war, dürfte er diesbezüglich aber doch noch sehr stark von ihrem Gedankengut beeinflusst gewesen sein. Immerhin galt sie mit ihren teils scheinheiligen Moralgeboten zur Ehe und Sexualität weiterhin als oberste Autorität für die meisten Gesellschaftsschichten. Dies kann man besonders schön am Beispiel des aufstrebenden Bürgertums Ende des 18. und Anfang des 19. Jahrhunderts verdeutlichen. Und obwohl die Rechtsprechung sich in den vorangehenden Jahren gelockert hatte, hielten die Reichen und Hochwohlgeborenen immer noch an den alten Strukturen fest, um sich so weiterhin vom einfachen Volk abzuheben.

Bürgerliche Sittenhaftigkeit

Das Wiener Bürgertum strebte mit seinem Aufstieg im 19. Jahrhundert immer mehr nach dem Aristo-Lifestyle. Töchter eines gutbürgerlichen Haushalts wurden züchtig erzogen, fernab von jeglicher Sexualität – dafür sorgte ein eigens engagierter Wachhund, eine Gouvernante. Sie hatte Sorge zu tragen, dass kein Halbwüchsiger sich einer Jungfer auch auf nur zehn Meter näherte. Als „Hüterinnen des Keuschheitsgürtels" schützten sie die Jungfräulichkeit der jungen Damen „mit ihrem Leben".

Denn, wie auch in der blaublütigen Gesellschaft, war ein „gefallenes Mädchen" am Heiratsmarkt nicht mehr vermittelbar. Sie hatte ihr Leben verwirkt.

Es wurden sogar Benimmbücher verfasst, die die Verhaltensregeln, die eine Kontaktaufnahme jeglicher Art zum „feindlichen" Geschlecht anging, regulierten. Das fing schon beim Blick an: „Den strengen Regeln der bürgerlichen Anstandsliteratur folgend, war das aktive Schauen und Beobachten den Männern vorbehalten, Frauen hingegen hatten den Blick passiv und gesenkt zu halten."[16] Eines dieser Fachbücher, der *Sittenspiegel für das weibliche Geschlecht* von 1809, moralisierte wie folgt: „Alle Weiber wacht über jeden eurer Blicke, über jede eurer Bewegungen, über euren Anzug, Lektüre, usw. Ihr seyd das Eigentum eines anderen. Als Mädchen sollen eure Blicke nie umherschweifen, nie auf der Gestalt eines Mannes haften, mit einer bescheidenen Unschuld sehet dem Manne, mit dem ihr redet, leicht ins Auge; aber als Weiber sey euer Blick noch unschuldiger: das heilige Feuer der Mutter leuchte in euren Augen, und die bescheidene Unschuld des Weibes bedecke die Flamme."[17]

Eine ähnliche Ansicht hatte diesbezüglich auch die „Frauenrechtlerin" Amalie Gräfin von Wallenburg: „Milde und sanft ist ihre Gebärde; Ruhe und Frieden im Blick, gemäßigt ist der Ton ihrer Stimme, und keine Spur von Egoismus und Dünkel liegt in ihrer Rede."[18]

Die jungen Stammhalter wiederum durften sich mehr herausnehmen. Erfahrungen zu sammeln war, in diesem Fall, gesellschaftlich durchaus anerkannt, solange es unauffällig über die Bühne ging.

So meinte Stefan Zweig (1881–1942) in seinem Werk *Die Welt von Gestern*: „… unser Jahrhundert … empfand die Sexualität als ein anarchisches und darum störendes Element, das man nicht am lichten Tage schalten lassen dürfe, weil jede Form einer freien Liebe dem bürgerlichen ‚Anstand' widersprach. In diesem Zwiespalt erfand nun jene Zeit einen sonderbaren Kompromiß. Sie beschränkte ihre Moral darauf, dem jungen Menschen zwar nicht zu verbieten, seine Vita sexualis auszuüben, aber sie forderte, daß er diese peinliche Angelegenheit in irgendeiner unauffälligen Weise erledigte. War die Sexualität schon nicht aus der Welt zu schaffen, so sollte sie wenigstens innerhalb ihrer Welt der Sitte nicht sichtbar sein. Es wurde also die stillschweigende Vereinbarung getroffen, den ganzen ärgerlichen Komplex weder in der Schule, noch in der Familie, noch in der Öffentlichkeit zu erörtern und alles zu unterdrücken, was an sein Vorhandensein erinnern könnte."[19]

Abb. 6: „Mütterlicher Rath"

Da die steilen Zähne aus den eigenen Reihen tabu waren, musste Man(n) auf das Personal zurückgreifen. Es war gang und gäbe, dass bei jeder sich bietenden Gelegenheit die hübschen Stubenmädchen von den Hausherren und ihren Juniorchefs vernascht wurden.

Auch Arthur Schnitzler (1862–1931) macht sich über diese bürgerliche Pseudomoral in seinem *Reigen* (1896/97) lustig.

Abb. 7: „Das Stubenmädchen und der gnädige Herr" um 1900

Zögerliche Enttabuisierung – Neue Zeiten, neue Sitten

Gegen Ende des Jahrhunderts wurde Wien dann, dank Theorien der führenden Sexualforscher ihrer Zeit, wie Richard Freiherr von Krafft-Ebing (1840–1902), Sigmund Freud (1856–1939), Alfred Adler (1870–1937) oder Wilhelm Reich (1897–1957), drei Jahrzehnte lang ein Zentrum des Sexualdiskurses in Europa. Aus unserem heutigen Sprachgebrauch kaum noch wegdenkbare Fachbegriffe wie Sadismus, Masochismus oder Fetischismus wurden um 1900 in Wien geprägt und Sex war in aller Munde.

Abb. 8: Sigmund Freud

Abb. 9: Richard v. Krafft-Ebing

Panta rhei, die sexuelle Topografie war und ist bis heute in einem ständigen Fluss. Ob Nachtclubs, Stundenhotels, Bordelle oder Séparées, Parks, Bäder und Saunen, um 1900 hatten die Wiener unzählige Möglichkeiten, eine Abwechslung vom eigenen Schlafzimmer zu finden.

Ansichtskarten von Wien um 1900 präsentierten die Epizentren des faunischen Wiens: Im Zentrum der Stadt immer noch der Graben, die Kärtnerstraße, der Stadtpark und der Rathauspark sowie die Ringstraße, in der ehemaligen Vorstadt der Prater, die Novaragasse und die Spittelberggase. Erst Mitte des 20. Jahrhunderts wurde der Straßenstrich zunehmend ins Stuwerviertel und an die Peripherie, den Gürtel, zwangsumgesiedelt.

Das neue Wien bei Nacht –
Die Wiener Partyszene Anfang des 20. Jahrhunderts

Während des Ersten Weltkriegs gab es wenig zu feiern und so kam das Nachtleben „erst in der unmittelbaren Nachkriegszeit allmählich wieder in Schwung, angefeuert von der lang ersehnten und diesmal endgültigen Abschaffung des hausmeisterlichen Sperrgeldes …“ Für die lang ersehnte Aufhebung des „Sperrsechserls“, das man zuvor dem Hausmeister für das Öffnen des Haustores zu bezahlen hatte, wenn man nach 22 Uhr heimkam, waren die Wiener dankbar. Diese Lockerung in der Gesetzgebung ließ das Nachtleben wieder aufblühen. „… Wohnungsmieter_innen erhielten einen eigenen Haustorschlüssel, die Sperrstunde der Lokale konnte nunmehr problemlos nach 22 Uhr ausgedehnt werden.“[20]

Die brandneue Zeitschrift *Der Bummler* pries sich als „‚Führer durch Wien bei Nacht‘ an und brachte Inserate von jenen Vergnügungslokalen, Bars und Cafés, die bis vier Uhr früh offen hielten …“ und das Konkurrenzblatt *Das Neue Wien bei Nacht* schrieb nur von der ‚nackten Wahrheit‘ … Geboten wurde investigativer Journalismus zur Lage des erotischen Wiens, der der prekären Situation der ‚Sternenmädchen‘ (junge Prostituierte am Praterstern) auf den Grund ging und den Hintergründen der ‚Wonnen des Orients‘ in der Neubaugasse oder den ‚Orgien im Viermäderlhaus‘ auf der Mariahilfer Straße nachforschte.“[21]

Ob nun zu Friedens-, Kriegs- oder Zwischenkriegszeiten, in Wien ging also immer, mehr oder weniger, die Post ab.

DAS GESCHÄFT MIT DER LIEBE

Das Thema der käuflichen Liebe verdient hier ein eigenes Kapitel. Solange die Dienste der Liebesdienerinnen gerne in Anspruch genommen wurden, durfte das älteste Gewerbe der Welt ausgeübt werden, sobald man aber einen Sündenbock für etwas brauchte oder die kirchlichen Werte wieder in den Vordergrund rückten, dies oft nicht ganz uneigennützig, wurde eine Prostituierte wieder zur Persona non grata. Ein Schicksal, mit dem viele „gesellschaftliche Randgruppen“ zu kämpfen hatten, und teilweise bis heute zu kämpfen haben.

Prostitution – so alt wie die Geschichte selbst

„Prostitution zählt neben dem Priesteramt zu den ältesten Beruf(ung)en. Bei allen Völkern hat es seit jeher diese besondere Dienstleistung gegeben. Formen und Umfang der Liebesdienste waren von den jeweiligen kulturellen und wirtschaftlichen Verhältnissen abhängig.“[22]

Im Altertum ging Prostitution oft mit Mythos und Religion Hand in Hand.

Im alten Babylon wurde zum Beispiel eine Art kultische und gesetzlich geregelte Tempelprostitution zelebriert: König Hammurabi (1728–1686 v. Chr.) hatte 1770 v. Chr. eines der ältesten schriftlich niedergeschriebenen Gesetze erlassen, dass jede unverheiratete Frau ihren Beitrag für die Gesellschaft zu leisten hatte. Als „Priesterinnen für einen Tag“ mussten sie sich einmal im Tempel einem Fremden hingeben, dafür sollte der gläubige Fremde eine kleine Spende für die Kollekte des Tempels locker machen.

Der König wollte mit seinen Gesetztestexten in 282 Paragraphen sicherstellen, dass in seinem Reich Gerechtigkeit herrschte – nach heutiger Sicht schwer fragwürdig.

Heute kann man den in Steintafeln gemeißelten Codex Hammurabi als eines der wichtigsten literarischen Werke des antiken Mesopotamien im Musée de Louvre bewundern.[23]

Auch in anderen altertümlichen Kulturen, wie bei den Assyrern, dem alten Ägypten oder dem Persischen Reich, sollten die Götter mit „coituösen“ Opfergaben der Priesterinnen gnädig gestimmt werden. Der Ackerbau und die Viehzucht der Großgrundbesitzer sollten so gesichert werden.

Im antiken Griechenland wurde die Sache dann teilweise verstaatlicht. Schon 600 v. Chr. ließ der Staatsmann Solon das erste staatliche Bordell eröffnen. Ein „Nobelpuff“, in dem Mann von Hetären, distinguierten und gebildeten Edelprostituierten verwöhnt wurde.

Das alte Rom bot den Herren der Schöpfung Vergnügen in jeder Preisklasse. Das Angebot war breitgefächert: Sex am Palatin war nicht für jeden erschwinglich, aber eine sogenannte *nudea* (Nackte) konnte man sich schon für den Gegenwert eines Brotlaibs oder eines Gläschens schlechten Weins leisten.

Abb. 10: Erotische Szene von der Ostseite der Südwand des Lupanars. Römisches Fresko in Pompeji

Hierzu philosophierte der römische Dichter Horaz (658 v. Chr.): „Wenn dir das Glied schwillt und 'ne Magd, ein Sklave ist gleich zur Hand für Liebesdrang und -kampf, magst du dann lieber vor Verlangen bersten? Ich nicht. Ich lieb' Erotik, die mir leicht beschaffbar und die leicht genießbar ist."[24]

Auch in den Überresten von Pompeji vermutet man einige Dutzend Bordell-Funde. Aber nicht nur das, der Vulkanausbruch, der das Schicksal der Stadt besiegelte, konservierte auch eine Unzahl von erotischen Wandmalereien für die Nachwelt. Diese dürften in den „Spaßkammern" der *Lupanare* an die Wände gepinselt worden sein und sollten wohl inspirieren.

Allerdings wurde das älteste Gewerbe der Welt schon bald nach Christus etwas weniger lukrativ, nämlich als der *unus concubitus*, der sogenannte Schandlohn, vom Staat eingefordert wurde.

Diese Dirnensteuer wurde dann auch von den scheinheiligen christlichen Regenten übernommen.

Die römischen Legionen allerdings wurden auf Staatskosten versorgt.

Römisches Wien

Zur Zeit der Römer in Wien hatte das Militärlager Vindobona (1.–5. Jahrhundert) nicht nur eine angeschlossene Zivilstadt, sondern auch ein noch näher gelegenes Rotlichtmilieu.

Am heutigen Michaelerplatz findet man immer noch die Überreste römischer Mauern, zwar dürften diese nicht Bordellmauern gewesen sein, aber das Vergnügungsviertel muss sich in dieser Gegend befunden haben.

Ein römischer Soldat durfte erst nach der Entlassung aus dem Militärdienst legal heiraten. So sollte verhindert werden, dass die jungen Männer eine zu starke Bindung zu einem Ort aufbauten, was eine Versetzung erschwert hätte. Nur ritterliche Offiziere oder solche aus dem Senatorenstand waren von dem Heiratsverbot ausgenommen.

Das hielt die Herren natürlich nicht auf, ihre Geliebten, teilweise samt Kindern, in jedem Hafen oder in diesem Fall nahe jedem Militärlager zu haben.

Und auch die käufliche Liebe wurde in Anspruch genommen.

Prostituierte wurden im alten Rom unterschiedlich genannt, eine *Meretrix* war ein teures Vergnügen, für den Sparfuchs gab es die *Lupas*.

In Vindobona dürfte man das günstige Vergnügen bevorzugt haben, denn die Bordelle hier wurden *Lupanaren* genannt, also „Billig-Puffs". Diese waren gewöhnlich Langhäuser, durch die sich mittig ein Gang zog – links und rechts vom Gang ging es in die Séparées. Vorhänge boten den „Geschäftstreibenden" Privatsphäre.

Eine *Lupa* war von einer „ehrbaren" Frau leicht anhand ihres Outfits zu unterscheiden: Sie trugen grüne Togen, rote Stiefelchen und blonde Perücken – weiße Tuniken waren für sie tabu.

Für diese spezielle Dienstleistung wurde sogar ein münzähnliches Zahlungsmittel geprägt, die sogenannten *Sprintrien* (*spintra* lateinisch: Strichjunge), die man in vielen römischen Bordellen zur Vergütung einsetzen konnte.

Abb. 11: Spintrien

Auf diesen Bordellmünzen sind verschiedene sexuelle Symbole, Positionen oder fliegende Geschlechtsteile abgebildet – wahrscheinlich, um die Fantasie des Käufers etwas anzuregen.

Auch in Wien dürften diese Bordellmarken im Umlauf gewesen sein, denn bei Ausgrabungen waren sie ein kleiner Sensationsfund und können heute im Kunsthistorischen Museum bestaunt werden.

Also quasi ein münzgeprägtes Kamasutra.

Mittelalterliche Gunstgewerblerinnen

Im Mittelalter wurden die Bedürfnisse der Soldaten anders geregelt.

Um deren fleischlichen Gelüste zu stillen, zogen sogenannte Marketenderinnen mit den Heeren mit. Die Damen waren organisiert, sie unterstanden einem sogenannten „Hurenweibel", einer Art „Puffmutter". Allerdings waren diese „Trossweiber" geheißenen Soldatengroupies nicht nur für das horizontale Vergnügen zuständig, sondern kochten, putzen und wuschen auch, „wie es sich für Frauen gehörte".

Grundsätzlich musste man eine Prostituierte immer von einer „ehrbaren" Frau unterscheiden können, sei es an der Kleidung oder an einer bestimmten Kennzeichnung. Eine diesbezügliche Kleiderordnung gab es vielerorts. So mussten die „leichtvertigen frawen" in Augsburg einen Schleier, in Hamburg, Zürich oder Bern eine spezielle Kopfbedeckung, und in Wien ein gelbes Tuch tragen.

Meist hielten sie sich ohnedies in ihren Vierteln auf, sodass es klar war, dass man es mit einer „Gunstgewerblerin" zu tun hatte.

In Wien befanden sich die bekannten Milieus entlang des Wienflusses, des heutigen Naschmarkts, in der Gegend um den Spittelberg, später auch der des Graben oder der Kärtner Straße.

Heute ist Wiens Lieblingsort für ‚Ornithologen' der Gürtel, wo man mittlerweile von Rechts wegen nur spärlich eine Bordsteinschwalbe auf offener Straße zu Gesicht bekommt.

Als die Habsburger in Ostarrichi einzogen waren, war es Rudolf I. (1218–1291) wichtig, diesen Zweig des steuerzahlenden Unternehmertums zu unterstützen und er sprach 1276 sogar ein Verbot aus, die „lüsternen Frauen" zu beleidigen. Zwei Pfennig mussten die „Wirtschafttreibenden" wöchentlich an die Obrigkeit abgeben. Nur an Sonn- und Feiertagen waren die Einzelunternehmerinnen unerwünscht und mussten die Stadt verlassen.

Zwei Jahre später wollte der Habsburger sich doch nicht weiter mit dem Thema befassen und unterstellte die „Vensterhennen“ dem Scharfrichter.

Gastfreundschaft wurde bei den Habsburgern großgeschrieben, so wurde Kaiser Sigismund (1368–1437) 1435 bei einem Besuch in Wien fürstlich empfangen. Auch für das horizontale Wohl wurde gesorgt, auf Kosten des Hauses (Habsburg) selbstverständlich.

Einen Aufschwung erhielt die Branche mit der Gründung der Universität. Die jungen Studenten, die von überall in die Hauptstadt strömten, nahmen die halbweltlichen Dienste nur allzu gern in Anspruch, wenn auch unerlaubterweise. Einem Studenten an der *Alma Mater Rudolphina* waren jegliche lasterhafte Freizeitaktivitäten verboten, sowohl Alkohol als auch Treffen mit Damen, ob nun käuflicher oder nicht käuflicher Natur. Selbstverständlich hielten sich die *discipuli* auch immer daran …

Die ersten historisch belegbaren Laufhäuser in Wien sind auf das 14. Jahrhundert zu datieren.

Herzog Albrecht III. (1349–1395) stellte dem „Handwerk“ einen Freiheitsbrief aus. Die fürstliche Urkunde gewährte die Ausübung des Berufs und die Gründung von dementsprechenden Arbeitsstätten.

Wiens erste Etablissements fand man, wenig überraschend, vor den Stadtmauern. Eines nahe der Hofburg beim Widmertor, ein zweites eröffnete auf der Höhe des Tiefen Graben.

Diese rentable Einnahmequelle war seit König Albrecht II. ein herzogliches Lehen und oblag dem Hofmarschall. Geführt wurde es von den „Frauenmeisterinnen“, den Bordellchefinnen, die meist wöchentlich ihre Abgaben zu leisten hatten.

Den Ratsherren der Stadt „lag Gemeinnützigkeit am Herzen“, so wurde eine wohltätige Stiftung für Halbweltdamen gegründet. Sie sollten die Möglichkeit bekommen, „in ain puzzendes leben“ zurückzukehren.[25]

Gleichzeitig wurden von den „ach so sozialen hohen Herren“ Freudenhäuser eingerichtet, denn es war doch eine recht lukrative Einnahmequelle.

Mit den sündigen Steuern wurden dann mitunter Nonnenklöster unterstützt, offiziell jedenfalls.

Die nächste, die ihre Hand sogleich aufhielt, war die sogenannte *Stadtguardia*, eine Alt-Wiener Nachbarschaftswache; auch an sie musste eine Art Schutzgeld gezahlt werden.

Trotz alledem florierte das Geschäft.

Jedenfalls bis die ersten Geschlechtskrankheiten die Runde machten. Als Konsequenz hatten Dirnen doch etwas mit finanziellen Einbußen zu kämpfen, ganz zu schweigen von den Krankheiten.

Mit der Zeit wurden es immer mehr Freudenhäuser in der Residenzstadt. Jedoch nicht nur mehr außerhalb der Stadtmauern: die „leichten Frauen" etablierten sich auch allmählich im gegenwärtigen Zentrum.

Der Kohlmarkt, heute die wohl exklusivste Einkaufsstraße Wiens, war der sogenannte „Schnepfenstrich" und um die Ecke am Graben standen die gleichnamigen Nymphen – die „Grabennymphen". Dies dürfte wohl der Nobelstrich der kaiserlichen Metropole gewesen sein.

Nur wurden die Freier oft etwas hinters Licht geführt. In den Gassen oder Plätzen zwinkerten einem die attraktiveren Freudenmädchen zu und lockten das vermeintlich starke Geschlecht in ihre Bordelle, wo die Kunden meist von weniger ansehnlichen Kolleginnen übernommen wurden.

Aber eigentlich waren es offiziell gar keine Bordelle, sondern Scheingeschäfte, die zum Beispiel oft als Blumenladen getarnt waren. In den Hinterzimmern wurde dann „bestäubt".

Weiters waren am Graben klare Dirnen-Zonen gekennzeichnet, ein Kreidestrich grenzte die Flaniermeile der guten Gesellschaft vom Huren-Sektor ab.

Hier findet sich auch der Ursprung der bekannten Redewendung „auf dem [/den] Strich gehen".

Am „Schnepfen-Strich" ging es abends zur Sache. Am Graben wurde mittels Fingerzahlen ein Preis ausgehandelt.

Abb. 13: „Der Spaziergang des Abends am Graben oder der Schnepfen-Strich"

Das *Taschenbuch für Grabennymphen auf das Jahr 1787* von Joseph Richter (1749–1813) war eine Chronik, „wann und wo ‚Grabennymphen' zu jeder Jahreszeit das beste Geschäft machen könnten und welche ‚Klugheitsregeln' und physiognomischen Hinweise im Hinblick auf das Ausspähen potenzieller Kunden zu befolgen seien."[26]

Richter war auch der Autor der legendären *Eipeldauer Briefe*, in denen er die Wiener Prostitution auf komödiantische und recht antiklerikale Art wortgewandt portraitierte.

Die Kirche akzeptierte solch unchristliche Zustände, wenn es ihr gerade in den Kram passte. Was blieb ihr auch anderes übrig, wenn sogar in ihren eigenen Hallen Freier akquiriert wurden.

In der Michaelerkirche, beispielsweise, knieten die leichten Mädchen und beteten nur scheinbar; in Wahrheit warteten sie auf ein diskretes Zeichen des nächsten Kunden. Gemeinsam verließen sie sodann das Gotteshaus.

Diese besonderen Maßnahmen, Freier zu werben, war doch meist von der Jahreszeit und den Temperaturen abhängig. Bei klirrender Kälte anzuschaffen, bedeutete doch erschwerte Arbeitsbedingungen.

Bis ins 16. Jahrhundert wurde das Geschäft der „verhurten Sauzimmer“ mehr oder weniger geduldet, nur relativ selten endeten sie am Pranger. Dieser wartete am heutigen Hohen Markt auf seine Opfer.

Die „schlüpfrigen Damen“ hatten unterschiedliche Fachrichtungen. Worauf sie spezialisiert, oder was ihre Vorzüge waren und wen sie bevorzugt bedienten, konnte man oft am Künstlernamen erkennen. So gab es beispielsweise eine oder auch mehrere Tabernakel-Kathis – sie sorgten für das körperliche Wohlergehen der Pfarrer.

Weitere Spitznamen waren:

das großauglate Reserl, die Tuttlberta, die Pack-aussi-Kathi, die Spitzenmitzi, das Prater-Resl, die Totengräber-Marie, die Fleischhackerin, die stinkate Bettl und natürlich nicht zu vergessen, die Anal-Lise. Diese und noch viele weitere charmante Titel wurden den Wiener Prostituierten im Laufe der Zeit verliehen.

Ein weiteres Ressort waren die „Fahrenden Frauen“. Sie hatten sich auf Pilger spezialisiert. Ihr Kurzzeit-Arbeitsplatz war immer das nächste Konzil, der nächste Reichstag oder auch Hoflager.

Beim Konzil von Konstanz (1414–1418) beispielsweise sollen bis zu 1.500 Dirnen ihre Dienste angeboten haben.[27]

Auch Badestuben waren beliebte Arbeitsstätten für leichte Mädchen oder auch Burschen. In der heutigen Neubadgasse soll es besonders wild zugegangen sein. Dort fand man im Spätmittelalter eine Badeanstalt, in der „Huren“ beiden Geschlechts und Orientierung ihre Kunden empfingen. Allerdings machte eine Syphiliswelle im 15. Jahrhundert dem Badestubenbetreiber einen Strich durch die Rechnung und er war gezwungen, zu schließen.

Populäre Festivitäten im mittelalterlichen Wien waren Turniere, die sich auf der Höhe des heutigen Platzes am Hof abspielten. Ein Spaß für Jung und Alt und als Hauptpreis winkte dem stolzen Erstplatzierten eine Liebesdienerin.

Zu dieser Zeit wurde den „Hübschlerinnen" das Leben zunehmend erschwert und sie wurden immer mehr verfemt.

Maximilian I. (1459–1519), der selbst alles andere als ein tugendhaftes Leben führte, verbot den „sündhaften" Frauenzimmern, ihrer Tätigkeit nachzugehen. Die Freudenhäuser waren gezwungen, ihren Betrieb aufzugeben – keine leichte Zeit für die „unzüchtigen Weibspersonen".

Als Kaiser Ferdinand I., Maximilians Zweitgeborener, Mitte des 16. Jahrhunderts eine „geheime Keuschheitskommission" in Wien gründete – ein Vorläufer von Maria Theresias Zucht-Gerichtsbarkeit – wurde Askese großgeschrieben, Prostitution geächtet und über die sündigen Ladys und ihre Betriebsstätten Buch geführt.

Es wurde mit schlimmer Bestrafung gedroht, „frau" musste mit hohen Pönalen, Auspeitschung und bis hin zur Todesstrafe rechnen. Das sogenannte „Narrenkötterl" wurde eingeführt, in dem die Delinquentin öffentlich angeprangert wurde.

Davon waren nicht nur die „tugendlosen Weibsbilder", sondern auch ihr sündiges Klientel betroffen. Wenig überraschend war die Kirche prompt an Bord.

Ferdinands Sohn, der gleichnamige II., erließ eine Verordnung über „Tugendsambe Lebensführung" (1633), in welcher den käuflichen Mädchen mit abgeschnittenen Ohren gedroht wurde.[28]

Auch zu Zeit Leopold I. (1640–1705), des Türkenpoidls, wie er im Volksmund genannt wurde, gab es den einen oder anderen entschiedenen Gegner des Geschäfts mit der Liebe. Nur diesmal nicht von herrschaftlicher Seite. Der bekannte erzkatholische Prediger Abraham a Santa Clara (1644–1709) eiferte nur allzu gerne gegen die „verhurten Sauzimmer". Allerdings zum Missfallen des Kaisers, der von dem Mönch eine offizielle Entschuldigung forderte.[29]

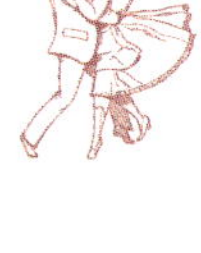

Keuschheitskommission Volume 2 – Reserls *Constitutio Criminalis*

Leopolds Enkelin dagegen sah die Angelegenheit ganz anders.

Maria Theresia brachte die Hurenverfolgung zu einem neuen Höhepunkt. Ihre *Constitutio Criminalis Theresiana* machte nicht nur Ehebrechern und anders Orientierten das Leben schwer, sondern auch den „Horizontalen" und ihren Freiern so einen Strich durch die Rechnung.

„Du sollst nicht Unkeuschheit treiben!" war das Motto ihrer neu eingesetzten Keuschheitskommission (1751–1769). Diese war an katholischem Konservatismus kaum zu übertreffen – es sollte jedes „öffentliche Ärgernis" ausgelöst durch „anstößiges Beisammensein von Männern und Frauen" im Keim erstickt werden. „Incorrigible Weibspersonen" wurden in Zucht- oder Spinnhäuser gesperrt und mussten Zwangsarbeit verrichten.

Bestahl eine Dirne ihren Kunden oder steckte ihn gar mit Syphilis an, so wurden ihr die Haare abgeschnitten und ihr wurde vor der nächsten Kirche der Kopf geteert – Auspeitschung inklusive. Die Möglichkeit, dass die Ansteckung auch andersrum hätte passieren können, wurde gar nicht erst in Erwägung gezogen.

Das spottenderweise auch „Nemesis Theresiana" genannte Strafgesetz wurde von Maria Theresias Staatskanzler samt Staatsrat, ob ihres unzeitgemäßen Charakters, missbilligt. Doch die Monarchin, die sonst den Rat ihrer „Thinktanks" meist dankend annahm oder wenigstens in Betracht zog, blieb in dieser Angelegenheit fast irrational stur.

Grausame Bestrafungen wie Flammentod, Tod durch Schwert oder auch Strang sowie das entsetzliche „Brustreissen", also eine barbarische Brustamputation, wurden teils sogar exekutiert. Eine Innovation in der Sanktionierung von Schicksen waren die „Temesvarer Wasserschübe". Was nach einem Familienspaß im Aqua Park klingt, war in Wahrheit eine Verurteilung ohne Gerichtsverfahren. Die Erzherzogin ließ die Deliquent(inn)en in die Temesvarer Einöde, in den Banat, verbannen. Ob Landstreicher, Dirnen, Schmuggler oder unbeugsame Bauern, die Störenfriede wurden kurzerhand abgeschoben.

„Humanerweise“ wurde den gefallenen Mädchen eine Ausstiegschance gegeben. Einsichtige Schnepfen konnten einem Büßerinnenhaus beitreten und ihr Leben von Grund auf ändern.

Auch den Freiern war die neue Gesetzgebung ein Dorn im Auge. Hier war die Höhe der Pönale vom Stand und der Tiefe der Taschen des Ertappten abhängig. Je höher der gesellschaftliche Rang, in Kombination mit einer schönen Bestechung, desto niedriger bis vergessen war die Strafverfolgung.

Aber bespitzelt wurden sie trotzdem, und geriet eine hohe Herrschaft dann doch an einen unbestechlichen Kommissar, so musste derjenige mit einer empfindlichen Geldstrafe, gegebenfalls mit dem Ende seiner militärischen Karriere, rechnen. Wurde eine vornehme Dame mit einem Stricher erwischt, so konnte sie für einige Jahre zur Besserung in ein Kloster gesteckt werden.

Die Kommission hatte viel zu tun, soll doch Wien zur Zeit Maria Theresias um die 10.000 „gemeine“ Dirnen gehabt haben.[30]

Die strengen Maßnahmen der Regentin wurden von vielen belächelt, denn diese waren wohl nur bedingt ein Produkt Reserls Frömmigkeit, sondern vielmehr ein verzweifelter Versuch, ihren untreuen Ehemann an der kurzen Leine zu halten.

Denn ihr Gemahl nahm das Eheversprechen der Treue so gar nicht ernst.

Auch wenn man den Unmut und die Eifersucht der Herrscherin durchaus nachvollziehen kann, so war die Einrichtung der Kommission und die damit verbundene Strafverfolgung eine recht extreme Maßnahme, um die ehelichen Probleme in den Griff zu bekommen. Vor allem, da die Sanktionen im Endeffekt alle anderen als den geliebten Göttergatten trafen.

Dieser ignorierte das sechste Gebot weiterhin, lehnte sich in seinem „heimlichen“ Liebesnest zurück und genoss sein unkeusches Leben.

Auch der wohl bekannteste Gigolo der Geschichte, Giacomo Casanova (1725–1798), war aus nachvollziehbaren Gründen ein entschiedener Gegner der Keuschheitskommission:

„Schändliche Spione, die man Keuschheitskommissare nannte, waren die unerbittlichen Quälgeister aller hübschen Mädchen; die Kaiserin hatte alle Tugenden, nicht aber die Duldsamkeit, wenn es sich um unerlaubte Liebe zwischen Mann und Frau handelte …",[31] und es wäre mühsam, ein Plätzchen zu finden, an dem „Mann" ungestört seine Bedürfnis befriedigen lassen konnte. Signore Casanova bezeichnete wohl seine „bezahlten Schäferstündchen" als ein Bedürfnis.

Der Schürzenjäger war nach Wien gekommen, weil er sich andernorts einmal wieder durch „horizontale Praktiken" in eine „kompromittierende Lage" gebracht hatte. Und in seiner neuen Wahlheimat Wien wurde ihm das Leben auch schwer gemacht.

Die „erbärmlichen Spitzel", wie er die Kommissare nannte, hinderten ihn, seine amourösen Abenteuer in gewohnter Manier zu betreiben.

Sie „verfolgten alle hübschen Mädchen zu allen Stunden des Tages in allen Straßen Wiens auf die unbarmherzigste Weise. Viele Frauen wurden, auch wenn sie nur ausgingen, um sich in Ehren ihren Lebensunterhalt zu verdienen, ins Gefängnis geschleppt",[32] schäumte der selbsternannte Freiheitskämpfer für die Rechte der Dirne.

Doch der uneigennützige Rebell ließ sich vom Establishment nicht in die Knie zwingen, er vernaschte eine Wienerin nach der anderen – von der Baronin bis hin zur Prostituierten.

Die beglückten Damen huldigten der Liebe, „… und das so gründlich, dass sie nicht einmal befürchteten, durch Annahme von Gold ihre Vornehmheit zu verlieren", meinte der bescheidene Liebhaber.[33]

Abb. 13: Giacomo Casanova

Innerhalb der Stadtmauern wurde die kaiserliche Sittenpolizei so lästig, dass das Gewerbe umdisponieren musste und sich in die Vorstadt verzog. Das Terrain um den Spittelberg wurde zur neuen Zentrale. Gaststätten wurden umfunktioniert, die Extrazimmer, die vormals für hochwohlgeborene Gäste genutzt wurden, damit sie nicht mit dem einfachen Fußvolk saufen mussten, wurden jetzt zu Séparées. Nun konnten die Wirte zusätzlich zu Speis und Trank auch noch erotische Dienste anbieten.

Abb. 14: Am Spittelberg im Extrazimmer

„Itzt sitzt dir eine auf dem Schoos, die andere kneipt dir in die Wangen, die dritte macht geheime Seitengriffe, und wenn du allenfalls diese Liebkosungen erwidern willst, so steht dir ein Seitenzimmer zu Befehle …“,[34] so bewarben Wirte ihre all-inclusive-Kaschemen in „Touristenführern“.

Aus eben so einer Spittelberger Spelunke flog Kaiser Joseph II. in hohem Bogen nach einem „Missverständnis“ bei der Bezahlung bereits konsumierter Dienstleistungen.

Wie auch ihren treulosen Ehemann, konnte Maria Theresia wohl auch ihren ältesten Sohn und Nachfolger nicht zur Keuschheit bekehren.

Gott sei Dank musste sie das Spittelberg'sche Debakel ihres Sprosses nicht miterleben.

„Der Spittelberg galt im 18. Jahrhundert als ‚Venusberg von Wien'. In den 138 Häusern, die man im Jahr 1785 in diesem extrem dicht verbauten und für seine ungesunden Wohnverhältnisse bekannten Stadtviertel zählte, sorgten 54 lizensierte Bier- und Weinschenken, zwei Kaffeehäuser und unzählige illegale Beisln für Unterhaltung. In zahlreichen Hinterzimmern boten Sexarbeiterinnen ihre Dienste an ...".[35]

Nicht nur das Geschäft mit der Liebe florierte, sondern auch musikalische Kabarettisten liefen zu Hochleistungen auf. Die versauten Zustände am Spittelberg wirkten hoch inspirierend und so dokumentierten die damaligen Sing- und Songschreiber das Treiben in den „Spittelbergliedern". Die Texte hatten es in sich und waren nicht für die feine Gesellschaft und noch weniger für schwache Nerven gedacht:

„Zipl net, zapl net,
Greif ma mein Nabel net,
Greif ma mei(n) Ding net a(n),
San Krätzn dra(n)

Tuan eini, tuan eini,
Tuan halt net danebn
Und i bin an alts Dirnderl,
I muass davo(n) lebn.

Du alte Runkunkel,
Du zahnluckertes Tier,
Hast viel Haar auf das Pumpel
Und kampelst die nia

Dort enta da Donau
Da sitzn zwoa Schmied,
Der ane bschlagt Schwänz,
Der andre blagt Füd.

A Mensch wollt i pudern,
I hab mi net traut,
Drauf hab i mei Nudl
Am Bam anighaut.

Und wann's Dirnderl finsta schaut,
Kennt ma si aus:
Steht's rot in Kalenda;
Bua, heut wird nix draus."[36]

Die leichten Damen beflügelten die Federn einiger Künstler.

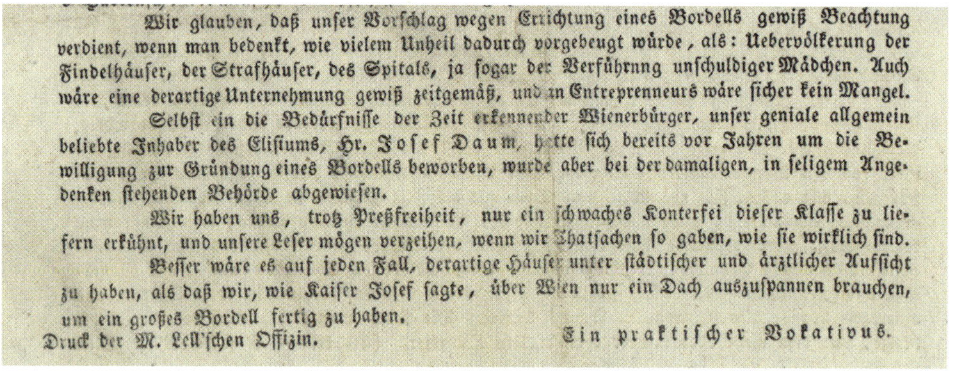

Wir glauben, daß unser Vorschlag wegen Errichtung eines Bordells gewiß Beachtung verdient, wenn man bedenkt, wie vielem Unheil dadurch vorgebeugt würde, als: Uebervölkerung der Findelhäuser, der Strafhäuser, des Spitals, ja sogar der Verführnng unschuldiger Mädchen. Auch wäre eine derartige Unternehmung gewiß zeitgemäß, und an Entreprenneurs wäre sicher kein Mangel.

Selbst ein die Bedürfnisse der Zeit erkennender Wienerbürger, unser geniale allgemein beliebte Inhaber des Elisiums, Hr. Josef Daum, hätte sich bereits vor Jahren um die Bewilligung zur Gründung eines Bordells beworben, wurde aber bei der damaligen, in seligem Angedenken stehenden Behörde abgewiesen.

Wir haben uns, trotz Preßfreiheit, nur ein schwaches Konterfei dieser Klasse zu liefern erkühnt, und unsere Leser mögen verzeihen, wenn wir Thatsachen so gaben, wie sie wirklich sind.

Besser wäre es auf jeden Fall, derartige Häuser unter städtischer und ärztlicher Aufsicht zu haben, als daß wir, wie Kaiser Josef sagte, über Wien nur ein Dach auszuspannen brauchen, um ein großes Bordell fertig zu haben.

Ein praktischer Vokativus.

Druck der M. Lell'schen Offizin.

Abb. 15: Flugblatt „Errichtung eines Bordell-Hauses in Wien"

Die Wiener Behörden suchten die Zusammenarbeit mit Bordellen. In einem Flugblatt von 1848 wurde verlautbart, dass „die Bewilligung von Bordellen in Wien" den Behörden die Kontrolle der Prostitution erleichtern und auch dem „Unheil" der „Ueberbevölkerung der Findelhäuser, der Strafhäuser, des Spitals, ja sogar der Verführung unschuldiger Mädchen" vorbeugen würde.

„Besser wäre es auf jeden Fall, derartige Häuser unter städtischer und ärztlicher Aufsicht zu haben, als daß wir, wie Kaiser Josef sagte, über Wien nur ein Dach aufzuspannen brauchen, um ein großes Bordell fertig zu haben."[37]

Abb. 16: Pornografischer Druck nach Biedermeier-Original

Flächendeckenderes Dirnentum

Alle Unterdrückungsversuche Maria Theresias waren im Endeffekt wirkungslos gewesen, das Gewerbe florierte trotzdem weiter. Zur Biedermeierzeit zählte Wien etwa 20.000 solcher „Bierhäuselmenscher“, „Spittelbergnimpfen“[38] oder wie auch immer die Wiener ihre Prostituierten nannten.

Europa hatte über die Jahrhunderte eine widersprüchliche Wechselbeziehung zum horizontalen Gewerbe. Die meisten Städte hatten Bordelle und Badehäuser, um die boomende, insbesondere männliche, Bevölkerung zu erheitern. Wirtschaftlicher Aufschwung ließ die Städte wachsen und brachte diesbezüglich, gezwungenermaßen, eine „liberalere“ Einstellung.

Zur Zeit der Napoleonischen Kriege breitete sich das Geschäft mit der Liebe immer flächendeckender aus. An jeder Ecke sollen Dirnen oder Strichbuben gestanden sein und ihre oder seine Dienste angeboten haben. Die Nachfrage war groß, denn während den Belagerungen von Wien mussten die französischen Gäste versorgt werden. Ironischerweise sollen sich die Wiener über die ausartenden Zustände in ihrer Stadt furchtbar echauffiert haben, derweilen die französischen Soldaten von den „sittlichen Verhältnissen“ in der habsburgischen Hauptstadt schwärmten.

Das Gewerbe wurde immer öfter im öffentlichen Raum ausgeübt. Aber wie erkannte Man(n) eine Gunstgewerblerin?

Die käuflichen Damen outeten sich, indem sie ihr Röckchen hoben und ihre nackten Knöchel zeigten.

Aber nicht nur die Bevölkerung hatte mit den ausufernden Bedingungen zu kämpfen, sondern vor allem die Polizei hatte Mühe, das Dirnentum unter Kontrolle zu bekommen. Strichbuben und leichte Mädchen wurden verwarnt, mit Geldstrafen belegt oder kurzfristig eingesperrt. Ihre Zuhälter, die sogenannten „Straßenkuppler“, wurden oft eingezogen und Regimentern im Osten des Reiches zugewiesen. So hatte man sie für einige Zeit von den Straßen Wiens entfernt. Der Stadtpark galt seit der Stadterweiterung im 19. Jahrhundert als Soldatenstrich.

Kikeriki!

Nro. 10. (IX. Jahrgang.) Humoristisches Volksblatt. 11. März 1869.

Neuestes!

Dem Pater Bremer, welcher den **Untergang** der Welt so genau berechnet hat, soll eine mit sehr großem Gehalt verbundene Anstellung bei der Marine angetragen worden sein, wo er es immer früher anzuzünden hätte, wann ein Kriegsschiff **untergehen** wird. — Pater Steiner Nr. 1, welcher sich unlängst um die vertriebenen spanischen Jesuiten so eifrig annahm, soll demnächst durch die Ueberreichung eines spanischen **Ehrenröhrls** überrascht werden. — Dem Pater Steiner Nr. 2 nach dessen letzter Fastenpredigt die Leute zum **Extratospiel** animirt fortgingen, sollen Tantièmen, vom Lottogefälle in Aussicht gestellt worden sein.

Der neue egyptische Josef im Stadtpark.

Kikeriki. Warum rennen's denn so, lieber Herr?

Der neue egyptische Josef. Der Artillerist dort hat mit mir einen unmoralischen Diskurs führen wollen, und so was kann ich nicht hör'n! Was g'schieht mir hier jetzt schon das zweite Mal!

Kikeriki. Wann's aber das schon wissen, daß es hier im Stadtpark solche Erzähler geben soll, warum kommen's denn allerweil wieder her?

Der Hunde-Skandal in Wien.

Alle Leute, welche die Hundesteuer nicht zahlen können, oder nicht zahlen wollen, jagen seit einigen Tagen ihre plötzlich lästig gewordenen Hausfreunde zur Thüre hinaus und Wien hat den bezaubernden Anblick, einige tausend hungrige, herabgekommene — und weil sie an den meisten Thüren, wo sie um Aufnahme betteln, mit Schlägen begrüßt werden — halbtodt geprügelte Hunde herumirren zu sehen.

Der Schinder hält reiche Ernte und das empörende Schauspiel des Hundewürgens auf der Straße steht zum Entsetzen aller Besserfühlenden in ekelerregender Blüthe.

Hätte uns die Kommunalverwaltung nicht wenigstens diese Konsequenzen der Hundesteuer ersparen können, wenn sie solche Besitzer von Hunden, welche keine Steuer zahlen können oder wollen, eingeladen hätte, ihre Hunde an einem bestimmten Orte abzugeben und wäre nicht manchem Thiere das Leben geschenkt geblieben, wenn man den Verkauf jener herrenlosen Hunde veranlaßt, d. h. versucht haben würde?

Wer weiß, ob nicht manche Thierfreunde, manche Gegner der abscheulichen Hundehetze, ob nicht Bewohner solcher Orte, in welchen keine Hundesteuer existirt, gerne dabei gewesen wären, dieses oder jenes Thier anzukaufen, wer weiß, ob die Kommune auf diese Art nicht sogar eine **zweite Einnahme** erzielen könnte? Dixi!

Neue Banken.

Inserate füllen Seiten,
Alle Tag 'ne andere Bank,
Auf der Börs' nichts als Papiere,
Ja man fühlt's, der Staat ist krank.

Jeden Tag und jede Stunde
Tauchen neue Banken auf,
Wenig stehen, viele wanken,
Wie es just schon Bankenlauf.

Auch das Volk, das kümmert's wenig,
Ob auch tausend noch entsteh'n,
Eine Bank gibt's, die es gerne
Endlich säh' zum Teufel geh'n

Und das ist die **Bank, die lange,**
Wo so viel wird hingeschoben,
Von dem Ersten bis zum Letzten,
So von unten wie von oben

Diese Bank ist's, die uns viele
Schwere Sorgen macht auf Erden,
Nehmt uns diese, — denn die ander'n
Dürften selbst bald **fertig** werden

Abb. 17: Homosexuellenfeindliche Karikatur aus *Kikeriki*, 11. März 1869, Ein Geistlicher flieht vor einem Artilleristen, der mit ihm im Stadtpark „einen unmoralischen Diskurs führen wollte"

Auch der Prater war ein Hotspot für Sexualität im öffentlichen Raum.

Abb. 18: Illustrierte Postkarte aus der Reihe *Das haben die Mädchen so gerne...!* mit pornografischen Motiven: Prater-Hauptallee

Abb. 19: Illustrierte Postkarte aus der Reihe *Das haben die Mädchen so gerne …!* mit pornografischen Motiven: Prater-Ringelspiel, um 1920

„Der Prater galt seit seiner Öffnung für die Wiener Allgemeinheit im Jahr 1776 als einer der Sexorte Wiens. Wurstelprater und Grüner Prater genossen einen überregionalen Ruf als Zonen, in denen man nicht nur leicht erotische Bekanntschaften schließen, sondern auch sexuelle Dienstleistungen anbahnen und konsumieren konnte. Davon – und von Klischees von sexgierigen ‚fremden' Männern und sich freudvoll darbietenden Wiener Frauen – erzählen auch diese beiden pornographischen Postkarten."[39]

Sehr beliebt war in Wien auch Sex auf Rädern. Sogenannte „Porzellanfuhren" mit einem Fiaker waren vielen eine willkommene Abwechslung zum tristen Alltag und zudem auch sehr erschwinglich.

Um 1900 waren auch die sogenannten „Fensterhennen" stadtbekannt. Durchaus vergleichbar mit den Schaufenster-Prostituierten im Amsterdamer Rotlichtmilieu, konnte man diese im Wiener Haarhof bewundern und buchen.

Die Mutzenbacher – Wiens „Vorzeigedirne"

Die wohl bekannteste Wiener Prostituierte war Josephine Mutzenbacher. Ihre Geschichte wurde 1906 publiziert und sorgte ganz schön für Schlagzeilen.

Die „Wiener Dirne" soll in ihrer produktiven Karriere 33.000 Liebhaber vernascht haben.

„Wenn man bedenkt, daß das Jahr 365 Tage hat, und wenn man nur, gering gerechnet, den Tag mit drei Männern einschätzt, so macht das an elfhundert Männer im Jahr, macht in drei Jahrzehnten wohl dreiunddreißigtausend Männer. Es ist eine Armee. Und man wird es weder anraten noch wünschen, daß ich von jedem dieser dreiunddreißigtausend Schweife, die mich im Laufe der Zeit bewedelt haben, einzeln Rechenschaft ablege."[40]

Allerdings sind die Memoiren des leichten Mädchens reine Fiktion, auch wenn es ein nicht unrealistisches Sittenbild der Arbeiterschicht im 19. Jahrhundert zeigt. Vermeintlicher Autor soll der Schriftsteller Felix Salten gewesen sein. Er dürfte somit gar zwei Bestseller herausgebracht haben – die Mutzenbacher-Story und *Bambi*. Der Autor war wohl spezialisiert darauf, Bücher zu schreiben, die dem Leser seine Bäckchen erröten ließen, ob nun vor Erregung oder aus Rührung.

Infektionsherd

Im 19. Jahrhundert wurde die Stadt Wien mit einem altbekannten Problem konfrontiert: Syphilis. Die Situation wurde immer prekärer, denn die Zahlen der Neuinfizierten stieg fast täglich. Alle Gesellschaftsschichten hatten damit zu kämpfen, jedoch war die Prostitution ein besonderer Cluster.

Mitte des Jahrhunderts wurde von der Stadthautpmannschaft die *Instruction für die polizeiliche Behandlung der Freudenmädchen* herausgegeben:

„Der polizeilichen (im Gegensatz zur gerichtlichen) Ahndung verfällt die Lustdirne, wenn sie:
a) auf dem sogenannten Striche, d. i. auf dem insbesondere zur Anwerbung von Männern unternommenen Gange angetroffen wird;
b) im gleichen Zweck noch nach der Hausthorsperre auf der Gasse oder an öffentlichen Orten sich herumtreibt;
c) ihren Aufenthalt in einem Hause oder Stadttheile hat, in welchem sich derlei Weibspersonen auf eine dem Wesen eines Bordells ähnliche, der Nachbarschaft und Umgebung lästige Weise anhäufen;
d) auf schamlose Weise aus dem Fenster oder vor dem Hausthore Freier anlockt, oder sonst in irgend einer, noch nicht zu dem gerichtlichen Verfahren geeigneten Weise den öffentliche Anstand verletzt …

Es ist als Grundsatz festzuhalten, dass eine Schanddirne gewöhnlich die Arbeit scheut und entweder in die Kategorie der aus eigener Schuld vacirenden Dienstboten oder gar zu jenen Leuten gehört, die einen ehrlichen Erwerb gar nicht anzugeben wissen oder ihn blos vorspiegeln, daher die Eine wie die Andere […] zur Abgabe in das Zwangs- und Arbeitshaus geeignet erklärt werden.“[41]

Seit 1873 mussten sich die Liebesdienerinnen also regelmäßig vom Amtsarzt untersuchen lassen. Und darüber wurde Buch geführt. Bis heute hat sich diese Praxis gehalten. „Professionelle“ müssen sich, wie dokumentiert ist, von Amts wegen, regelmäßig auf Geschlechtskrankheiten untersuchen lassen.

Das Problem war damals allerdings, dass es unzählige „PfuscherInnen“ gab, Huren, die den Beruf als zweites Standbein heimlich ausübten. Sie ließen sich kaum bis gar nicht untersuchen und gehörten, zusammen mit vielen anderen scheinbar ehrbaren Mitgliedern der Gesellschaft, auch zu den Superspreadern der Zeit.

Frontbordelle – „Eintritt für Hunde und Mannschaft verboten“

In den Schützengräben Wiens wurde mit allerlei Munition geschossen.

Das flexible Gewerbe passte sich im Laufe der Geschichte den Umständen seiner Zeit an. So wurden im Ersten Weltkrieg Bordelle an der Front eingerichtet. Die Soldaten, die für das Vaterland kämpften, sollten gut versorgt werden. Hier unterschied man zwischen Mannschafts- und Offiziersbordellen. Diese konnte Man(n) von Weitem leicht erkennen, denn sie waren durch lange Schlangen von „notgeilen Frontkämpfern“ gekennzeichnet. Die Offiziersbordelle wiederum erkannte man an einer über der Eingangstür hängenden Begrüßung „Nur für Offiziere“ und „Eintritt für Hunde und Mannschaft verboten“.

Die Besucher der regulären Mannschaftsbordelle mussten sich direkt nach dem Schäferstündchen unangenehmen Untersuchungen unterziehen. Ihnen wurde Protargol und Vaseline verschrieben oder direkt initiiert. Jeder „beglückte Krieger“ musste hier auch den Namen seiner Kurtisane angeben. So hoffte man, die Verbreitung von Geschlechtskrankheiten kontrollieren oder, im besten Fall, vermeiden zu können.

Um dieser Tortur zu entgehen, entschieden sich Soldaten immer öfters für „Geheimprostituierte“. Diese boten in ihren Privaträumlichkeit(en), meist in Untermiete, oder billigen Hotels ihre Dienste an. Diese „Gelegenheitsdirnen“,

Dienstmägde oder Fabriksarbeiterinnen, manche sogar verheiratet, verdienten sich so ein „Taschengeld“ dazu. Ihr eigentliches Gehalt reichte meist kaum zum Überleben.

Anders als die einfachen Soldaten mussten Offiziere sich diesen ärztlichen Inspektionen nicht unterziehen. Dementsprechend platzten die Militärhospitäler vor lauter „Syphilitikern von Offiziersrang“ aus allen Nähten.[42]

Kein Wunder, war doch ein Zehntel der „angemeldeten“ Gunstgewerblerinnen erkrankt – trotz der regelmäßigen Untersuchungen.

Bei den Schwarzarbeiterinnen, die nur schwer zu kontrollieren waren, soll es sogar ein Viertel gewesen sein.

Verhütung

Die Ansteckungszahlen der Lustseuche stiegen also konstant in der gesamten Bevölkerung. Und dies trotz der Möglichkeit, sich vor den Krankheiten zu schützen, denn Kondome gab es schon seit dem 18. Jahrhundert.

Die ersten Exemplare waren aus Tiergedärmen oder Stoff zusammengebastelt. Man kann allerdings davon ausgehen, dass sie nicht nur Lusttöter waren, sondern auch nur sehr begrenzt Schutz geboten haben.

Im 19. Jahrhundert wurden Präservative schon aus Kautschuk produziert. Diese konnte man auch wiederverwenden, sie mussten nur gewaschen und zum Trocknen aufgehängt werden. Ganz ähnlich wie Tampons zu der Zeit. „Nachhaltigkeit“ war den Wienern schon damals ein Anliegen.

Abb. 20: Schafsdarm-Kondom mit Gestell zum Trocknen

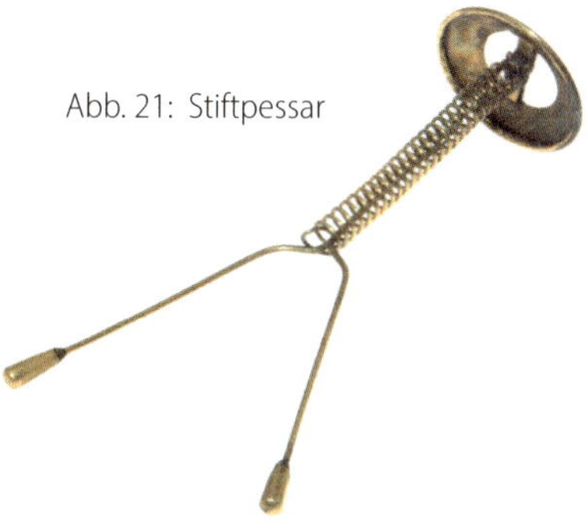

Abb. 21: Stiftpessar

Auch Spiralen gab es damals schon, sogenannte Stiftpessare, allerdings ist es sehr fraglich, wer sich solch eine „Monstrosität“ einsetzen lassen wollen hätte.

Eine recht ungewöhnliche Verhütungsart war „Die halbe Zitrone“. Der sagenumwobene Liebhaber Casanova soll diese recht unkonventionelle, dafür aber nachhaltige Empfängnisverhütung im 18. Jahrhundert erfunden haben. Die Herstellung war einfach: Frau nahm eine halbe ausgepresste Zitrone und führte sich diese mit der Schale voran ein. Die Zitronensäure sollte die Spermien bremsen oder sogar blockieren.

Verschiedene Scheidenspülungen waren bei den Damen auch sehr beliebt – auch dafür konnten Zitronen verwendet werden. Einige Esslöffel Zitronensaft in Wasser gemischt sollten nach dem „Liebesakt“ eingespritzt werden.

Eine Vorform des Gleitmittels war damals recht beliebt. Dieses wurde weit öfter verwendet als der unbeliebte Überzieher. Man brauchte dafür nur eine schöne Speckschwarte. Der Phallus wurde einfach damit eingerieben und schon flutschte es besser.

Sexueller Notstand – Weibliche Keuschheit fürs Vaterland

Während die Krieger an der Front kämpften und sich in ihrer Freizeit amüsierten, blieben ihre Ehefrauen zölibatär zu Hause zurück.

Kurz bevor die Soldaten in den Krieg zogen, heirateten unzählige von ihnen ihre Angebeteten. Allerdings hatte niemand damit gerechnet, dass dieser Krieg, der Erste Weltkrieg, ganze vier Jahre dauern würde. Die frischgebackenen Bräute sollten für Kaiser und Vaterland in Keuschheit leben, bis der Angetraute vom Schlachtfeld zurückkehrte – wenn er zurückkehrte.

Anfänglich feierte man noch „… die begierdelose Reinheit der Mobilisierung und die patriotische Beispielhaftigkeit von ‚Gut und Blut fürs Vaterland‘“ und „… Mediziner stimmten ein Loblied auf die gesunde Abstinenz an, die Theologen priesen den Krieg als Quell der Sittsamkeit, die Maler schufen Bilder von soldatischen Kampfmaschinen.“[43]

Im Nachhinein allerdings wurde dieser Krieg als „die größte Sexualkatastrophe, die je über die zivilisierte Menschheit hereingebrochen ist",[44] beschrieben.

Nicht überraschend sank die Geburtenrate in den Kriegsjahren drastisch. Alleine in Wien waren es knapp 50 Prozent.

Rückkehrer wurden sogleich aufgefordert, ihrer Bürgerpflicht als „leistungsfähige Männer" nachzukommen.

„Gesellschaftlicher Aufstieg"

Nach dem Krieg war Prostitution nicht mehr unbedingt die Domäne des Proletariats, gut 20 Prozent der „Horizontalen" gehörten dem Mittelstand an.

„Nach einer Statistik des Sittenamtes der Wiener Polizeidirektion waren im Jahr 1920 unter den 3.272 aufgegriffenen Huren 377 Beamtinnen, 14 Zahntechnikerinnen und Zahnarzthelferinnen, acht Offiziersgattinnen, 571 Angehörige des Mittelstandes, 255 qualifizierte Arbeiterinnen und 446 Hausgehilfinnen. Erwischt wurden auch die minderjährigen Töchter eines Zahnarztes, eines Regimentsarztes, eines Oberfinanzrates und eines Stadtrates."[45]

Abb. 22: Kindermädchen im Park

Ups and Downs des 20. Jahrhunderts

Mit der Ersten Republik kamen vorerst bessere Zeiten für das älteste Gewerbe der Welt. Gefallene Mädchen konnten in diesen Jahren ihren Beruf viel offener ausüben als zuvor.

Der altbewährte Straßenstrich entlang des Wienflusses in der Gegend des Naschmarkts präsentierte sich ohne Tarnung in seiner vollen Pracht und war gut besucht.

Das heute noch bekannte Café Anzengruber diente als ein Ort für ein „Meet and Greet“ für die Freudenmädchen und deren Freier. Hier gab es verschiedene Preisklassen: Wer sich im warmen Hotelzimmer verwöhnen lassen wollte, musste natürlich tiefer in die Tasche greifen. Dafür war es von dem arrangierten Treffpunkt nicht mehr weit, denn das Hotel „Drei Kronen“ war gleich um die Ecke. Wer ökonomischer unterwegs war, für den standen günstigere, aber dafür auch ungeheizte und heruntergekommene Optionen in der näheren Umgebung zur Verfügung.

Der Austrofaschismus wiederum verbot Prostitution komplett.

Und zur Zeit des Nationalsozialismus vergnügte sich die deutsche Wehrmacht in Wien, unter anderem in einem altbekannten Puff in der Kurrentgasse. Die Hausnummer 23 war schon im Mittelalter ein Ort der Begegnung. Im 18. Jahrhundert bekam das Laufhaus eine neue Anschrift und Namen: „Zum Kaiser Joseph“ – nebst Bild des Regenten – dem Lieblings-Habsburger des Besitzers gewidmet, was mit des Kaisers Affinität zu leichten Mädchen zu tun gehabt haben könnte. Wenig überraschend wurde dem Inhaber bald befohlen, den kaiserlichen Namen samt Bild zu entfernen. Ein Kompromiss war aber schnell gefunden, dem Bild des Monarchen wurden Bart und Heiligenschein beigefügt und seitdem nannte sich das Etablissement „Zum heiligen Joseph“. Leicht unpassend angesichts dessen, was sich innerhalb der Mauern abspielte. Ein ungewöhnlicher Name für ein Bordell.

Bis in die 1970er Jahre, war die Kärntner Straße nicht nur von Autos befahren, sondern auch von Prostituierten bevölkert. Eine verkehrstechnisch hochfrequentierte Straße. Und auch der Kohlmarkt war immer noch ein Ort der Zusammenkunft für Freier auf der Suche nach der käuflichen Liebe. Sozusagen eine „frühe Form“ der Begegnungszonen.

Zustände, die man sich bei der heutigen Lieblingsflaniermeile der Wiener kaum mehr vorstellen kann.

HABSBURGISCHES GESCHÄKER

Die Habsburger zogen schon seit jeher den erotischen Nahkampf dem Schlachtfeld vor. Ihr wohlbekannter Slogan *bella gerant alii, tu felix Austria nube*, den sie beim römischen Dichter Ovid geliehen hatten, diente allerdings in erster Linie machtpolitischen Zwecken, Gebietserweiterungen, freundlichen Übernahmen und der Zeugung möglichst vieler legitimer Erben, die das Familienmotto weiterführen sollten. Liebesheiraten waren sehr spärlich gesät, denn der oder die Partner/in für die Ewigkeit musste bei den Habsburgern eine Ahnenprobe bestehen: Ein Stammbaum von mindestens 16 hochadeligen Vorfahren war eine conditio sine qua non. Das machte die Auswahl bei der Braut- oder Bräutigamschau in Europa begrenzt und führte so zu einem Ahnenschwund im Hause Habsburg.

Es musste also auf recht nahe Verwandte zurückgegriffen werden. Zu nah war zwar kirchenrechtlich nicht gedeckt, aber eine Sondererlaubnis vom Papst war schnell beschafft. Das Resultat war nicht nur der weltbekannte Unterkiefer, das „Habsburger Kinn" inklusive prominenter Unterlippe, sondern auch Geisteskrankheit dürfte in einigen Fällen auf die inzestuösen Verbindungen des herrschenden Geblüts zurückzuführen sein.

Folglich waren solch arrangierte Ehen nur selten von Liebe erfüllt. „Wir heiraten, um Kinder zu haben, und nicht, um die Sehnsüchte unserer Herzen zu stillen",[46] beschrieb „Reichsromantiker" Metternich den Bund fürs Leben.

Eigentlich hätte man ja vom erzkatholischen Haus Habsburg, „Herrscher von Gottes Gnaden", erwarten können, dass sie sich an die Zehn Gebote halten, aber wenn es um eheliche Treue ging, wurde man in der Auslegung kreativ. Es wurden unausgesprochene Deals geschlossen, die stillschweigend außereheliche Intermezzi akzeptierten. Sprich die Ehefrauen hatten die Seitensprünge ihrer Göttergatten wortlos hinzunehmen. Hier wurde mit zweierlei Maß gemessen, denn ein untreuer Ehemann, vor allem von adeligem Geblüt, wurde kaum verurteilt, eine ehebrechende Ehefrau allerdings, wurde mit einem

„scharlachrotem H“ für Hure stigmatisiert. Gleichberechtigung wurde also großgeschrieben.

„… sie lieben und sie ehren bis dass der Tod euch scheide“ war in Wahrheit bedeutungslos.

„Die Ehe ist eine widersinnige Einrichtung. Als fünfzehnjähriges Kind wird man verkauft und leistet einen Schwur, den man nicht versteht und dann 30 Jahre oder länger bereut und nicht lösen kann.“[47] So beschrieb Sisi den Bund fürs Leben.

Aber nicht nur die habsburgischen Männer trieben es bunt, die Frauen standen ihnen da oft in nichts nach. Allerdings dürften sie es in vielen Fällen etwas diskreter gemacht haben. Denn über die außerehelichen Entgleisungen der Habsburgerinnen gibt es weit weniger Nachweisbares zu berichten.

Ein weiteres Thema, das hier Erwähnung finden soll, ist Homo- und Bisexualität, ob nun bei den Habsburgern oder in der Geschichte. Bis heute stellt dies die Akzeptanz der westlichen Welt vor eine Herausforderung, von anderen Kulturkreisen und Religionen ganz zu schweigen. Dabei ist Homo- und Bisexualität so alt wie die Menschheit selbst.

Bei genauerer Betrachtung von Regenten im Laufe der Zeit finden sich so einige Vertreter nicht nur unter den Habsburgern, sondern natürlich auch in anderen Königsgeschlechtern. Besonders bekannte Vertreter waren da zum Beispiel Alexander der Große, „der Alte Fritz“ – also Friedrich der Große –, König Heinrich III. oder angeblich sogar Julius Cäsar.

„Österreich ist ein Land, das keinen einzigen bedeutenden Homosexuellen hervorgebracht oder assimiliert hat, es gibt hier letzte Bereiche, die erstaunlich intakt geblieben sind, die große Spannung und ursprüngliche Polarität haben sich ihre Form und Kraft erhalten, die Travestie der Zeugung findet keine günstigen Voraussetzungen“,[48] meinte Prinz Eugen von Savoyen. Eine interessante Aussage aus dem Mund eines Mannes, dem damals wie heute eine Neigung zum männlichen Geschlecht nachgesagt wurde.

Wie teilweise bis dato, wurden auch damals schon andere sexuelle Orientierungen verurteilt und unter den Tisch gekehrt. Besonders im scheinheilig-frommen Hause Habsburg.

Während „proletarische" Homo- und Bisexuelle mit öffentlicher Hinrichtung oder Tortur rechnen mussten, hatte man in der feinen Gesellschaft zwar mit einer Moralkeule und möglicherweise einem gesellschaftlichen Niedergang zu kämpfen, aber körperliche Schmerzen waren keine zu befürchten.

So kann man zusammenfassen, dass die Habsburger, wie auch viele andere Herrscherhäuser, es bunt durch die Geschichte trieben, ob jetzt hetero-, homo- oder bisexuell, sie sorgten regelmäßig für Aufsehen und lieferten der Klatschpresse über Jahrhunderte mehr als genug Stoff, um gut im Geschäft bleiben zu können.

MITTELALTERLICHE BETTHUPFERLN

Schon seit dem Mittelalter sorgten die habsburgischen Tändeleien regelmäßig für Aufsehen.

Friedrich der Schöne – Im Bett mit dem Feind

Friedrich I. (1289–1330), der Schöne, wie er genannt wurde, hatte es schwer, das Erbe seines Vaters Albrechts I. als römisch-deutscher König zu halten. Er musste sich einige Zeit gegen seinen Widersacher und Gegenkönig Ludwig den Bayern (1282–1347) behaupten. Es wurden Kriege geführt und Friedrich wurde sogar für drei Jahre gefangengenommen. Doch seine Brüder wollten die Sache nicht auf sich beruhen lassen und so ließ sich Ludwig auf Friedensverhandlungen ein und änderte seine Taktik – statt Konfrontation lieber Kopulation.

„Als nun … die erlauchten Herzöge Ludwig und Friedrich einander von Angesicht zu Angesicht erblickten, umarmten und küssten sie sich so stürmisch, fassten größte Zuneigung zueinander und gaben derselben, indem sie sich beide als Enkel des ruhmreichen König Rudolf bekannten, öffentlichen Ausdruck. Da gab es nun große Freude und Ruhm auf beiden Seiten, und es kam zwischen ihnen Frieden und Eintracht, von den Klängen fröhlicher Musik und lautem Juchzen belebt, vereinte die Versöhnten …“,[49] kann man über das Zusammentreffen nach den Friedensverhandlungen in der *Chronica Ludovici* nachlesen.

Während der mittelalterliche Geschichtsschreiber und Zisterzienserabt Johannes von Viktring (1270–1347) das königliche Konzil so beschrieb:

„Am festgesetzten Tag kamen dann Friedrich und Ludwig in Salzburg zusammen und hier wurde auch, während sie auf ein und demselben Lager ruhten, zwischen ihnen von dem Königtum gesprochen“.[50]

So herrschte Frieden und die beiden Gegenkönige wurden von Feinden zu Partnern, nicht nur politisch, sondern angeblich auch privat.

Wer weiß, vielleicht hat ja Ludwig seinem Friedrich den Beinamen „der Schöne“ verliehen.

Sigismund der potente Münzreiche

Geld macht wohl tatsächlich sexy, denn dem Habsburger Herzog Sigismund von Tirol (1427–1496) lagen die Damen reihenweise zu Füßen. Seine Beliebtheit beim anderen Geschlecht verdankte er aber weniger seinem

Aussehen als seiner prall gefüllten Schatzkammer, die ihm den Beinamen „der Münzreiche“ einbrachte.

Der Herzog trieb es bunt – nur nicht mit seinen zwei Ehefrauen. Beide Ehen endeten kinderlos, aber sicherlich nicht, weil Sigismund impotent gewesen wäre. Er streute seinen Samen übers Reich, er soll um die 50 Kinder gezeugt haben.

Und seine Mätressen gingen am Innsbrucker Hof ungeniert ein und aus. Eine seiner Gespielinnen intrigierte sogar gegen seine zweite Frau. Sie dichtete ihr Mordabsichten gegen ihren Gatten an, um sie aus dem Weg zu räumen.

So wurden Sigismund seine Seitensprünge schlussendlich doch zum Verhängnis, denn als Kaiser Friedrich III. (1415–1493) von dem Tohuwabohu am Innsbrucker Hof erfuhr, entmachtete er seinen Cousin kurzerhand und dieser dankte infolge zugunsten seines Großneffen, des späteren Kaisers Maximilian I., ab.

Maximilian I. Sexgeschichten

Auch mit Maximilian I. hätte die Klatschpresse ihre Freude gehabt. Sein feudaler Lifestyle und seine ständigen Eskapaden wären heute noch Gesprächsthema Nummer eins für die sensationsgeile Gesellschaft.

So war er einerseits für seine Tollkühnheit als Turnierritter und passionierter Jäger und andererseits für seine unzähligen Liebesabenteuer bekannt. Keine schöne Frau war vor ihm sicher, „was nicht bei drei am Baum war“, wurde vernascht. Hierfür kam ihm seine gottgegebene Hochwohlgeborenheit zugute. Ehrentitel wie „der Begatter“ wurden ihm sogar verliehen.[51]

Er stieß sich schon jung die Hörner ab, sammelte reichlich Erfahrungen im Boudoir und so war er, als er schließlich seine erste Frau, die reichste Erbin

Europas, Maria von Burgund (1457–1482), kennenlernt, schon ein erfahrener Liebhaber. Maximilian soll Maria ja verehrt haben, oft wurde in diesem Zusammenhang sogar von Liebe auf den ersten Blick gesprochen.

Aus der Ehe mit der burgundischen Prinzessin entstammten zwei Kinder, der spätere kastilische König Philip I. der Schöne und Tochter Margarete.

So liebeserfüllt die Ehe auch war, fand sie ein jähes Ende, als Maria mit nur 25 Jahren an den Folgen eines Reitunfalls verstarb, was dem Kaiser das Herz gebrochen haben dürfte.

Abb. 23: Kaiser Maximilian I. mit seiner Familie

Seine zweite Ehe mit der 13-jährigen Erbin Anne de Bretagne (1477–1514) stand unter keinem guten Stern und hatte nach alter Habsburgermanier wieder rein machtpolitische Gründe. Per procurationem getraut, hatte Maximilian sogar für die Hochzeitsnacht eine Vertretung geschickt. Vor versammeltem Hofstaat stieg des Kaisers Gefolgsmann Wolfgang Freiherr von Polheim (1458-1512) in voller Rüstung ins kaiserliche Ehebett und berührte die jungfräuliche Braut „unzüchtig" mit seinem nackten Knie. Mit diesem „hocherotischen" Akt galt die Ehe als gültig, wobei de facto die Ehe nie vollzogen wurde. Kurzerhand beschloss Anne, den französischen König Karl VIII. (1470–1498), der wiederum unvollzogenerweise mit Maximilians zehnjähriger Tochter Margarete verheiratet war, zu ehelichen. Eine verzwickte Situation. Auf Ansuchen Frankreichs annullierte der Papst also beide Ehen und Anne konnte ihren Karl zum Mann nehmen. Maximilian war über die Geschehnisse wenig erfreut – wäre er Papst gewesen, hätte es das nicht gegeben, aber dazu später noch mehr. Anne jedenfalls, höflich wie sie war, lud ihren Ex als König von Rom natürlich zur Hochzeit ein.

So gesehen verlief des Kaisers dritte Ehe mit Bianca Maria Sforza (1472–1510) wieder harmonischer, auch wenn sie Maximilians Interesse so gar nicht weckte und er ihre Gemächer wie auch ihrer Gesellschaft möglichst mied. Der Hauptgrund für die Verbindung war diesmal eine enorme Mitgift, die die mailändische Herzogstocher in die Ehe mitbrachte. Diese kam Maximilian, der dank seines kostspieligen Lebensstils in ständigen Geldnöten war, nur recht.

Diese Ehe wurde wohl, wenn überhaupt, nicht allzu oft vollzogen und blieb auch kinderlos.

Dafür versprühte der letzte Ritter sonst gerne seinen Samen. Unzählige Liebschaften, vor-, außer- und nacheheliche Affären soll er gehabt haben und manche Quellen sprechen von bis zu 70 Kindern, die seinen Lenden entstammten.

So ist es noch beeindruckender, wie es Maximilian I. bei so viel pikanter Freizeitbeschäftigung und körperlichen Anstrengungen noch geschafft hat, das Fundament der habsburgischen Weltmacht zu legen.

Er strebte immer höher, angeblich soll der „fromme“ Kaiser sogar den Stuhl Petri ins Auge gefasst haben. Doch mit seinem ausschweifenden Lebensstil war dieses Ziel dann vielleicht doch zu hochgesteckt. Andererseits könnten die heimlichen Abenteuer der Heiligen Väter im Laufe der Jahrhunderte wahrscheinlich auch Enzyklopädien füllen.

Jungfrau Margarethe

Maximilians Tochter Margarethe (1480–1530) wurde verhältnismäßig früh im zarten Alter von drei Jahren per Ehevertrag dem französischen Dauphin versprochen. Der Umzug folgte prompt und sie wuchs am Hof ihres Bräutigams, des späteren König Karl VIII., auf. Die Verbindung des „überreifen“ Königspaares dürfte überraschenderweise nicht die Glücklichste gewesen sein, denn nur acht Jahre später – Margarethe war gerade elf Jahre alt – löste ihr Karli die Verbindung und heiratete Anne von der Bretagne.

Zurück in den Niederlanden fand ihr „liebender“ Vater, der Kaiser, bald Ersatz für die sitzengelassene Tochter. Ein neuer Ehemann war schnell gefunden: Diesmal ging es in den Süden. Sie war schon 15 Jahre alt als sie, wie soll es anders sein, per procuratorem (per Stellvertreter) mit dem spanischen Thronfolger verheiratet wurde.

Als sie ihrem Angetrauten endlich entgegenreisen durfte, erlitt sie fast Schiffbruch. Margarethe dürfte auf das Schlimmste vorbereitet gewesen sein, denn sie verpackte ihren Schmuck in ein etikettiertes Tuch, welches sie um ihr Handgelenk knotete. Sollte ihr lebloser Körper später an Land gespült werden, würde sie sogleich als königliche Leiche zu erkennen sein. Noch wichtiger war ihr aber, ihren Angehörigen das Leben zu erleichtern und so verfasste sie in ihren vermeintlich letzten Stunden eine Passage, die ihren Grabstein zieren sollte. Dabei bewies die glücklose Prinzessin Humor: „Hier ruht Margarete, die edle Dame, welche zwei Ehemänner hatte und doch als Jungfrau starb.“

Glücklicherweise überstand Margarethe die Überfahrt doch unversehrt und schaffte es endlich zu ihrem Juan. Allerdings war die Ehe nicht von langer Dauer, denn knapp zwei Jahre später starb Juan von Aragón und Kastilien (1478–1497) viel zu früh und ließ seine schwangere Braut zurück. Immerhin blieb die Kaisertochter keine Jungfrau.

Ein drittes Mal versuchte sie es dann doch noch einmal mit dem Bund fürs Leben. Es sollte der letzte Versuch werden, denn wieder starb ihr Mann nach nur wenigen Jahren Ehe. Margarethe ließ also dieses Kapitel ihres Lebens hinter sich und ging in die Politik. Mit ihrer Karriere als Statthalterin der Niederlande lief es dann um einiges besser als mit den Ehemännern.[52]

SPANISCHE ROMANZEN

Aber nicht nur in Österreich oder den Niederlanden ging es rund, die spanischen Habsburger standen ihren österreichischen Verwandten in nichts nach.

Karl V.

Margarethes Neffe, Karl V. (1500–1558), hatte in seinem Leben beruflich allerhand zu tun. Der Kampf gegen die Reformation sowie Frankreich und dann noch Probleme mit seinem kleinen Bruder Ferdinand, der in Österreich waltete. Kein Wunder also, dass er in seiner spärlichen Freizeit nach Zerstreuung vom stressigen Alltag suchte. Vor und nach seiner Ehe mit seiner Cousine ersten Grades, Isabella von Portugal, dürfte er auch eine Vielzahl von amourösen Abenteuern gehabt haben, frei nach dem Motto seines Widersachers Martin Luther (1483–1546) „In der Woche zwier … schadet weder dir noch mir …“.

Aus Karls Gspusis entsprang auch das eine oder andere illegitime Kind – das wohl bekannteste war Don Juan de Austria (1547–1578).

Abb. 24: Reiterportrait Karl V.

Übrigens waren auch damals schon Ehen mit so nahen Verwandten von der Kirche verboten. Aber mit dem richtigen Stammbaum und einem kleinen Gefallen, einer Besitzüberschreibung oder einer bescheidenen Spende in den päpstlichen Klingelbeutel löste Rom solch belanglose Probleme, indem eine Ehedispens ausgestellt wurde.

Philipp II. und die Bäckerstochter

Karls Sohn Philipp II. (1527–1598), seines Zeichens König von Spanien, war auch alles andere als ein Kind von Traurigkeit. Aus machtpolitischen Gründen, wie sollte es auch anders sein, wurde er viermal in alle Himmelsrichtungen königlich verheiratet. Eine portugiesische und eine französische Prinzessin, eine englische Königin und eine habsburgische Verwandte nach alter Manier wurden für Philipp ausgewählt.

Aber trotz so vieler Ehefrauen vergnügte der junge König sich gern auch in fremden Betten.

Wie so oft waren die Folge Tratsch und Klatsch an den europäischen Höfen und aus Mücken wurden Elefanten gemacht. Philipp wurde sogar Bigamie vorgeworfen, er soll nämlich noch vor der Heirat mit seiner ersten Frau Elisabeth de Valois (1545–1568) eine Kammerzofe geehelicht haben.

Und während seiner Ehe mit der englischen Königin Maria Tudor (1516–1558) lebte er seine Beziehung zu einer Bäckerstochter ganz öffentlich aus. Dies führte zur folgenden Saga unter der Bevölkerung: „Better the baker's daughter in her russet gown, than Queen Mary without her crown" – Lieber eine Bäckerstochter in einem groben Kleid als Königin Mary ohne Krone und Geschmeid.[53]

Er soll sich auch gerne mal Verwandter, Ehefrauen, unehelicher Kinder oder dergleichen entledigt haben – Giftmord dürfte seine bevorzugte Methode gewesen sein. Der angebliche Mord an seinem nur 23 Jahre alten Sohn Don Carlos (1545–1568) inspirierte später Friedrich Schiller (1759–1805) zu seinem Stück *Don Carlos, Infant von Spanien* (1787) und Giuseppe Verdi (1813–1901) zu seiner gleichnamigen Oper. In beiden Werken kommt Philipp nicht gut weg.

Böse Zungen behaupteten sogar, dass der spanische König mit seiner Schwester und seinen eigenen Töchtern auf Tuchfühlung gegangen wäre. Aber ob diese Gerüchte tatsächlich stimmen oder doch eher das Konstrukt seiner politischen Gegner war, sei dahingestellt.

Philipp IV. unter der Nonnenkutte

Die ausgeprägte Libido hatte bei Philipp III. (1578–1621) eine Generation übersprungen, denn er dürfte kein umtriebiges Gemüt gehabt haben.

Dafür holte sein Sohn Philipp IV. (1605–1665) alles wieder auf. Philipp hatte viele Hobbys: Dichtung, Malerei und Musik – aber den spanischen Damen galt sein größtes Interesse. In diesem Zusammenhang waren ihm auch alle Gesellschaftsschichten recht, ob Prinzessin, Kammerzofe, Schauspielerin oder Prostituierte, frei nach dem Motto „unter der Schürze liegt die Würze“ (Herkunft des Zitats unbekannt). Nicht einmal vor einer Nonnenkutte machte er halt, denn er war ein „zutiefst gläubiger Mann“. Um sich den notgeilen Monarchen vom Leib zu halten, stellte sich die Ordensfrau kurzerhand tot. Eine etwas extreme Maßnahme, aber wirkungsvoll.

Bis zu 30 Kinder und eine Geschlechtskrankheit brachten ihm seine „olympiareifen“ Aktivitäten in der „Matratzengymnastik“ ein.

Auch bei Philipps Erben Karl II. (1661–1700) übersprang die animalische Natur eine Generation. Wer weiß, wäre Karl so wollüstig gewesen wie einige seiner Vorfahren, dann wäre die spanische Linie der Habsburger vielleicht nicht mit ihm ausgestorben.

AUF TUCHFÜHLUNG IN BÖHMEN

Rudolf II. und seine 11.000 Jungfrauen

Rudolf II. (1552–1612) war da ganz anders als seine westlichen Verwandten: Er war nie untreu, er blieb einfach zeitlebens unverheiratet. Nicht, dass er keine Heiratspläne gehabt hätte. Als er 16 Jahre alt war, wurde seine Heirat mit seiner zweijährigen Großcousine Isabella Klara, Infantin von Spanien (1566–1633) und Tochter Philipp II., schon geplant. Allerdings schaffte es Rudolf 15 Jahre nicht, Nägel mit Köpfen zu machen und als Isabella dann schon 17 Jahre zählte, war sie Rudolf wahrscheinlich zu alt.

Seine Ehelosigkeit war keineswegs eine Folge von sexuellem Desinteresse, er legte sich einfach nicht gerne fest, auch nicht was das Geschlecht seiner Sexualpartner anging, so sagte man. Jedenfalls werden ihm eine Unzahl von Affären nachgesagt.

Der Kunstmäzen, dem wir die habsburgische Hauskrone verdanken, gab auch gerne mal das eine oder andere pornographische Bild bei seinem Hofmaler Bartholomäus Spranger (1546–1611) in Auftrag. Erotische Szenen, wie wollüstige Nymphen mit Greisen, wurden dort mit Öl auf Leinwand gebracht.

Dies dürfte eine von Rudolfs sexuellen Phantasien widergespiegelt haben, denn man munkelte, dass sich der Kaiser 30 Jahre lang täglich eine Jungfrau kommen hätte lassen. Das wären nach einer Hochrechnung des Historikers Karl Vocelka an die 10.000 Jungfrauen, die Rudolf in seiner aktiven Karriere als Schürzenjäger am Prager Hradschin vernascht hat. Dies dürfte dann aber mehr Legende als Wahrheit gewesen sein.[54]

Rudolfs missratene Brut

Einigen von Rudolfs Liebeleien entsprangen auch Kinder.
Sein ältester Sohn, Don Julio (Don Julius Caesar d'Austria, 1584–1609), wurde ob seiner geisteskranken Mordlust bekannt.

Der „zärtliche Liebhaber" legte einen Blutdurst an den Tag, der *American Psycho* oder *das Schweigen der Lämmer* in das Kinderfilmgenre degradiert.

Folgende Szenen sollen sich mit einer jungen Baderstochter in seinem Anwesen in Cesky Krumlov abgespielt haben:

„… er …, gebot ihr, sich auf sein Lager zu legen, und hat sie dann mit vielen Hieb- und Stichwunden am ganzen Körper verstümmelt und umgebracht. Er hat ihr die Ohren abgeschnitten, ein Auge ausgeschlagen, die Zähne samt dem Zahnfleisch in den Mund gestoßen, die Hirnschale gespalten, sodass das Hirn heraustrat und ein Stück Degen im Kopf stecken blieb, die Hände waren so grässlich zerhauen, geradezu tranchiert, und überall lagen Stücke Fleisch umher. Drei Stunden dauerte das Gemetzel. Hierauf rief er seine Prager Wirtschafterin und einen Wärter, verband der Pragerin die Augen und durchbohrte die Tote noch einmal. Dann befahl er, die Leiche in einem Leintuch

Abb. 25: Don Julio Caesar nach der Ermordung seiner Geliebten Margarete Pichler

hinauszutragen. Früh kniete er an der Leiche nieder, bohrte die Finger in die Wunden und trug unendliche Reue zur Schau. Darauf ließ er den Leichnam in das Leintuch einnähen und in seiner Gegenwart in zwei Särge legen, vernageln und begraben."[55]

Bei Don Julio fand die Geisteskrankheit, die schon einige seiner Verwandten befallen hatte, wohl ihren Höhepunkt. Schließlich starb er mit nur 25 Jahren; die offizielle Todesursache war: „er ist an ‚ekelhaftem Unrat' erstickt." Inoffiziell könnte dies ein Resultat der jahrhundertelangen Inzest gewesen sein, die die Habsburger wie Leistungssport betrieben haben.[56]

BAROCKES TREIBEN IN WIEN

Joseph I. – Der Anfang vom Ende für die Habsburger Dynastie

Aber zurück in die Heimat und zum vorletzten männlichen Herrscher der Habsburger Dynastie, Joseph I. (1678–1711).

Joseph nahm es, der inoffiziellen Etikette entsprechend, nicht so eng mit der ehelichen Treue und vergnügte sich mit einer Vielzahl von Mätressen. Aber als „aufmerksamer Ehemann" brachte er seiner Angetrauten Wilhelmine Amalie von Braunschweig-Lüneburg (1673–1742) eine Geschlechtskrankheit mit nach Hause, die sie unfruchtbar gemacht haben dürfte.

Die beiden hatten zwar schon zwei Töchter, aber der einzige Sohn war schon mit einem Jahr gestorben und weitere Nachkommen blieben aus.

Mit anderen Worten, Josephs Gspusis und „venerische Mitbringsel" brachten den Anfang vom Ende für die Dynastie Habsburg. Der endgültige Todesstoß kam dann von seinem jüngeren Bruder Karl VI. (1685–1740).

Karl VI. – „Ein bisschen bi schadet nie"

Zur Zeit von Maria Theresias Vater, Karl VI., brodelte die Gerüchteküche am Wiener Hof, denn der Kaiser dürfte seiner Göttergattin Elisabeth Christine von Braunschweig-Wolfenbüttel (1691–1750) nicht so zugetan gewesen sein, wie „es sich für einen Mann gehörte". Dafür dürfte der Regent mit seinem Hofmaler und Berater Graf Althann (1679–1722) mehr als nur die Leidenschaft für die Kunst geteilt haben. Die beiden vergnügten sich jahrzehntelang still und heimlich. Anders ging es auch nicht, einerseits weil Karl verheiratet war, andererseits weil Homosexualität bei den erzkatholischen Habsburgern und auch sonst ein „No-Go" war. Es war lange Zeit sogar strafbar, bis zu fünf Jahre Kerker blühten einem dafür.

Zwar spricht einiges dafür, dass Karl seinem Grafen über alle Maßen zugetan war und doch hatte er in seinem Leben auch das eine oder andere Mal mit Frauen horizontal verkehrt. Einerseits mit seiner Frau Elisabeth Christine natürlich, anderseits mit seiner spanischen Geliebten aus Jugendzeiten, der Gräfin Pignatelli (1689–1755). Der Kaiser holte sie sogar an den Wiener Hof und verheiratete sie an seinen „Herzfreund", wie er Althann nannte. Gewohnt wurde in der Hofburg, so blieb alles in greifbarer Nähe und nächtlichen Stippvisiten stand nichts im Wege.

Der Hofmaler wird in Karls Tagebüchern immer wieder sehr herzlich und liebevoll erwähnt. Besonders herzerwärmend ist des Kaisers Tagebucheintrag vom 16. 03. 1722 zum Tod seines Geliebten:

„… um 8 mein einziges Herz, mein Trost, mein treuester Diener, mein Herzfreund, der mich wie ich ihn 19 Jar nie uneinig gewes, mein Kammerherr nachher Oberstallmeister, mein alles, mein liebster Michael Johann Graf Althann gestorben in einer halben 4tel Stund, seind unser Herz zertrambt worden, der ewig in mein Herz und den ewig in sein Kinder und Frau, was ich ihm schuldig, so lang ich leb erkändlich sein werde. Gott sei mein Leid geklagt, da ich all Trost alles vor mich verlohren, Gott sei seiner Seel gnädig und tröst mich Amen."[57]

Aber Althann dürfte nicht der einzige Mann gewesen sein, mit dem sich der Kaiser vergnügt hat. Einige Techtelmechtel mit Herren wurden ihm nachgesagt und das am streng konservativen Wiener Hof.

Ein weiterer Tagebucheintrag entlarvt den Monarchen mit einem Jagdburschen:

„Bueb erster Dienst, gut ich froh, lieb, Herzen red, länger küßt, Lieb versichert.“[58]

Somit sind Karls VI. schwule Neigungen nur schwer abstreitbar.

Allerdings hat er sich doch gelegentlich dem weiblichen Geschlecht zugewandt, wenn auch unter Umständen, gezwungenermaßen. Denn mit das Wichtigste an einer habsburgischen Ehe waren die zahlreichen Nachkommen, die das Paar zu produzieren hatte. Die Erbfolge musste gesichert bleiben.

Da ja Karls älterer Bruder Joseph dieser Verpflichtung nicht nachgekommen war, lag es nun an ihm, seine horizontale Pflicht zu erfüllen und den habsburgischen Samen fruchtbar zu säen.

Das Unterfangen erwies sich jedoch schwieriger als gedacht. Anfangs wollte es so gar nicht mit der Kaiserin funktionieren. Jahrelang arbeiteten die beiden wohl sehr hart an diesem wichtigen Projekt eines frisch vermählten Kaiserpaares … und nichts. Es kam zu keinem Vorstoß, Elisabeth Christine wurde nicht und nicht schwanger. Schließlich soll ein kaiserlicher Berater eine zündende Idee gehabt haben, um dem Treiben eine gewisse Würze zu verleihen. So wurde das kaiserliche Schlafzimmer in der damaligen Sommerresidenz, der *Favorita*, neugestaltet. Inspirierende Tapeten schmückten von nun an die Wände. Erotische Szenen, eine Art Kamasutra, sollte dem jungen Paar sexuell auf die Sprünge helfen. Und der geniale Plan ging wohl auf: Schwuppdiwupp war die Wolfenbüttlerin schwanger.

Anfänglich war die Freude groß, denn die Kaiserin gebar einen Thronfolger, jedoch verstarb der Knabe leider nach nur wenigen Monaten.

Danach musste Karl noch mindestens drei Mal mit seiner Frau intim werden, denn sie schenkte ihm noch drei Töchter. Zwei davon überlebten sogar das Kindesalter. Mehr noch, seine älteste Tochter Maria Theresia sollte mit ihrer enormen Kinderschar für ein womöglich ewiges Fortbestehen der Dynastie sorgen.

Allerdings nicht mehr das der Habsburger Dynastie. Denn da die habsburgische Thronfolge bis dahin rein männlich war, aber Karl die Krone in den Händen seiner direkten Nachkommenschaft wissen wollte, musste ein gefinkelter Plan her, um dies auch umzusetzen. So kam es zum wohl wichtigsten Vertrag, der jemals von den Habsburgern aufgesetzt wurde: zur berühmt berüchtigten Pragmatischen Sanktion. Mit dieser konnte Maria Theresia unter gewissen Voraussetzungen die Thronfolge ihres Vaters antreten, doch nicht mehr unter dem Namen Habsburg. Der Vertrag verlangte einen Ehemann an der Seite der zukünftigen Regentin und so wurde aus der Habsburger Dynastie unter Maria Theresia und ihrem Gemahl Franz Stephan die Dynastie Habsburg-Lothringen.

Franz Stephan – Kaiser ohne Pflicht und ohne Hosen

Mit Maria Theresia hatte Franz Stephan (1708–1765) den Jackpot gezogen. Nicht nur dass der verhältnismäßig fast mittellose Prinz durch die Heirat zur Kaiserkrone kam, als Sahnehäubchen gab es sogar etwas ganz Außerordentliches für eine habsburgische Verbindung: nämlich Liebe. Trotz aller Widrigkeiten hatten sich die beiden tatsächlich gern. Höchst ungewöhnlich.

Er hatte es wirklich gut getroffen, nicht nur eine Liebesehe und die Kaiserkrone, nein noch besser, er genoss den Titel quasi ohne die dazugehörigen Pflichten eines Regenten – den Job übernahm seine Göttergattin. Franz Stephan konnte sich derweilen seinen Leidenschaften widmen: seinen lukrativen Geschäften, Freimaurertreffen, seinem Interesse für die Wissenschaften oder seiner Sammelleidenschaft, ob wertvolle Steine und Mineralien, Exotika aller Art oder Mätressen.

Trotz der Zuneigung zu seiner Frau und Regentin konnte er seine Finger nicht von fremden Unterröcken lassen, meist hatte er sogar mehrere Gsupsis gleichzeitig am Laufen. Ein schwer beschäftigter Mann.

Da er seine Gespielinnen kaum in die Hofburg zu einem Stelldichein einladen konnte, musste kurzerhand ein Liebesnest her. So legte er sich nahe seines Familienheims einen Zweitwohnsitz zu. Einerseits um seinem Interesse für die Wissenschaften nachzugehen und teils fragwürde Experimente durchzuführen, wie beispielsweise die Hitzebeständigkeit von Diamanten zu testen und sie dabei zu verbrennen, andererseits um seine libidinösen Bedürfnisse auszuleben, welche Maria Theresia wohl nicht zu stillen vermochte.

Die „heimliche Residenz“ des Kaisers in der Wallnerstraße wurde im Volksmund als *Palais Kaiserhaus* bezeichnet – offensichtlich ein „gut behütetes Geheimnis“.

Die betrogene Kaiserin versuchte derweilen die außerehelichen Eskapaden ihres Mannes so gut wie möglich zu ignorieren. Aber dies gelang ihr verständlicherweise nur bedingt. Es war ein gefundenes Klatschthema für die Wiener Gesellschaft. Der preußische Gesandte am Wiener Hof beschrieb die Situation folgendermaßen:

„Er hat einen Hang zu Frauen … Er veranstaltet heimlich galante Soupers mit ihnen, aber die Eifersucht der Kaiserin nötigte ihn, sich darin zu beschränken. Sobald sie bemerkt, dass er irgendeiner Frau den Hof macht, schmollt sie und macht ihm das Leben so unangenehm wie möglich.“[59]

Die gehörnte Monarchin wurde teils gar von ihren Untertanen verspottet: „Frau Reserl, gib Acht auf den Franzl! Der geht gern zur Kathl aufs Schanzl!“

Maria Theresia konterte auf solch Sticheleien: „Merk Sie sich das, meine Liebe! Die G’schicht von mein Franzl am Schanzl, das is nur a Tratsch von an Gansl!“[60] – Hochintellektuelle Schlagabtäusche, die sich damals am habsburgischen Hof abspielten.

Die Erzherzogin wusste natürlich, dass die Gerüchte stimmten. Jahrelang ließ sie es ihrem Franzl durchgehen, aber irgendwann brachte er dann das Fass doch zum Überlaufen und Maria Theresia rief eine Art „Erotikpolizei", die gefürchtete Keuschheitskommission, ins Leben. Damit machte sie, unter anderem, vielen untreuen Männern das Leben schwer.

Jedenfalls säte Franz Stephan Zeit seines Lebens den lothringischen Samen, wo er nur hinkam. In seiner fruchtbaren Karriere als kaiserlicher Liebhaber brachte er es zu 16 Kindern mit seiner eigenen Frau und um die 30 mehr mit seinen Betthäschen. Kein Wunder also, dass der aktive Kaiser Mitte 50 wahrscheinlich an einem Herzinfarkt starb – vielleicht sogar „mit einem Lächeln im Gesicht".

Joseph II. – Ein privilegiertes Hurenhaus

„Der Apfel fällt nicht weit vom Stamm", besagt schon ein altes Sprichwort. Dies traf mit Sicherheit auch auf Franz Stephan und seinen ältesten Sohn Joseph II. zu.

Dabei hatte bei Joseph alles so harmlos begonnen. In seiner Jugend soll der Erzherzog eher schüchtern gewesen sein, alles andere als ein Aufreißer – den „keuschen Jüngling" soll man ihn bei Hof genannt haben.

Dann kam Josephs erste Frau, Isabella von Parma (1741–1763). Joseph war ihr verfallen. Er vergötterte die schöne Prinzessin, dumm nur, dass sie sich so gar nicht für ihn interessierte, sondern lieber Josephs Schwester Maria Caroline nachstieg.

Nachdem der zukünftige Kaiser von seiner Angetrauten immer und immer wieder abgewiesen wurde, beschloss er doch den Weg seines Vaters einzuschlagen und zum Weiberhelden zu werden. Allerdings anders als sein Herr

Papa, der in erster Linie Damen aus der höchsten Gesellschaft zugetan war, mochte es Joseph einfach. Ein Verhaltensmuster, das sich durch sein gesamtes Leben und vor allem durch seine Regentschaft zog. Allerdings mit dem kleinen Manko, dass er sich im Laufhaus die eine oder andere Geschlechtskrankheit einfing, quasi als „Herrenspende“ zum Abschied. Vielleicht war dieses ungebetene Extra auch das Resultat von Josephs Knausrigkeit, was das Begleichen von Bordellrechnungen anging.

Der aufgeklärte Kaiser war für seine Sparsamkeit berühmt, politisch und privat. Politisch in Form von fortschrittlichen Reformen zum Wohle des Volkes, privat wohl eher an Geiz grenzend.

Diese Pfennigfuchserei brachte ihm auch Spott und eine schlechte Reputation in den Wiener Bordellen ein.

Bis heute zeugt ein Torbogen in der Gutenberggasse vom kaiserlichen Lapsus.

„Durch dieses Thor im Bogen ist Kaiser Joseph II. geflogen.“, verrät die Inschrift.

Aber was war geschehen?

Die Gegend am Spittelberg, das berüchtigte Rotlichtviertel der kaiserlichen Hauptstadt, wurde vom Kaiser mit einer gewissen Regelmäßigkeit inspiziert. Der bodenständige Monarch dürfte eine Halbweltdame mit dem schönen Spitznamen „Sonnenfels-Waberl“ immer wieder besucht haben. Nach einer seiner Stippvisiten in der Gastwirtschaft „Zum steinernen Löwen“ soll sich Joseph, der, wie so oft, inkognito unterwegs war, geweigert haben, für die Dienstleistung der Gewerbetreibenden zu bezahlen und wurde kurzerhand aus dem Etablissement katapultiert.

Als ihm einer seiner Minister (konzessionell) reglementierte Bordelle in Wien und Umgebung vorschlug, antwortete Joseph nur mokant: „Spannen Sie nur ein großes Tuch über Wien und eine Vorstadt, dann haben Sie gleich ohne Mühe – ein privilegiertes Hurenhaus.“

Joseph liebte also die Frauen, nur seine zweite Gattin Josepha Maria von Bayern nicht. Er machte einen großen Bogen um das gemeinsame Schlafzimmer, er mied es „wie der Teufel das Weihwasser". Er dürfte seine Kaiserin horizontal nicht einmal beglückt haben, was die Ehe ja eigentlich aus damaliger Sicht ungültig machte. Aber Josepha schwieg „unberührt". Nach zwei Jahren Ehe erlag sie den Pocken. Ihr Mann konnte es nicht einmal einrichten, dem Begräbnis beizuwohnen.

So fortschrittlich und human regierend Joseph II. als Kaiser auch war, so kalt konnte er privat sein.

Isabella von Parma – Die lesbische Schwägerin

Josephs erste Ehefrau Isabella von Parma war also nur wenig an ihrem Göttergatten interessiert. Viel mehr zog es sie zu ihrer Schwägerin Marie Christine (1742–1798). Ihre Verbundenheit soll über das Freundschaftliche hinausgegangen sein. Ein heftiger Briefwechsel zwischen den beiden Prinzessinnen lässt eine amouröse Liaison vermuten.

„Liebes Herz!", „Ich sterbe aus lieb und umarme dich zärtligst" oder „ich küsse dein ertzenglisches Arscherl!", schrieb man sich. „So starck als ich Dich liebe, so habe ich doch gestern empfunden, dass der Erzherzog gehet vorhero", „Abwesend von Ihnen zu sein, ist eine marter, die man nicht leicht übertragen kann. Abwesend zu seyen und keine ruhe mehr zu haben, wird ein jeder, der das glück gehabt, Sie mein gnädigstes Fräulein zu sehen, gar zu gut empfinden …"[61] oder „… ich küsse Sie und bete Sie an bis zu einem Grade, den ich nicht sagen kann. Ich werde Ihnen aber doch sagen, dass es mir gut geht, dass ich gut geschlafen habe, dass ich Sie rasend liebe und dass ich hoffe, Sie gut zu küssen und von Ihnen geküsst zu werden."[62]

„Ich beginne den Tag mit dem Gedanken an den Gegenstand meiner Liebe, und ich schließe ihn, indem ich mich mit dem Wesen beschäftige, das meine Gedanken nie verlässt. Warum kann ich an Gott nicht ebenso viel denken?

Weil Gott unsichtbar ist und man nur lieben kann, was man sieht“, schrieb Isabella an ihre Schwägerin. Ihrem durchaus sichtbaren Mann wollte sie wohl nicht so viel Aufmerksamkeit schenken.[63]

„Ich kann sagen, dass es meine einzige Freude ist, wenn ich Dich sehe und bei Dir sein kann.“ Oder: „Ich kann die Unruhe nicht ertragen, ich kann an nichts anderes denken als an die Liebe zu Dir. Ich liebe Dich wie eine Wahnsinnige, wenn ich nur wüsste weshalb …“,[64] schwärmte die Kaiserin.

Anders als Isabella jedoch dürfte Marie Christine ihren Prinzgemahl Albert von Sachsen Teschen (1738–1822) geliebt haben. Noch mehr, sie hatte ihn sich sogar selbst ausgesucht. Über alle Maßen ungewöhnlich für eine habsburgische Erzherzogin, aber Maria Theresia konnte ihrer, wie man sagt, Lieblingstochter kaum etwas ausschlagen.

So dürfte Marie Christine wohl Männern und Frauen gleichermaßen zugetan gewesen sein. Eine Neigung, die sie angeblich mit zwei ihrer Schwestern, nämlich Maria Karoline und ihrer jüngsten Schwester Maria Antonia, teilte.

Maria Karoline (1752–1814) soll ein hemmungsloses Sexualleben gehabt haben, „ob Männlein oder Weiblein“ war ihr gleich. Der Königin von Neapel und Sizilien wurden sogar sadistische Orgien in den Ruinen von Herculaneum und Pompeji angedichtet.

Marie Antoinette & Louis XVI. – Schlüssel und Schlüsselloch

Die wohl berühmteste Königin von Frankreich, Marie Antoinette (1755–1793), soll also auch nicht ausschließlich dem männlichen Geschlecht zugetan gewesen sein. Sie vergnügte sich, so der gemeine Hofklatsch, mit einer ihrer Hofdamen, Madame de Polignac (1754–1793) – auch hier soll es heftig zur Sache gegangen sein.

Heftiger als im ehelichen Schlafzimmer mit Ludwig XVI. (1754–1793), denn anfangs soll es sexuell so gar nicht zwischen den beiden funktioniert haben. Sie waren bei ihrer Hochzeit doch sehr jung und wohl noch recht unerfahren. So begattete Ludwig seine frisch Angetraute nur zaghaft. Außer nackter Haut dürfte sich in ihrem Bett nicht viel abgespielt haben. Ludwig soll tatsächlich nur bewegungslos auf Marie Antoinette gelegen sein. Kein Wunder, dass die junge Königin nicht und nicht schwanger wurde.

Es musste also Abhilfe her und so kam der Besuch ihres kaiserlichen Bruders nur gelegen. Joseph II. war in dieser Hinsicht fast schon Experte und teilte sein Wissen nur allzu gerne. Er nahm, so sagte man, seinen Schwager Louis zur Seite und erklärte ihm recht bildlich, dass es nicht reichen würde, den Schlüssel ins Schlüsselloch zu stecken, man müsse ihn auch drehen.

Der vermeintliche kaiserliche Rat zeigte bald Wirkung und Marie Antoinette wurde schwanger.

Die Anekdote klingt zwar amüsant, tatsächlich aber dürfte eine Vorhautverengung Ludwigs für die Probleme im Ehebett und die vorläufige Kinderlosigkeit des französischen Ehepaares verantwortlich gewesen sein. Diese wurde tatsächlich auf Anraten des österreichischen Kaisers mit einem kleinen chirurgischen Eingriff behoben.

Leopold II. – Der Frauenflüsterer

Leopold II. (1747–1792) kam in mehrerlei Hinsicht ganz nach dem Herrn Papa, Franz Stephan von Lothringen, denn er vergnügte sich auch fast ausschließlich in der „hochwohlgeborenen" Gesellschaft. Das war auch mit Sicherheit die „safere" Option, denn während Joseph sich im Laufhaus die eine oder andere Geschlechtskrankheit holte, dürfte dieser Kelch an Leopold vorübergegangen sein.

„Ich habe auch die Lösung versucht und bin den öffentlichen Mädchen nachgelaufen. Aber diese Lösung schließt so viele körperliche Unannehmlichkeiten ein und sie erniedrigt den Geist so sehr, dass sie mich mit Ekel erfüllt."[65] Eines seiner Betthäschen, die Gräfin Windischgrätz (1748–1777), teilte sich Leopold sogar nicht nur sprichwörtlich, sondern tatsächlich brüderlich mit Joseph II. Eine Dame nach kaiserlichem Geschmack also.

Leopold schaffte sogar das fast Unmögliche. Es gelang ihm, seine Langzeitgeliebte unter einem Dach mit der Göttergattin zu halten und noch mehr, die beiden sollen sogar ein freundschaftliches Verhältnis gepflegt haben. Ein fortschrittlicher Kaiser und Frauenflüsterer par excellence.

DAS „LANGE" 19. JAHRHUNDERT

Marie Louise – die Exilkaiserin und der Einäugige

Leopolds Enkelin Marie Louise (1791–1847), die älteste Tochter Kaiser Franz II./I. (1768–1835), wurde zum Wohle des Reiches Napoleon Bonaparte (1769–1821) versprochen. Alles Bitten und Flehen der Erzherzogin brachte nichts, die väterliche Entscheidung stand fest.

Napoleon, der eigentlich schon mit seiner geliebten Josephine (1763–1814) verheiratet war, die ihm allerdings keine Nachkommenschaft schenkte, waren seine machtpolitischen Bestrebungen wichtiger als das Herz. Nachdem die österreichische Prinzessin gerade im Angebot war, ließ er sich kurzerhand von seiner großen Liebe scheiden und heiratete in Österreich ein.

Eine „Liebesheirat" ganz im Sinne der Habsburger. Der Bräutigam schwärmte von seiner Zukünftigen: „Das ist gerade der Uterus, den ich zum Heiraten brauche!"[66]

Anfangs todunglücklich soll sich die junge Kaiserin von Frankreich doch bald in den charismatischen Korsen verliebt haben und gebar ihm sogar einen Sohn, den kleinen Napoleon II. (1811–1832).

Auch wenn Marie Louise ihren kleinen Ehemann schlussendlich doch ganz gerne hatte, so war der Abschiedsschmerz nach seiner Verbannung nicht allzu groß. Ihm ins Exil zu folgen, war keine Option. Ihr wurden im Zuge des Wiener Kongresses (1814/15) die Herzogtümer Parma, Piacenza und Guastalla zugesprochen, die sie auch dankend annahm und, den Sohn in Wien zurücklassend, nach Italien umzog.

Der Ehemann war auch schnell vergessen. Sie lernte bald den Grafen von Neipperg (1775–1829) kennen, einen einäugigen Kriegsveteranen, in den sie sich verschaute und fortan in wilder Ehe mit ihm lebte. Erst nach Napoleons Tod konnten die beiden ihre Verbindung, der schon drei Kinder entsprungen waren, auch legalisieren.

Abb. 26: Marie-Louise von Österreich

Abb. 27: Adam Albert von Neipperg

Marie Louise überlebte auch ihren zweiten Ehemann und „trieb es danach recht bunt". Einen „Toyboy" nach dem anderen vernaschte die Habsburgerin. Auch nach der Heirat mit ihrem dritten Mann, dem Grafen von Bombelles (1785–1856), der über ihren lotterhaften Lebensstil wenig erfreut war.

Wie man also sieht, hatten es nicht nur die männlichen Habsburger faustdick hinter den Ohren, sondern auch die weiblichen Nachkommen legten ein gewisses Temperament zu Tage.

Herzog von Reichstadt – Verknallt in die eigene Tante

Marie Louises Sohn, Napoleon II., wurde nach der Entmachtung seines Vaters der Titel „König von Rom“ genommen und als Trostpreis wurde er von da an Herzog von Reichstadt genannt.

Nach der mütterlichen „Verbannung“ blieb der französische Kaiserprössling in Wien zurück.

Der junge Prinz hatte das Temperament wie auch das Selbstbewusstsein seiner Eltern geerbt und ließ es sich am Wiener Hof gutgehen. Er dürfte doch recht umtriebig gewesen sein und sich vor allem für seine angeheiratete Tante Sophie interessiert haben.

Erzherzogin Sophie (1805–1872), bekannt als die verbissene Mutter Kaiser Franz Josephs, dürfte in jüngeren Jahren doch etwas hemmungsloser gewesen sein. Doch spätestens als die Krone zum Greifen nahe war, war jeglicher Spaß vorbei.

Die hübsche Erzherzogin hatte einige Verehrer, beispielsweise den schwedischen Prinzen Gustav Wasa (1799–1877) oder eben auch den lebenslustigen Herzog von Reichstadt.

Napoleon Junior war ein Hallodri, er feierte, er trank, er ließ nichts anbrennen. Seine Saufgelage arteten sogar dermaßen aus, dass das Hofkontrollamt seine Weinrationen kürzen musste.

Kein Wunder also, dass seine nur sechs Jahre ältere Tante, deren Ehemann jegliches Temperament fehlte, von dem feschen Schlawiner entzückt war.

Einen eindeutigen Beweis für außereheliche Intermezzi zwischen den beiden gibt es zwar nicht, aber sie verbrachten auffällig viel Zeit miteinander und brachten die Gerüchteküche am Hof zum Brodeln. So wurde Sophie unterstellt, dass Franz Joseph oder auch Maximilian in Wahrheit napoleonisches Blut in sich hätten.

Der junge Herzog hielt mit seinen Gefühlen für Sophie auch nicht hinterm Berg. Sie beschrieb ihre Freundschaft mit ihrem Neffen folgendermaßen:

„Er unterhält mich durch seine gesuchte Galanterie mir gegenüber und er erklärt mir, er werde mir täglich einen Blumenstrauß aus seinem Garten bringen, ist überhaupt jetzt von einer Art ‚ritterlichen Liebe'. Ich hatte ihn kürzlich ausgescholten, dass er mich oft so ungestüm anpackt, um mich zu küssen, und sagte ihm, dass nur Kinder solche Sachen tun und nicht ein junger Mann wie er."[67]

Und trotzdem schien die Erzherzogin, die Schwärmerei ihres Groupies zu genießen und lustwandelte gerne händchenhaltend und tuschelnd mit ihm über die Schönbrunner Schlossallee. Recht indiskret für die sonst so konservative Prinzessin.

Aber zu nahe ließ sie den hübschen Jüngling nicht an sich ran. Also versprühte er seinen Charme in alle Richtungen. Einige Techtelmechtel mit Damen der Wiener Gesellschaft werden ihm nachgesagt.

Schlussendlich erlag der vermeintliche Thronfolger Napoleons einer Tuberkulose. Die Krankheit in Kombination mit seinem exzessiven Lebensstil hatte ihm über die Jahre den Kehlkopf und die Lunge zerfressen.

Kaiser von Mexiko – Latinlover

Erzherzogin Sophie gebar ihrem Prinzgemahl Franz Karl (1802–1878) vier Söhne, drei davon sollen in diesem Buch Erwähnung finden.

Ihr Zweitgeborener Ferdinand Maximilian (1832–1867), der spätere Kaiser von Mexiko, war überaus gutaussehend. In Wien scharten sich die Verehrerinnen nur so um ihn.

Den jungen Erzherzog zog es zur Marine, er wollte die Welt bereisen. Wer weiß, wahrscheinlich hatte er, wie so manch anderer Prinz, der den Globus umsegelte, in jedem Hafen eine Braut.

Schließlich sollte er doch unter die Haube kommen und so wurde die belgische Königstochter Charlotte (1840–1927) auserwählt. Die beiden dürften, frisch vermählt in Italien lebend, anfangs auch recht glücklich gewesen sein.

Doch ihre Zeit in Italien war begrenzt und die herrschaftlichen Aufstiegschancen für Franz Josephs ambitionierten jüngeren Bruder in Europa fast aussichtlos. So war er ein gefundenes Fressen für Frankreich. Denn Mexiko, wo Frankreich seinen Einfluss geltend machen wollte, war ein brodelndes Pulverfass und die Franzosen wollten keine ihrer eigenen Gesandten riskieren, ergo musste Ersatz her. Maximilian wurde in eine „unwiderstehliche Falle" gelockt.

Die neue Heimat dürfte Maximilians „libidinöses Feuer" entfacht haben, er wurde zum heißblütigen „Latinlover". Regelmäßiger Damenbesuch in Maximilians Schlafzimmer im Kaiserpalast stand auf der Tagesordnung. Gespielinnen aus allen Gesellschaftsschichten waren dem feschen Regenten recht, ob Damen aus der höchsten Gesellschaft oder die Gärtnersfrau. Es dürfte auch einen geheimen Zugang zum Haus des Habsburgers gegeben haben.

Der kaiserliche Kammerdiener Grill plauderte aus dem Nähkästchen: „Diese kleine Pforte könnte Ihnen köstliche Geständnisse machen über die Personen, die sie benutzten."[68]

Dafür ließ Max die Verbindungstür zu den Gemächern seiner Charlotte zumauern.

Charlotte hatte wohl auch keine Lust mehr, das glückliche Kaiserpaar in der Öffentlichkeit zu mimen, vor allem da ihr Göttergatte ihr von einer seiner Reisen eine kleine Geschlechtskrankheit, wahrscheinlich Gonorrhoe, als Präsent mitgebracht hatte.

Politisch stand sie ihm allerdings weiter zur Seite. 1866 reiste sie deshalb auch verzweifelt nach Rom, um den Papst um Hilfe in der verzwickten Situation in Mexiko zu bitten. Sie fürchtete nicht nur um ihren Thron, sondern auch um ihrer beider Leben.

Die Angst, von ihren politischen Gegnern vergiftet zu werden, wurde so groß, dass sie bei einem ihrer Besuche im Vatikan nicht mehr zurück ins Hotel gehen wollte. Sie erlitt einen Nervenzusammenbruch und nur hinter den päpstlichen Mauern fühlte sie sich sicher. Ihr wurde kurzerhand eine provisorische Schlafstätte in der apostolischen Bibliothek eingerichtet. Somit war Charlotte, jedenfalls offiziell, die erste Frau, die in den Privatgemächern des Pontifex genächtigt hatte.

Nach Maximilians Exekution durch die mexikanischen Aufständischen unter Benito Juárez verlor Charlotte dann komplett den Verstand. In ihrem Wahn konstruierte sie sich eine Traumwelt, in der sie mit ihrem bereits verstorbenen Kaisergatten die Welt regierte. Sie kehrte mit der Leiche ihres Mannes nach Europa zurück und lebte noch 60 Jahre in ihrer imaginären Utopie weiter, bis sie schließlich im Alter von 86 Jahren in völliger geistiger Umnachtung starb.

Luziwuzi – Die Skandalnudel

Maximilians jüngster Bruder Ludwig Viktor (1842–1919) war das schwarze Schaf der Familie. Der habsburgische Provokateur sorgte regelmäßig für Furore und brachte seinen ältesten Bruder Franz Joseph wohl nicht nur einmal zum Kochen.

Luziwuzi, wie er von seiner Familie genannt wurde, machte schon früh keinen Hehl aus seiner Homosexualität. Es war ein offenes Geheimnis in Wien. Und trotzdem war er nur selten auf den Covern der Boulevardblätter zu sehen, da sich die Medien aufgrund der Pressezensur stark zurückhalten mussten.

Als „grundverschieden von seinen Brüdern, weder militärisch noch kunstverständig, schwächlich, unmännlich, geziert und von garstigem Äußeren“,[69] beschrieb ihn Fürstin Fugger (1864–1945) recht diplomatisch, aber hier musste man auch nur zwischen den Zeilen lesen.

Seine Familie soll ihn ob seiner lustigen und schlagfertigen Art geschätzt, doch gleichzeitig seine scharfe Zunge gefürchtet haben. Sisi, seine Schwägerin, beispielsweise unterstellte ihm, ein Intrigant zu sein. Die beiden hatten wahrscheinlich von Grund auf nicht das beste Verhältnis.

Durch Geburt finanziell abgesichert, genoss Luziwuzi sein Leben in vollen Zügen.

Zusätzlich zu seinem Palais am Schwarzenbergplatz hatte er auch noch eine Residenz in Salzburg, Schloss Kleßheim. Die Sommermonate verbrachte er nur allzu gerne fern vom strengen Wiener Hofzeremoniell. Dort gab er prunkvolle Feste, zu denen er bevorzugt die in Salzburg stationierten feschen jungen Offiziere seines Bruders einlud. Bald aber wurde den Offizieren verboten, seinen Einladungen Folge zu leisten ob seiner „unnatürlichen Neigungen", so sagte man.

Es wurde also heftig über die Eskapaden und die sexuelle Orientierung des Erzherzogs getuschelt. Unter anderem wurde von einem Techtelmechtel mit einem Fiaker gemunkelt. Und Frauenkleider dürften es ihm angetan haben.

Oscar Wilde sagte einmal: „Allem kann ich widerstehen, nur der Versuchung nicht."

Das dürfte auch Ludwig Viktors Motto gewesen sein.

Abb. 28: Plakat „Centralbad"

Bei einer Spazierfahrt in der Praterstraße soll der junge Prinz seinen Wagen plötzlich anhalten lassen haben, um herauszuspringen und auf einen vermeintlich Fremden zuzueilen. Er stellte ihm „… einen unsittlichen Antrag … Dieser, der vielleicht nicht wusste, dass es ein Bruder des Kaisers war, der ihm eine solche ‚Ehre' zugemutet hatte, gab ihm als Antwort eine Ohrfeige",[70] wusste ein Augenzeuge zu berichten.

Und es sollte nicht die einzige Ohrfeige sein, die Luziwuzi in seiner Karriere als Skandalnudel kassieren musste. Der aufsehenerregendste Lapsus, den sich der Radau-Prinz leistete, spielte sich in einer öffentlichen Badeanstalt für Männer, dem Centralbad in der Weihburggasse im heutigen ersten Bezirk ab. Heute heißt die historische Stätte Kaiserbründl und wird als Schwulensauna geführt. Er war Stammgast in dem Etablissement und dürfte sich als solcher wohl etwas zu viel herausgenommen haben. Nachdem er einen anderen Badegast an die womöglich nicht vorhandene Wäsche wollte, zog dieser kurzerhand durch und verpasste dem Erzherzog eine Backpfeife. Ein Skandal sondergleichen, was für eine Blamage für die Familie. Für seinen erzkonservativen Bruder Franz Joseph brachte dieser Eklat das Fass zum Überlaufen und Luziwuzi wurde nach Salzburg verbannt.

Abb. 29: Ludwig Victor

Im Schloss Kleßheim lebte er dann des Öfteren seine Passion als Crossdresser aus. Regelmäßig dürfte er in Damenkleidern durchs Schloss tänzelnd gesehen worden sein.

In seine Residenz inklusive Schwimmbad lud er sich gerne junge Offiziere zum Tennisspielen ein. Bei der anschließenden Poolparty fehlten dann „wundersamerweise" die Badehosen der Herren, so waren sie gezwungen, sich zu ihrem nackten Gastgeber zu gesellen, und zwar „so, wie Gott sie schuf".

Er blieb bis zu seinem Tod in Salzburg, von seinem Bruder als „geisteskrank“ unter Kuratel gestellt. Schließlich wurde ihm sogar verweigert, in der Kapuzinergruft begraben zu werden. Er wäre dort in guter Gesellschaft gewesen, aber seine gleichgesinnten Vorfahren hatten sich ihren Platz wohl durch mehr Diskretion verdient.

Ludwig Salvator – Luigi von Mallorca

Ludwig Salvator (1847–1915) war auf Mallorca in seinem Element. Nicht nur seine Eskapaden machten ihn berühmt, sondern auch als Forscher machte er sich einen Namen. Über 50 wissenschaftliche Abhandlungen zur Erforschung des Mittelmeerraumes verfasste der Habsburger in seiner Zeit auf der Baleareninsel.

Als Spross der toskanischen Linie der Habsburger wurde Ludwig Salvator in Florenz geboren und wuchs dort auf. Aber es zog ihn schon bald zur See. Er war passionierter Seefahrer und Wissenschaftler.

Sisi war ein Fan vom „Dicken Luigi“, wie seine Familie ihn nannte – die zwei Weltenbummler dürften auf einer Welle gewesen sein.

Eine stattliche Yacht, die *Nixe*, mit 52 Metern Länge und 500 PS war jahrelang sein Zuhause. Ein Partyschiff, so sagte man. 20 Männer und Frauen sowie zahlreiche Tiere, wie Hunde, Katzen, Vögel und Affen, waren mit an Bord. Das klingt ganz nach Zuständen, ähnlich dem heutigen Ballerman. Und so war es wohl Bestimmung, dass es ihn nach Mallorca verschlug, wo er gut 20 Jahre lang lebte und sich sein ganz eigenes „Königreich“ erschuf. Vielleicht brachte Luigi der Baleareninsel ja auch ihre heutige Partykultur.

Es wurden ihm etliche Affären nachgesagt – mit Männern und mit Frauen. Allerdings war sein Lebensstil nicht unproblematisch, so sollen ihn einige seiner Betthäschen erpresst haben – angeblich mit pornographischen Zeichnungen und ein anderer beging wohl aus Liebeskummer heraus Selbstmord.

Sein letzter Liebhaber zog dann das große Los und erbte Ludwig Salvators enormen Besitz.

Luigis größter Wunsch wäre es gewesen, auf seiner heißgeliebten Insel auch begraben zu werden, doch dieser Wunsch wurde ihm verweigert und so muss er seine Ewigkeit in der kalten Kaisergruft fristen.[71, 72, 73]

Bis heute wird der lebensfrohe Prinz auf der „Süddeutschen Insel“ gefeiert.

Erzherzog Otto – Der schöne Filou und die Nonne

Zurück zur Wiener Verwandtschaft im schönen Wien und zu Erzherzog Otto (1865–1906), dem lästigen Bruder des vermeintlichen Thronfolgers Franz Ferdinand (1863–1914).

Seinen Hang zum „dionysischen Lebensstil“, unzähligen Frauengeschichten und der Erniedrigung der eigenen Gattin, hatte er wohl von seinem Vater Karl Ludwig (1833–1896): Er wurde als „fetter, alter Mann mit tierischen Instinkten“ beschrieben und ihm wurde die „Leidenschaft … (für) … alten Wein und junge Frauen, Pferde und Jagd“[74] nachgesagt. All das stimmte. Seine dritte Ehe mit der 22 Jahre jüngeren Maria Theresia von Portugal (1855–1944) dürfte die Krönung seines flegelhaften Verhaltens gewesen sein. Obwohl er selbst ständig irgendein außereheliches Gspusi hatte, legte er seiner jungen Frau gegenüber eine übertriebene Eifersucht an den Tag. Eine der ehelichen Streitigkeiten des rüpelhaften Bruders des Kaisers gipfelt darin, dass er seine junge Ehefrau im Rausch angeblich mit einer Peitsche schlug. Er überlebte die Nacht nicht.

Ein ähnliches Verhalten legte auch sein Spross Otto an den Tag. Bolla, wie er familienintern genannt wurde, war ein Filou, wie er im Buche steht. Frauen, Alkohol und Partys standen beim Erzherzog auf der Tagesordnung.

Er soll ein besonders gutaussehendes Exemplar eines Habsburgers gewesen sein, der Schwarm der Wiener Damenwelt.

„Er war gewiss der schönste Habsburger, der je zur Welt kam: groß, schlank, seine Gesichtszüge von vornehmstem Schnitt."[75]

Verheiratet wurde er mit Maria Josepha von Sachsen, eine komplette Fehlbesetzung für die Rolle von Ottos Ehefrau. Die beiden waren grundverschieden.

Der „habsburgische Don Juan" schlief sich also auch nach der Eheschließung durch Wien. Mätressen an jeder Ecke und Nachkommen in Hülle und Fülle soll er gehabt haben.

Abb. 30: Otto Franz Joseph von Österreich, Maria Josepha Luise von Sachsen und deren zwei Söhne

Am Höhepunkt seiner Karriere als rücksichtsloser Ehemann brachte er eines nachts einen Saufkumpan mit nach Hause in das Augartenpalais und nahm ihn in die Gemächer seiner schlafenden Frau mit, um ihm eine „Nonne zu zeigen".

Es gibt zahlreiche Anekdoten zu Ottos Eskapaden.

Die wohl bekannteste erzählt, dass er in einem der Korridore des Hotels Sacher splitterfasernackt, geschmückt mit dem Orden vom Goldenen Vlies und bewaffnet mit einem Säbel, vom britischen Botschafter erwischt wurde. Der Vorfall hatte ein diplomatisches Nachspiel.

Wiens wohl berühmt berüchtigtste Separées waren die des weltbekannten Hotels Sacher. Gerne besuchten gut betuchte Herren diese nach dem Theater mit Aktricen oder Tänzerinnen. So wohl auch Otto.

Für einen weiteren Eklat sorgte der schöne Otto bei einem Ausritt mit einigen Freunden und Verwandten der höchsten Gesellschaft. Die Herren störten „aus Spaß an der Sache“ einen vorbeiziehenden Leichenzug. Sie galoppierten auf den Sarg zu und sprangen gekonnt darüber. Dieser pietätlose Zwischenfall kam sogar vor den Reichstag, verlief sich aber schnell im Sand.

Otto sorgte also regelmäßig für Aufreger und Schlagzeilen.

Sein exzessiver Lifestyle blieb allerdings nicht folgenlos. Zwar konnte er sich dank seiner Zugehörigkeit zum Kaiserhaus aus allen rechtlichen Affären herauswinden, dafür brachten ihm seine sexuellen Eskapaden aber Syphilis ein.

Der frühere Partytiger zog sich komplett aus der Öffentlichkeit zurück und lebte fortan in einer Villa in Döbling. Die einzige Person, die ihm im Elend seiner letzten Lebensjahre blieb, war seine langjährige Geliebte, die Operettensängerin Louise Robinson (1886–1934).

Mit nur 41 Jahren erlag der schöne Otto 1906 seiner Krankheit oder, wie böse Zungen behaupteten, seinem schlechten Karma.

Franz Joseph – Legaler Seitensprung

Ottos Onkel, Kaiser Franz Joseph, war da um einiges diskreter und weniger ausgelassen als sein aufgeweckter Neffe.

Europas längst herrschender männlicher Regent (nimmt man Louis XIV. außer Acht) ist bis heute für seine konservative Lebensanschauung bekannt. Aber ganz so fromm und traditionell, wie er sich gerne hat darstellen lassen, war er dann doch nicht.

Der junge Kaiser hatte sich schon vor der Ehe die Hörner abgestoßen. Beispielsweise mit der bereits verheirateten Gräfin Ugarte (1822–1896). Er soll sich so in sie verschossen haben, dass seine Frau Mama eingreifen musste und der Gräfin wohl ein Angebot machte, das sie nicht ablehnen konnte. Schon war sie aus Franzls Leben verschwunden.

Ein weiteres Pantscherl wird ihm mit Helene Baltazzi (1847–1925) nachgesagt, der Mutter von Mary Vetsera (1871–1889).

Die Ehe mit seiner heißgeliebten Elisabeth, Sisi, stand von Anfang an unter keinem guten Stern. Zwei konträre Charaktere mit grundverschiedenen Wertvorstellungen krachten hier aufeinander.

Die Sisi-Filme von Ernst Marischka beschreiben die Verbindung als zwar nicht unproblematisch, aber trotzdem erfüllt von Liebe. Eine sehr romantische Darstellung.

Tatsächlich soll Sisis Herz kaum für ihren Franzl geschlagen haben. Sie zog oft das Reisen der Nähe ihres kaiserlichen Gatten vor.

So blieb dem armen Kaiser „keine andere Wahl“ als die Flucht in fremde Betten. Vor allem Tänzerinnen und Schauspielerinnen hatten es Franz Joseph angetan. Einige Geplänkel mit Artistinnen werden dem „diskreten Womanizer“ nachgesagt.

Abb. 31: Anna Nahowski mit 22 Jahren

Eine langjährige Beziehung hatte der Monarch mit Anna Nahowski (1860–1931). Der 45-jährige lernte die 30 Jahre jüngere Frau im Schlosspark von Schönbrunn kennen. Den ersten Kuss gab's mit den Worten „Schönes Mädchen, Frau, oder Kind, was Sie sind, geben Sie mir, einen Kuß“.[76] Eine recht bedenkliche Aussage.

In anderen Tagebucheintragungen der verliebten Gespielin:

„Wenn ich komme, werden Sie das lästige Mieder nicht haben." Oder „Wenn Sie mich liebhaben, erwarten Sie mich im Bett."[77]

Das Verhältnis hielt ganze 13 Jahre lang und brachte angeblich eine Tochter namens Helene hervor. Doch die Beziehung fand ein jähes Ende, als Franz Joseph seine Langzeitgeliebte Katharina Schratt kennenlernte. Anna wurde gemein abserviert. Ahnungslos wurde sie in die Hofburg zu einer amtlichen Besprechung bestellt, wo der Generaldirektor des habsburgischen Familienfonds, Freiherr von Mayr, sie mit der beachtlichen Summe von 200.000 Gulden abspeiste. Franz Joseph hatte nicht einmal den Schneid, persönlich einige Worte des Abschieds zu finden, doch solch eine Vorgehensweise war leider gang und gäbe.

Die Beziehung zur Burgschauspielerin Katharina Schratt (1853–1940) soll Sisi selbst eingefädelt haben. So wusste eine der Klatschbasen des Hofs, Fürstin Fugger, zu berichten:

Mit der Zeit zog die junge Kaiserin die Ferne dem Wiener Hof immer häufiger vor. Ihr Göttergatte blieb einsam und allein zurück, dachte sie jedenfalls. Um Beschwerden seitens ihrer „besseren Hälfte" vorzubeugen, machte sie sich auf die Suche nach einer Zerstreuung, so dürfte sie auf die Burgschauspielerin Katharina Schratt gekommen sein. Elisabeth schenkte ihrem Franzl sogar ein Porträt der schönen Mimin, die der Kaiserin auch recht ähnlich sah. Das Bild ließ sie ihm in sein Arbeitszimmer der Hermesvilla hängen. Bis heute kann man es dort bewundern.

Man kann der Kaiserin also nicht vorwerfen, dass sie sich gar nicht um ihren Göttergatten gekümmert hätte, mit den Jahren sollen die beiden sich sogar eine Art eheliche Freundschaft aufgebaut haben.

Trotz Sisis Eigeninitiative in der Causa Schratt konnte sie es doch nicht lassen, die Beziehung ihres Gatten in dem einen oder anderen Gedicht zu belächeln:

„Liegt jetzt O'bron [Franz Joseph]
Auf den Knien,
Starrend auf ein Bild noch immer
Winkend aus dem goldenen Rahmen Lächeln ihm zwei blaue Sterne;
Ach! Er hat sie nur zu gerne!
Flüstert leise ihren Namen.“[78]

Doch zurück zu Franz Joseph und „seiner Schratt“.

Dies war nicht das einzige Spottgedicht, das Elisabeth ihrem Mann und seiner „Vertrauten“ widmete. Was die Vermutung zulässt, dass sie mit den Jahren doch etwas eifersüchtig auf die Verbundenheit der beiden geworden sein dürfte. Sie soll sich nicht nur ein Mal bei ihrer jüngsten Tochter Marie-Valerie (1868–1924) über die Beziehung ausgeheult haben.

Abb. 32: Katharina Schratt

Abb. 33: Franz Joseph I. und Katharina Schratt

Historiker streiten sich bis heute, ob das Verhältnis Franz Josephs zu seiner Aktrice rein platonisch oder doch sexuell war.

Einiges spricht für eine libidinöse Beziehung.

Einerseits die sexuelle Anziehungskraft, mit der sich Frau Schratt so manchen hohen Herren gefügig machte. Eine Affäre mit dem Grafen Wilczek (1837–1922) ist bekannt, auf den der Kaiser dann auch schwer eifersüchtig gewesen sein dürfte und ein Techtelmechtel mit dem bulgarischen König Ferdinand I. (1861–1948) krönt die Vita der Schauspielerin. Graf Wilczek, einer der betuchtesten Männer Wiens, schrieb seiner Angebeteten: „Ich hab dich so gern dich, dich, dich, meine Kathi." Und weiter: „... Du bist mein Ideal, meine Kathi ... Bitte, Katherl, sei gut für mich."[79]

Einen weiteres Gspusi hatte sich Katharina wohl relativ berechnend auserwählt – Staatsrat Adolf von Braun (1818–1904) mit dem klingenden Spitznamen „Grizzly", der seinem Haarwuchs zu verdanken war. Der Freiherr leitete die kaiserliche Kabinettskanzlei und in dieser Position hatte er „... umfassende monetäre Befugnisse und konnte in diesem Rahmen Sonderzahlungen für die Hofschauspielerin beeinflussen."[80]

Teilweise hatte die Schratt ihre betuchten Lover schon vor Franz Joseph, und sie war nicht bereit, diese für den Kaiser aufzugeben. Einerseits dürfte ihr die Aufmerksamkeit von allen Seiten gefallen haben, andererseits war sie auf die Apanagen ihrer Gönner angewiesen, denn die gute Frau hatte ein „dezentes" Spielproblem und dementsprechende Schulden, ganz zu schweigen von den Spesen für Garderobe und Haushaltsführung einer Dame von Welt.

Fairerweise muss an dieser Stelle erwähnt werden, dass viele Damen ihres Handwerks auch hohe Lebenskosten und niedrige Löhne hatten – keine gute Kombination. „Theaterdirektoren legten Schauspielanfängerinnen nahe, sich möglichst jung einen spendablen Gönner zu suchen, denn Bühnenoutfits mussten vom persönlichen Budget bezahlt werden. Wer ein Star werden wollte, sollte auch wie einer aussehen."[81]

Es ist ein Wunder, dass Frau Schratt bei ihren unzähligen Liebelein noch die Energie für irgendetwas anderes hatte. Mit der Zeit dürfte sie die Koordination ihrer Affären doch vor eine Herausforderung gestellt haben, denn jeder sollte sich wie ihr „Einziger" fühlen. Aber der Kaiser soll die ewige Nummer zwei gewesen sein.

Die Liebe ihres Lebens war wohl ihr Schauspielkollege Viktor Kutschera (1863–1933). Er hatte die Sirene in seinen Bann gezogen und das ganz ohne großem Vermögen. Ihm schrieb sie um einiges leidenschaftlicher als ihren anderen Kavalieren: „Du! Du! Du! Victor! Lieb, lieb, lieb, lieb hab ich Dich über alles!!! Deine Kathi".[82]

Für ihn wollte sie alle anderen Männer hinter sich lassen, auch Franz Joseph. „Sie bot ihm an, die vom Kaiser geschenkte Villa in Hietzing zu verlassen, auch den wertvollen kaiserlichen Schmuck wollte sie Kutscheras Frau geben, wenn er sich nur für sie entscheiden würde."[83]

Aber für den Schauspieler war die Schratt wohl nur eine von vielen und die Liebe nicht groß genug, um seine Frau für sie zu verlassen.

Für den Kaiser wiederum dürfte die Bühnenkünstlerin die Nummer eins gewesen sein. Die 900 Briefe des Monarchen an „die Geliebte" drücken seine Zuneigung aus, allerdings sehr diskret. Mögliche Beweise für eine Liebesbeziehung könnten sein, dass sich der Kaiser in einem der Briefe nach „der gnädigen Dame" Befinden erkundigte, und wann denn ihre „stille Woche" vorbei sei, damit er sie wieder besuchen kommen konnte. Als „stille Woche" wurde die Menstruation bezeichnet, da stellt sich natürlich die Frage, warum der kaiserliche Besuch vom Zyklus der Dame abhängig war. Aber vielleicht lag es auch nur an ihren damit verbundenen Launen, die der alternde Regent mied.

In einem anderen Brief schrieb er der vermeintlichen Geliebten: „… das Sie mir im Bette Audienz erteilen, wie Sie es mir halb und halb versprochen haben."[84]

So liegt die Vermutung, dass die beiden doch mehr als nur eine „züchtige" Freundschaft verbunden hat, doch nahe. Es gab sogar Gerüchte, dass der in die Jahre gekommene Kaiser seine „liebe Freundin" nach dem Tod von Elisabeth heimlich geehelicht hätte.

Katharina Schratt ging zwar aus Franz Josephs Testament leer aus, aber „der Kaiser vermachte …" ihr doch „… 2,5 Millionen Kronen – umgerechnet 11 Millionen Euro. Katharina Schratt ließ sich zwar noch zu Lebzeiten des Kaisers einige größere Beträge überweisen, dennoch konnte sie auch nach seinem Tod ein sorgenfreies Leben führen. In Anbetracht der Größenordnung der ihr vermachten Schenkung und finanziellen Zuwendung bzw. Absicherung ist es kaum vorstellbar, dass es sich um ein rein freundschaftliches Verhältnis gehandelt hat",[85] so die Historikerin Katrin Unterreiner.

Ob nun platonisch oder doch intim, die Beziehung zwischen dem Kaiser und der schönen Bühnenkünstlerin hielt bis zu seinem Tod 1916.

Sisi

Franz Josephs Frau Elisabeth (1837–1898) ist wohl die bekannteste Kaiserin von Österreich.

Sisi war ein ungewöhnliches Exemplar einer Monarchin, sie rauchte, war tätowiert, trieb exzessiv Sport und achtete pedantisch auf ihre Ernährung und Figur. Manchmal vielleicht zu sehr – wenn nötig, wurde auch mal mit Abführmitteln nachgeholfen. Sie gönnte sich regelmäßig Spa-Behandlungen, Bäder in warmem Olivenöl, frischer Milch, Meersalzwasser oder Kräuterbäder. Nachtens ließ sie sich in feuchte Tücher wickeln, um zu entschlacken und verwöhnte sich mit Schönheitsmasken im Gesicht, ob aus rohem Fleisch oder Erdbeeren. Haarbalsam aus rohen Eiern, Cognac oder Bier machten ihre bodenlangen Haare glänzend.

Heute würde man sie als moderne Frau bezeichnen, bis auf das Abführmittel vielleicht, aber für die damalige Zeit war es skandalös und exzentrisch – einer Kaiserin unwürdig, wie viele meinten.

Aber die blutjunge Bayerin lernte schnell, nichts auf das Gerede am Hof zu geben. Sie war für ihre Rolle nicht gedacht oder erzogen worden und anfangs vom strengen Hofzeremoniell, der fordernden Wiener Gesellschaft, ihrer Schwiegermutter und den Ansprüchen, die an sie gestellt wurden, vollkommen überfordert.

Es ist auch fraglich, wie erpicht Elisabeth auf ihre ehelichen Pflichten war. Doch der blutjungen Kaiserin wurde wohl eine altbewährte Regel von herrschenden Dynastien nahegelegt:

„Leg Dich einfach hin, mache die Augen zu und denke an das Kaiserreich. Das ist Deine Pflicht!"[86]

Bald schon trat sie die Flucht an, bereiste lieber „die Welt", statt an der Seite ihres Gatten zu stehen. Allerdings muss man fairerweise erwähnen, dass Sisi prozentuell mehr Lebenszeit in Wien als auf Reisen verbracht hat.

Sie war mit Sicherheit nicht die Ehefrau, die sich Franz Joseph gewünscht hatte. Das brave Frauchen, wie es ihm entsprochen hätte, war sie nicht, da hatte er sich die falsche Prinzessin ausgesucht.

Doch die möglichen Folgen der Verweigerung, ihren kaiserlichen Pflichten nachzukommen, der zwei „R's", Reproduktion und Repräsentation, dürften Sisi doch Sorgen bereitet haben. In einem ihrer Gedichte verlieh sie ihren Ängsten davor, in das „Bründelfeld", ein Irrenhaus in der heutigen Lazarettgasse, eingewiesen zu werden, Ausdruck. Solche Konsequenzen für „insuffiziente" Ehefrauen waren damals nicht unüblich. Und Elisabeth hatte es in der nahen Verwandtschaft mitansehen müssen. Ihre Schwester Sophie Charlotte (1847–1897), verheiratete Herzogin von Alençon, hatte geplant, ihren Mann und Kinder für ein Leben in Freiheit mit ihrem Liebhaber zu verlassen und wurde zur Strafe in eine „Bewahranstalt" mit Spezialisierung auf „sexuelle Abartigkeiten" eingeliefert.

Ludovika und Max in Bayern hatten ihre Töchter wohl zu Freigeistern erzogen. Und als solche wollten sich weder Sisi noch Sophie „ihrem Schicksal ergeben".

So wie auch ihre Schwester Sophie war Sisi nur bedingt an ihrem Ehemann oder wohl auch an Sex an sich interessiert. Das soll an ihrer angeblichen Magersucht gelegen haben. Ob das wirklich den Tatsachen entsprach, da streiten sich die Historiker bis heute, denn zu einer waschechten Anorexia nervosa gehört auch regelmäßiges Erbrechen. Dies zieht jedoch im Normalfall mit den

Jahren die Zähne in Mitleidenschaft. Sisis Zähne waren nach den Unterlagen ihres amerikanischen Zahnarztes, der regelmäßig aus London nach Wien kam, um das kaiserliche Paar zu untersuchen, in gutem Zustand und das bis zum Ende. Das macht eine Magersucht schon wieder fragwürdig, aber eine Art von Essstörung und ein problematisches Körperbewusstsein hatte sie mit Sicherheit. Damit einher ging angeblich auch eine Lustlosigkeit, was ihre libidinösen Bedürfnisse angeht.

Aber immerhin gebar sie ihrem Mann vier Kinder.

Ob nun Elisabeth ihrem Mann untreu war, dafür gibt es keine eindeutigen Beweise. Wie so oft brodelt auch hier die Gerüchteküche.

Während Sisi ihren Franzl bei der Schratt versorgt wusste, soll sie auch das eine oder andere Techtelmechtel auf ihren Reisen gehabt haben.

1876 lernte Sisi Earl John Spencer (1835–1910), einen Vorfahren von Lady Di, bei einer ihrer „Jagdreisen" in England kennen. Der britische Adelige organisierte mit Vorliebe exklusive Jagden für die österreichische Kaiserin, die eine der besten Reiterinnen ihrer Zeit gewesen sein soll.

Abb. 34: „Der Kaiser und die Kaiserin von Oesterreich auf der Fuchsjagd"

Vorzugweise richtete er sogenannte Parforcejagden (Hetzjagden mit Hunden und den Jägern hoch zu Ross) auf dem spencerischen Stammgut Schloss Althorp in der Grafschaft Northamptonshire für den internationalen Hochadel aus.

Neben Sisi war auch Queen Victorias (1819–1901) Thronfolger Edward (1841–1910), später König Edward VII., Gast einer dieser Jagdgesellschaften. Ein bekannter Weiberheld, der sich für seine amourösen Abenteuer eigens einen „Sexstuhl" hat konstruieren lassen, der heute im Erotikmuseum in Paris zu bewundern ist. Vom Erscheinungsbild ist dieser das neobarocke Pendant zum Untersuchungs-Stuhl heutiger Gynäkologen.

Bei dem gemeinsamen Jagdevent auf Schloss Anthorp machte Edward Sisi Avancen, er soll ihr sogar nachts nachgestellt haben. So stellte sich die Kaiserin eine ihrer Hofdamen, ihre Nichte Maria Louise, später Gräfin Larisch-Wallersee (1858–1940), zu ihrem Schutz nahe ihres Schlafzimmers ab.

„Plötzlich rief sie [Elisabeth] meinen Namen. Oben stand meine Tante, hielt sich das Taschentuch vor den Mund, an ihren Augen vorbei sah ich, daß sie mit dem Lachen kämpfte. An mir vorbei jedoch kam der Prinz [Edward], ziemlich eilig, wie es mir schien […]. Auf meine Frage lacht sie nur noch mehr und sagte: ‚Nein, Marie! Frage mich nicht.'"[87]

Abb. 35: Bay Middelton

Bei einer anderen Jagdgesellschaft von Earl Spencer traf Elisabeth auf den schottischen Desperado Bay Middelton (1846–1892). Er war der Stallmeister und Pferdezüchter der Spencers. Mit ihm unternahm sie ausgedehnte „Reitausflüge" und ließ dafür sogar einen Nachmittagstee mit der Queen sausen.

Später lud die Kaiserin ihren „Reit-Trainer" sogar ins Schloss Gödöllő, wo sie ihn ihrem Göttergatten vorstellte.[88]

Ob Sisi und Middelton tatsächlich eine sexuelle Beziehung unterhielten oder nur die Passion zu Pferden teilten, sei dahingestellt. Die Gerüchte könnten auch vollkommen willkürlich von Sisis angeblich eifersüchtiger Schwester Marie Sophie (18141–1925), ihrerseits Königin von Neapel, gestreut worden sein. Sie wurde wohl von Middelton zurückgewiesen. Angeblich schürte Marie die Beziehungsgerüchte, was zu einem Bruch zwischen den Schwestern geführt haben soll.[89]

Aber die wohl bekannteste Romanze der Kaiserin war die mit dem ungarischen Freiheitskämpfer und Charmeur par excellence, dem Grafen Andrássy (1823–1890). Mit ihm soll sie nicht nur die Liebe zu Ungarn und den Kampf für den Ausgleich geteilt haben, sondern auch das Bett. Es wurde sogar gemunkelt, dass Sisis jüngste Tochter Marie Valerie den Lenden des feurigen Grafen entsprungen sei.

Einem anderen Gerücht zufolge soll Sisi Franz Joseph mit Sexentzug gedroht haben, sollte er sich nicht auf den Ausgleich mit Ungarn einlassen. Und schon wurde das Kaiserpaar zu König und Königin von Ungarn gekrönt, Andrássy wurde Ministerpräsident von Transleithanien und circa ein Jahr später wurde Marie Valerie geboren.

Gschichtln über Gschichtln, die im Laufe der Zeit über die schöne Kaiserin erzählt und geschrieben wurden. Welche nun tatsächlich stimmen, weiß man nicht – dieses Geheimnis hat Elisabeth mit ins Grab genommen.

Aber ihr Herz zu öffnen, dürfte ihr zeitlebens schwergefallen sein. Wie so oft verlieh sie ihren Gefühlen in einem Gedicht Ausdruck:

„Für mich keine Liebe
Für mich keinen Wein;
Die eine macht Übel,
Der andere macht spei'n!"[90]

Rudolf – Depressiver Playboy

Wie auch schon seine Mutter war Kronprinz Rudolf (1858–1889) ein Freigeist, ganz konträr zum Geschmack seines Herrn Papa.

Nachdem der Erzherzog in frühester Kindheit durch die harte militärische Erziehung, die ihm sein Vater zukommen ließ, (fast) gebrochen wurde, übernahm Sisi die Oberhoheit über die Erziehung des nur sechsjährigen Jungen.

Von diesem Zeitpunkt an waren seine Lehrer liberale Geister, Intellektuelle. Sie prägten den sensiblen Prinzen, aber die harten Jahre in der Militärschule dürfte er nie verkraftet haben.

So tendierte der intelligente Thronfolger zu Depressionen, versteckt hinter der Fassade eines ausschweifenden Lebensstils.

Seine ornithologischen Studien sowie Sex, Drogen und „Rock'n'Roll" – also Feiern – interessierten ihn viel mehr, als das Erbe seines Vaters anzutreten. Die konservativen politischen Anschauungen seines Erzeugers teilte er so gar nicht, wie man einigen unter einem Pseudonym veröffentlichten Artikeln entnehmen kann (*Denkschrift* oder *Neues Wiener Tagblatt*).

Schon als junger Bursch war er hübschen Röcken nicht abgeneigt, so schrieb der 14-Jährige in sein Tagebuch:

„Heute abends am Beginn der Kastanienallee, ein blondes Fräulein lang gesprochen. Sie endlich angepackt. Sie mir entwischt. Ich habe Kleider aufgehoben etc. 5 fl. ihr heute gezahlt. Sie für morgen ½ 8 abends wieder vor den Stall bestellt. Morgen! Für 20 Gulden tut sie alles!"[91] – Ein „Romantiker" …

Aber er konnte es sich leisten, nicht nur finanziell und dank seines Standes, sondern auch wegen seines attraktiven Äußeren.

Als er 1878 in Prag seinen Militärdienst absolvierte, soll er sich in ein jüdisches Mädchen verliebt haben, das er sogar heiraten wollte. Daraufhin wurde er nach Belgien auf Brautschau geschickt und die Geliebte aus der Habsburger Monarchie verbannt. Sie dürfte bald darauf verstorben sein.

Es soll das einzige Mal gewesen sein, dass Rudolf mit Herz und Seele bei der Sache war.

Es scheint so, als hätte er ein gestörtes Verhältnis zur Frauenwelt gehabt, was möglicherweise auch auf die fehlende Aufmerksamkeit seiner Mutter zurückzuführen ist.

Es lief auf eine lieblose Ehe und viele halbherzige außereheliche Intermezzi hinaus.

Anfangs schien die Ehe mit Stephanie von Belgien (1864–1945) noch einigermaßen harmonisch, auch wenn die beiden grundverschieden waren. Die bigotte Prinzessin hat wenig Verständnis für Rudolfs liberale Weltanschauungen, seine wissenschaftlichen Ambitionen oder seinen bürgerlichen Freundeskreis und noch vieles mehr.

Auch seinen Lotterlebensstil wollte sie fairerweise nicht akzeptieren. Champagner, Kokain, Partys und eine Geliebte an jeder Ecke, egal in welchem Stadtteil.

Ein gemeinsames Kind bekamen die beiden dann doch – Elisabeth, nach der Großmutter benannt, von allen aber liebevoll Erszi gerufen. Dann war mit den Nachkommen Schluss, angeblich weil Rudolf Stephanie mit Syphilis angesteckt und damit unfruchtbar gemacht haben soll. Ein Mitbringsel, das quasi schon Familientradition hatte. Die belgische Prinzessin soll sich sicher gewesen sein, dass Rudolf sie wissentlich angesteckt hatte.

„Ich selbst ahnte den Grund meines Leidens nicht. Auf hohen Befehl wurde alles vertuscht, die Ärzte auf Schweigen beeidigt. Erst später entdeckte ich und erfuhr ich, dass der Kronprinz an meinem Leiden schuld war. Auch ihn hatte die furchtbare Seuche erfasst, die noch vor niemanden, sei er geringen Standes oder auf den Höhen des Throns geboren, Halt gemacht, sofern ihr Leichtsinn oder fluchwürdiges Erbe Tür und Tor öffnet“,[92] schrieb die betrogene Prinzgemahlin.

Der Kronprinz aber vergnügte sich weiterhin in fremden Betten. Vor allem die leichten Mädchen hatten es ihm angetan. Er zog von einem Gasthaus und Bordell zum nächsten und von einer Kurtisane zur anderen.

Die wohl bekannteste Mätresse Rudolfs war die Wiener Prostituierte Mizzi Caspar (1864–1907).

Er lernte seine Mizzi bei Wiens berüchtigtster Kupplerin kennen, im Salon Wolf. Frau Wolf (1841–1889) war eine der erfolgreichsten Bordellbetreiberinnen in Wien und hatte Kundschaft in den höchsten Kreisen, nicht nur den Kronprinzen, sondern auch den preußischen Prinzen Wilhelm, später Wilhelm II. (1859–1941).

Die Affäre zog sich über Jahre und Rudolf war der Halbweltdame sexuell so hörig, dass er ihr neben Schmuck und Geldgeschenken sogar ein dreistöckiges Bürgerhaus in der Heumühlgasse im heutigen vierten Gemeindebezirk kaufte. Dort konnte er sie so oft er wollte ungestört besuchen. Und nach seinem Tod, so ordnete er an, sollte Mizzi alles in seinem Besitz befindliche Geld bekommen. Die Dame wusste, wie man einen Prinzen um den Finger wickeln konnte. Und doch hatte sie nach seinem Tod nur wenig Schmeichelhaftes über den Prinzen zu sagen: Sie behauptete, er sei impotent gewesen, nur zum Coitus fähig, wenn er genug von seinem geliebten Champagner getrunken hatte.

Aber trotz einer gewissen Zuneigung, die er Caspar gegenüber empfunden haben dürfte, amüsierte sich Rudolf noch heftig anderorts. Sogar von Sexorgien war die Rede.

Doch all die Exzesse dürften die innere Leere des depressiven Playboys nicht gestillt haben. So fasste er den Plan, sich das Leben zu nehmen. Nur alleine wollte er dabei nicht sein und so fragte er seine geliebte Mizzi, ob sie nicht mit ihm in den Tod gehen möchte. Wenig überraschend lehnte die Kurtisane ab. Sie informierte allerdings den Polizeipräsidenten über die Pläne des Kaisersohns. Doch wer glaubt schon einer Prostituierten? Die Sache wurde kaum bis gar nicht verfolgt.

Nun musste der unglückliche Erzherzog eine andere Partnerin für den Freitod finden. Ersatz war schnell gefunden. Denn Rudolf war nicht nur gutaussehend und charmant, sondern auch noch der Thronfolger. Er war *der* Justin Biber oder Andreas Gabalier seiner Zeit. Die Damen standen Schlange.

Die 17-jährige Mary Vetsera war ein Groupie Rudolfs. Sie verfolgte sein Leben, setzte alles daran, ihn für sich zu gewinnen. Sie sammelte sogar Fotos von Rudolf, die sie in den diversen Klatschblättern tagtäglich fand, folgte ihm zu einer Vielzahl von gesellschaftlichen Events, bis sie es endlich schaffte, seine Aufmerksamkeit zu gewinnen. Einige Male trafen sich die beiden bis zu dem verhängnisvollen Wochenende Ende Jänner 1889, als sie sich auf Rudolfs Plan, die Welt frühzeitig zu verlassen, einließ und die beiden sich in Schloss Mayerling das Leben nahmen.

Der Wiener Hof erfuhr noch in derselben Nacht, was passiert war und schon wurde die Vertuschungsmaschinerie angeschmissen. Mary wurde in einer Nacht- und Nebelaktion weggeschafft. Angekleidet und mit einem Besenstil am Rücken stabilisiert in eine Kutsche gesetzt und auf einem nahegelegenen Friedhof bei Stift Heiligenkreuz quasi verscharrt.

Rudolfs wahre Todesursache sollte um jeden Preis vor der Öffentlichkeit geheim gehalten werden. Die wildesten Versionen, wie er zu Tode kam, wurden in Umlauf gebracht. Doch vergebens. Schließlich entschied sich der Kaiser doch für die Wahrheit, eine Variante der Wahrheit jedenfalls.

Denn Selbstmörder durften nicht auf einem katholischen Friedhof oder in einer katholischen Gruft bestatten werden. Man musste kreativ werden. Mit den „medizinischen Koryphäen" am Wiener Hof gar kein Problem. So wurde Rudolf, posthum, geistige Verwirrung diagnostiziert. Und schon konnte er in der Kaisergruft seine letzte Ruhe finden.

Prinzessin Stephanie – Die gehörnte Prinzessin und der polnische Graf

Rudolfs gehörnte Frau Stephanie von Belgien wusste also von den außerehelichen Aktivitäten ihres Mannes, diskret war er ja nicht gerade. Sie war ihm auch böse, ob der Geschlechtskrankheit, mit der er sie angesteckt hatte.

Dass die beiden auch sonst keine gemeinsame Basis hatten, ob nun ideologisch oder intellektuell, wurde schon erörtert.

Die Ehe war also, wie der Therapeut und Kabarettist Bernhard Ludwig es nennen würde, eine „Anleitung zum Unglücklichsein".

Auch am Wiener Hof fühlte sich die Kronprinzessin nicht gerade herzlich aufgenommen. Ihre liebe Schwiegermama, Sisi, die es besser hätte wissen sollen, nannte sie mit Vorliebe einen „moralischen Schwerstein“ oder ein „hässliches Trampeltier“. Die eigene Erfahrung mit ihrem „Schwiegermonster“ Erzherzogin Sophie hatte Elisabeth wohl nichts gelehrt.[93]

Letztendlich machte Stephanie es ihrem ehebrecherischen Gatten gleich.

Auf einer Reise durch Galizien 1887 lernte sie den Grafen Potocki (1850–1890) kennen. Der polnische Adelige entfachte das Feuer des Herzens der Prinzessin und eine stürmische Liebesaffäre begann. Anfangs wollte Sophie noch diskret sein, traf sich nur heimlich mit ihrem Grafen, aber nachdem ihr Prinzgemahl sich nicht um die Gefühle seiner Frau oder den Klatsch scherte, pfiff auch sie auf Ehemann und Ansehen.

Sie holte den galizischen Ehrenmann nach Wien und ließ es sich gutgehen. Sogar die eine oder andere offizielle Reise mit dem Göttergatten stornierte sie, um sich mit ihrem „Hamlet“, wie sie ihn liebevoll nannte, zu amüsieren. Sich selbst gab sie den Kosenamen „Ophelia“.

Nur ihre engste Vertraute, ihre Schwester Louise (1858–1924), war eingeweiht. Die beiden schrieben sich regelmäßig, teilten so ihr Leben miteinander und Louise war es auch, die regelmäßig die Treffen für die zwei Turteltäubchen organisierte.

„Ich hätte ein anderes Schicksal verdient, denn ich könnte so glücklich sein mit jemandem, den ich liebe oder von dem ich geliebt werde!“ oder „Ich halte es nicht mehr aus vor Ungeduld, seit ich von der Anwesenheit Ar..t.. [Arthur Potocki] in Wien weiß. Ophelia muss ihn sehen, aber wie es anstellen? R. [Rudolf] und Fritz sind in Abbazia. Hamlet bleibt nur zwei Tage in Wien. Antworte mir sofort, was man erfinden kann. Ich habe schon an ein Déjeuner oder Diner bei Euch gedacht? Gib mir einen guten Rat! … Trachte, etwas zu arrangieren.“[94]

Die Liaison überlebte Stephanies Ehe. Aber nur ein Jahr, dann starb der von Krankheit gezeichnete Graf.

Nach Rudolfs Tod war die belgische Prinzessin geknickt, nach dem Tod Potockis am Boden zerstört.

Einige Jahre später heiratete Stephanie ein weiteres Mal, einen ungarischen Adeligen Namens Elemér E. Lónyay (1863–1946).

Erzherzogin Elisabeth – Erszi

Rudolfs und Stephanies einziges Kind, Erzherzogin Elisabeth, hatte es auch faustdick hinter den Ohren. Da kam sie ganz nach ihrem Vater.

Aber anders als in Rudolfs Fall hatte der alte Kaiser einen Narren an seiner Enkelin gefressen. Erszi, wie sie liebevoll gerufen wurde, wusste genau, wie sie ihren Opa um den Finger wickeln konnte. Und Franz Joseph wurde im väterlichen Testament zum Vormund der wilden Erzherzogin ernannt. Sie wuchs also bei ihrem Großvater auf, während sich ihre Mutter aus Wien zurückzog.

Als die verwöhnte Prinzessin 17 Jahre alt war, verliebte sie sich Hals über Kopf in den gutaussehenden Prinzen Otto von Windisch-Graetz (1873–1952). Das allerdings, ohne ihn besonders gut zu kennen. Aber das kümmerte die wilde Habsburgerin nicht, genauso wenig wie die Tatsache, dass der ahnungslose Prinz schon verlobt war.

Kurzerhand begann sie, Hochzeitspläne zu schmieden, wohlgemerkt immer noch ohne das Wissen ihres anderweitig versprochenen Angebeteten.

Franz Joseph war wenig begeistert, nicht nur verlobt, sondern noch viel schlimmer: eine Mesalliance, denn der Prinz stammte aus keiner regierenden Fürstenfamilie.

Aber Erszi ließ nicht locker, sie bearbeitete ihren kaiserlichen Großvater so lange, bis er w. o. gab. Wie schon gesagt, er konnte ihr nichts abschlagen.

Um solch „lächerliche" Details, wie den nichtsahnenden Prinz einzuweihen, sollte sich der liebende Opi kümmern.

So befahl Franz Joseph Windischgrätz nach Schönbrunn, um ihn von seinem „Glück" in Kenntnis zu setzen. Wenig überraschend war Erszis Auserwählter so gar nicht entzückt.

Der überrumpelte Prinz flehte fast um Gnade, soll sich für all die Ehre bedankt, aber auf seine bereits bestehende Verlobung hingewiesen haben; er wollte nicht sein Wort brechen.

Alles Bitten und Flehen halfen dem „armen Tropf" nichts, der Kaiser spielte die „Oberste-Kriegsherrn-Karte" aus. Diesem Befehl konnte sich der Oberstleutnant nicht widersetzen.

1902 wurde dann Hochzeit gefeiert und Otto, der quasi mit vorgehaltener Waffe zum Altar gebracht wurde, bekam von seinem „Schwiegeropa" einen Fürstentitel verpasst.

Kurze Zeit wirkte es so, als wäre die Widerspenstige damit gezähmt, aber weit gefehlt. Schon bald langweilte der frischgebackene Fürst Erszi und sie fing an, ihren „Sexhunger" in fremden Betten zu stillen.

„Sie war sexuell krankhaft veranlagt, sie hatte zahllose Männeraffären. In ihr steckte das unglückselige Erbe des Vaters",[95] schrieb Gräfin Happack, eine der Klatschtanten am Wiener Hof.

Trotz allem gebar sie ihrem Angetrauten vier Kinder und die Familie zog nur wenige Jahre nach der Hochzeit nach Prag, wo der ungezähmten Erzherzogin schnell wieder langweilig wurde. So ging sie auf Reisen, amüsierte sich und ließ Mann und Kinder in der böhmischen Hauptstadt zurück.

Otto nützte die Abwesenheit seiner untreuen Ehefrau, „um sich auch mal was zu gönnen." Er liebäugelte mit einer Prager Opernsängerin. Das Gspusi wurde schnell zum Stadtgespräch und auch Elisabeth kam die Affäre zu Ohren.

Die Umtriebige wurde rasend vor Eifersucht und reiste toute de suite zurück nach Prag, wo sie ihren Ehemann und die Opernsängerin in einer kompromittierenden Situation vorfand. Kurzum zückte sie ihre Waffe und schoss auf die Gespielin ihres Mannes. Diese überlebte nur knapp. Die Affäre wurde, zum Wohle der Monarchie, unter den Teppich gekehrt.

Die Ehe ging danach, wenig überraschend, immer weiter „den Bach hinunter".

Elisabeth war ständig auf Reisen und zog schließlich mit den Kindern nach Istrien, wo sich ihre „Toyboys" die Klinke in die Hand drückten. Besonders junge, fesche Offiziere hatten es ihr angetan. Sie amüsierte sich nicht nur im Bett mit ihnen, sondern machte sich auch so gerne einen Spaß mit den jungen Soldaten.

Der Enkelin des Kaisers bereitete es Vergnügen, Offiziere zum Essen zu laden und ihnen Abführmittel in die Vorspeise zu mischen. Die Krieger der Monarchie quälten sich und schwitzen bei Tisch, war es ihnen doch nicht gestattet, die Tafel vor einem Mitglied der kaiserlichen Familie zu verlassen und dann gab es angeblich auch nur eine einzige Herrentoilette.

Mit solch kleinen „Freuden des Lebens" ließ es sich in Istrien ganz gut leben.

Doch nach einiger Zeit hatte ihr gehörnter Ehemann es satt und reichte 1916 die Scheidung ein, Rosenkrieg inklusive.

Erszi führte ihr Lotterleben fort wie zuvor.

Bis sie 1919 den Sozialisten und Schutzbündler Leopold Petznek (1881–1956) kennenlernte. Sie verliebte sich über beide Ohren in den Politiker und trat sogar den Sozialdemokraten bei. Und „nur" knapp 30 Jahre später wurde geheiratet.

Ein Glück, dass Franz Joseph das nicht mehr erleben musste.

So ging die unbeugsame Prinzessin als „rote Erzherzogin" in die Geschichte ein.

Leopold Wölfling – Retter der Dirnen

Noch heute würden Erzherzog Leopold Ferdinands (1868–1935) Lebensentscheidungen für Schlagzeilen sorgen. Der Spross der toskanischen Habsburger trieb es bunter als so manch anderer seiner zügellosen Familienmitglieder.

Leopold fiel schon früh durch seinen „bacchantischen" Lebensstil und sein „Playboy-Dasein" negativ auf. Er war dem Erzhaus schon bald ein Dorn im Auge.

In Italien geboren, wuchs er jedoch in Salzburg auf, wo er vorerst eine militärische Karriere anstrebte. Auch eine standesgemäße Braut war bald ausgewählt, die spanische Erzherzogin Elvira sollte es werden. Doch der kaiserliche Großonkel Franz Joseph entschied sich schlussendlich doch gegen die Verbindung, da ihm die politischen Umstände in Spanien zu unstabil waren. Eine Entscheidung, die er später sicher bereute.

So begattete Erzherzog Leopold die Salzburger Bourgeoisie. Er schwängerte dabei auch eine Bäckerstochter, um diese gleich wieder zu verlassen und eine Prostituierte zu heiraten. Ein Skandal ersten Ranges, natürlich Gesprächsthema Nummer eins und ein Knüller für die Medien.

Als der Kaiser davon erfuhr, schäumte er vor Wut, er verbannte Leopold in den hintersten Winkel des Reiches und versuchte, ihn einzuweisen.

Doch der widerspenstige Neffe weigerte sich vorerst noch. Schließlich beschloss Leopold, das Leben, in das er hineingeboren wurde, aufzugeben. In einem Brief an seinen Kaiser schrieb er 1902: „Ich bitte Euer Majestät meine Stellung und Rang als Erzherzog ablegen zu dürfen."[96]

So wurde der renitente Vetter der Erbfolge enthoben, titellos der Heimat verwiesen und nannte sich von da an Leopold Wölfling.

Der frischgebackene Bürgerliche zog mit seiner Neo-Gattin Wilhelmine Adamovic in die Schweiz.

Die beiden schlossen sich einer vegetarisch-anarchistischen Aussteiger-Kommune an, in der er es aber nicht lange aushielt. Schon bald brach er aus der alternativen Siedlung aus und ließ sich im selben Atemzug gleich scheiden.

Doch lange konnte er nicht ohne Prostituierte an seiner Seite leben und so heiratete er kurz darauf die nächste Dirne. Seine zweite Frau hatte er als selbsternannter „Retter der leichten Mädchen", ihr Held in strahlender Rüstung, aus dem Münchner Milieu freigekauft. Auch diese Liebesheirat hielt nicht lange.

Den freigiebigen Lebensstil konnte sich Herr Wölfling allerdings nicht auf Dauer leisten, denn mit Karls I. (1887–1922) Regierungsverzicht 1918 waren auch die kaiserlichen Subventionszahlungen dahin.

Nun war Arbeiten angesagt. Der ehemalige Prinz schlug sich mit Gelegenheitsarbeiten durch. Über die Jahre konnte er seinem Lebenslauf eine Reihe von Jobs beifügen:

Fiaker, Würstelstandler in Kaisermühlen und Fremdenführer in Schönbrunn (da wusste er wohl Gschichtln zu erzählen, die keiner seiner Guidekollegen kannte).

In Berlin ging er unter die Comedians und schrieb dann für die *Berliner Post* eine regelmäßige Kolumne: *Habsburger Kaiserinnen, die ich kannte.*

Schließlich heiratete er ein drittes Mal, eine über 20 Jahre jüngere Eisenbahnertochter, mit der er in einer Berliner Hinterhauswohnung lebte.

Durch Leopolds Freundschaft mit Felix Salten, dem Schriftsteller und Journalisten, konnte die Öffentlichkeit quasi aus erster Hand in seiner Zeitung *Die Zeit* von dem dynastischen Tamtam erfahren – nicht nur von der Causa Wölfling, sondern auch von seiner dreisten Schwester Luise.

Kronprinzessin Luise von Sachsen – Bettgeflüster im Klassenzimmer

Wölflings Schwester Luise (1870–1947) war auch kein Kind von Traurigkeit und wollte sich auch nicht den monarchischen Zwängen beugen.

Doch vorerst schien ihr Lebensweg in geordneten Bahnen zu verlaufen.

Die Prinzessin wurde standesgemäß ins sächsische Königshaus verheiratet. Sie ehelichte 1891 Friedrich August von Sachsen (1865–1932). Ihm gebar sie insgesamt sieben Kinder. Doch trotz der Kinderschar dürfte die Ehe alles andere als glücklich gewesen sein. Die bigotte Königsfamilie von Sachsen, in die sie verheiratet worden war, konnte nur wenig mit ihrem lotterhaften Naturell anfangen. So war die Stimmung am Dresdner Hof nicht gerade entspannt.

Dann wurde der Kronprinzessin auch der eine oder andere Seitensprung nachgesagt – ein Zahnarzt und der Sprachlehrer ihrer Kinder dürften es Luise angetan haben.

Die Affäre mit dem Sprachlehrer André Giron war allerdings mit Sicherheit nicht nur ein Gerücht. Als die aufmüpfige Kronprinzessin die Nase endgültig voll hatte, brannte sie mit der gutaussehenden Lehrkraft durch.

Im selben Jahr, in dem auch ihr Bruder auf seine gottgegebenen Rechte verzichtete, 1902, stahl sich die Schwangere mit ihrem Linguisten vom Dresdner Hof und reiste gen Salzburg. Sie ließ ihre Familie in dem Glauben zurück, dass sie wiederkommen würde, aber hatte von Anfang an einen anderen Plan.

In Salzburg traf sie mit ihrem in Ungnade gefallenen Bruder Wölfling zusammen. Es wurde ein gefinkelter Fluchtplan ausgearbeitet, Giron legte eine falsche Spur, die nach Brüssel führte, während sich die zwei Habsburgersprösslinge klammheimlich in die Schweiz abseilten.

Eine Blamage für das belgische Königshaus, das unter allen Umständen versuchte, die Affäre unter den Teppich zu kehren. Die Angelegenheit wurde verharmlost, in einer offiziellen Pressemitteilung wurde bekannt gegeben: „Die Kronprinzessin hat im Zustande von krankhafter seelischer Erregung (*sic!*) vor einigen Tagen Salzburg verlassen und sich unter Abbruch ihrer Beziehungen zu höchst ihren Verwandten nach dem Auslande begeben",[97] schrieb das Dresdner Journal am 22. Dezember 1902.

Wie auch schon ihr Bruder sollte Luise in eine Irrenanstalt eingewiesen werden.

In ganz Europa zerriss man sich über Luise das Maul, auch die Tageszeitungen berichteten immer wieder von der geflohenen Kronprinzessin.

Doch Luise „tanzte Limbo" mit dem „christlich-germanischen Standpunkt". Auch die Kritik Kaiser Wilhelms II. oder ihres Großonkels in der Hofburg interessierte sie herzlich wenig.

In Wien hätte man ihr nur allzu gerne ihre Rechte entzogen, aber das ging nicht so einfach. Man begnügte sich damit, sie aus den genealogischen Verzeichnissen der Mitglieder des Hauses Habsburg zu streichen. Also wurde das familiäre Verhältnis annulliert.

Kronprinz Friedrich August von Sachsen reichte die Scheidung ein. Nur die Vaterschaft des ungeborenen Kindes, das Luise immer noch unterm Herzen trug, war noch nicht geklärt. Nach einigem Hin und Her, entschied Friedrich sich, das vermeintliche Kuckuckskind als sein eigenes Fleisch und Blut anzuerkennen und die frischgeborene Prinzessin durfte vorerst bei der verstoßenen Mutter bleiben.

Von ihrem Schwiegervater, König Georg von Sachsen, bekam Luise eine Apanage von 30.000 Mark samt einem neuen Titel, von nun an musste sie sich Gräfin Montignoso nennen.

Zwei Jahre später sollte die frischgebackene Gräfin noch eine Geldspritze aus Sachsen bekommen, nämlich als sie ihre jüngste Tochter für 10.000 Mark an deren Vater Friedrich „verkaufte".

Dieser war dem Lotterleben seiner Exfrau überdrüssig geworden und wollte sein Kind solch skandalösen Zuständen nicht länger aussetzten. So holte er die kleine Prinzessin an den sächsischen Hof.

Luise versuchte zwar das eine oder andere Mal, ihre Kinder zu besuchen, doch in Dresden wurden ihr die Tore vor der Nase zugeschlagen. Nur selten bekam sie ihre Nachkommenschaft tatsächlich zu Gesicht.

Luises Einstellung zum Leben hatte sich durch all das nicht verändert, sie hüpfte weiter von einem Intermezzo zum nächsten. Denn mit dem Sprachlehrer war es schon vor der Scheidung von ihrem Prinzgemahl wieder vorbei.

Danach vergnügte sie sich einige Zeit mit einem Conte Guiccard, einem, wie der österreichische Botschafter in Rom beschrieb, „von Wein und Tabakdünsten erfüllter dampagnard."[98]

Bei einem weiteren Versuch, ihre Kinder in Dresden zu besuchen, hatte Luise ihren noch verheirateten Liebhaber im Schlepptau und wurde daraufhin von der Polizei des Landes verwiesen.

Danach wurde wieder geheiratet und zwar den 12 Jahre jüngeren Komponisten Enrico Toselli (1883–1926), dem die ehemalige Kronprinzessin dann auch einen Sohn gebar. Die Ehe hielt ganze fünf Jahre, nach der Scheidung blieb das Kind natürlich beim Vater.

Abb. 36: Luise und Enrico Toselli

Sie reiste anschließend durch Europa und von einem Bett ins andere. Sie lebte eine Zeit lang bei ihrem Onkel Luigi in Mallorca, dann wieder in London, wo sie 1911 ihre Memoiren herausgab. Es war eine Geschichte ihres Lebens, in der sie sich einerseits an ihrem Mann und ihrer sächsischen Exfamilie rächte und sich andererseits als Opfer darstellte. „Mir scheint es, als wenn in bestimmten Krisen unseres Lebens wir von anormalen, schlummernden Kräften erfasst werden, die zeitweise neurotische Störungen hervorrufen, unter deren Einfluss wir impulsive Handlungen vollbringen, die meist lebenslängliche Folgen nach sich ziehen.“[99]

Über 40 Jahre konnte die Comtesse d'Ysette, wie sich die geborene Habsburgerin seit der zweiten Scheidung nannte, recht gut von den sächsischen Zahlungen leben. Doch mit dem Zweiten Weltkrieg wurde ihr der Geldhahn zugedreht. Die Marie war bald dahin und so musste sie sich als Blumenverkäuferin über Wasser halten. Schließlich starb die ehemalige Kronprinzessin mit 77 Jahren mittellos und vereinsamt in Brüssel.[100]

Abb. 36a: Luise Toselli von Toskana

DRUGS

Von Drogen, „Allheilmitteln“ und „geheimen Krankheiten“

Drogen und „Allheilmittel“

Drogen und deren Gebrauch sind „so alt wie die Menschheit“ und kein Phänomen der Moderne. Aber „was versteht man unter Drogen? … Stoffe …, die die biochemischen Prozesse und Funktionsabläufe des zentralen Nervensystems verändern und auf diese Weise veränderte Zustände des Bewusstseins hervorrufen.“[101]

Man unterscheidet sogenannte Upper und Downer. Upper, also belebende Mittel, wie Kokain oder Koffein, stimulieren das Hirn, verstärken Reize und lindern Schmerzen. Downer sind dagegen betäubende Substanzen. Opium oder Heroin haben einen beruhigenden Effekt und wirken auch schmerzstillend. Halluzinogene wiederum lassen den Konsumenten in andere Welten eintauchen.

Berauschende Antike

Archäologischen Funden zufolge dürften Heil- und Berauschungsmittel, wie beispielsweise Bilsenkraut, schon in prähistorischen Zeiten Verwendung gefunden haben.

In der europäischen Kulturgeschichte kannte und konsumierte man eine Vielzahl von Drogen, die als Heilmittel aus hedonistischen Gründen kultisch oder teilweise bei religiösen oder gesellschaftlichen Ritualen zum Einsatz gebracht wurden.

Cannabis, Opium sowie viele andere bekannte Pflanzen und Kräuter wurden schon in frühen Zeiten auch zu medizinischen Zwecken, ob als Schmerzmittel, Narkotikum oder Heilmittel, verabreicht.

Ursprünglich waren es nur ausgesuchte Mitglieder der Gesellschaft, die tatsächlich oder angeblich über die Wirkung von Rauschdrogen Bescheid wussten und damit umgehen konnten. Magier, Druiden, hohe Priester oder auch Medizinmänner und sogenannte Ärzte konsumierten die berauschenden Substanzen oft selbst. Sie tauchten so in andere Welten ein und konnten ihre Halluzinationen dann oft nicht mehr von der Realität unterscheiden.

Diese selbsternannten Zauberer wussten meist als einzige von der Existenz, der Wirkung und dem Umgang sowie der richtigen Dosierung von Drogen, ob nun zur Heilung oder um den Patienten in einen ekstatischen Zustand zu versetzten.

„Im Laufe der Zeit wurde aus ihnen eine privilegierte Kaste, die über ihre Mitmenschen große Macht hatte und sich durch strenge Geheimhaltung ihrer Kunst absicherten. Heilwissen und Religion waren daher für lange Zeit miteinander untrennbar verbunden.“[102]

Die ekstatische Wirkung einiger dieser berauschenden Kräuter wurde als göttlich gefeiert.

Bei den alten Griechen wurden die Zukunft vorhersagende „Junkies“, wie das Orakel von Delphi beispielsweise, das von der Allgemeinheit als ein Sprachrohr der Götter angesehen wurde, gesellschaftlich hoch angesehen. Historikern zufolge waren diese sogenannten Pythien wohl Priesterinnen im Drogenrausch.

Homer (8. Jahrhundert v. Chr.) beschreibt in seiner *Odyssee* den Gebrauch von bewusstseinserweiternden Drogen. Hier wurden zum Beispiel Menschen unter dem Einfluss von Kirkes Spezialcocktail zu Schweinen. Und an anderer Stelle schenkte Helena ihren Gästen wohl nicht „reinen Wein“ ein.

„Helena aber, die Tochter des Zeus, besann sich auf andres. Gab in den Wein, den sie tranken, sogleich ein bezauberndes Mittel, gut gegen Trauer und galliges Wesen. Für sämtliche Übel schuf es Vergessen. War es im Mischkrug, wer es dann schlürfte, diesem läuft an dem Tag keine Träne die Wange hinunter, selbst wenn ihm Vater und Mutter beide verstürben … Nun verfügte die Tochter des Zeus über Mittel von solcher tüchtigen Wirkung …“[103]

Ob es sich bei diesem „bezaubernden Mittel“ nun um Nachtschattengewächse, Hasch oder Opium handelte, sei dahingestellt.

Dieser Klassiker der griechischen antiken Dichtung beweist, dass sich die alten Griechen mit der Wirkung und Anwendung von Rauschmitteln auskannten.

Aus dem antiken Ägypten und dem Persischen Reich überliefern Schriften das Wissen über Heil- und Betäubungsmittel und wie sie in der Praxis angewandt wurden.

Auch ausgewählte Römer wussten mit den bewusstseinserweiternden Stoffen umzugehen und dies zu ihrem Vorteil zu nutzen. Römische Feldherren setzten Downer gerne mal zur taktischen Kriegsführung ein, um den Gegner zu schwächen.

Und dass die Gallier sich durch einen vermeintlichen „Zaubertrank“ zu übermenschlichen Kräften verhalfen, ist in den „historischen Schriften“ von Asterix und Obelix überliefert. Tatsächlich dürften Gallier die Spitzen ihrer Pfeile und Speere in Bilsenkrautsaft getunkt und ihren Feinden so zu einem Trip verholfen haben, oftmals gefolgt vom Exitus.[104]

Die Germanen bevorzugten eine vergorene Mischung aus Honig mit Wasser, um sich zu benebeln. Sie nannten es Met, ein Vorfahre unseres Biers.

Benebeltes Mittelalter

Das mittelalterliche Wissen über die Wirkung gewisser Pflanzen und Kräuter basierte Großteils auf der Antike, in der sorgfältig Kataloge über Pflanzen angelegt worden waren. Die Medizin des Mittelalters stützte sich auf drei Säulen aus der Vergangenheit: die griechisch-römische Überlieferung, die arabisch-islamische Tradition und das Christentum. Im Mittelalter allerdings wurde dieses antike Wissen vielerorts mit einer schönen Portion Aberglauben gepaart.[105]

Auch wenn die Weltreligionen sich im Laufe ihrer Geschichte von bewusstseinserweiternden Substanzen eher distanzierten und sie verurteilten, gab es doch Zeiten, in denen „Ekstasen" bekannte religiöse Persönlichkeiten „näher zu Gott" brachten. So galt „die reine Ekstase als weltentrückte Form der Gotteserfahrung … für Männer wie Benedikt von Nursia (480–534) oder Bernhard von Clairvaux (1090–1153), Gründer erster Klostergemeinschaften, als angestrebtes Mittel der Erkenntnis. Indem sich Mönche ganz von der Außenwelt abwendeten und nur auf die Innenwelt konzentrierten, erwarteten sie ein kontemplatives Mysterium, sie berichteten, sie sähen in ihrer Ekstase die Majestät Gottes."[106]

Im Frühmittelalter waren es hauptsächlich Mönche, die sich mit Heilkunde befassten. „Die Mehrzahl der Texte, die in dieser Zeit geschrieben wurden, enthalten nur noch wenig magisches Wissen, wesentlich häufiger sind Warnungen vor der Giftigkeit und Unberechenbarkeit gewisser Drogen und den daraus resultierenden Folgen für Leib und Verstand. Zunehmend gewinnt auch der Dämonenglaube als christlicher Gegenpol an Bedeutung."[107] So wurde die Kräuterkunde also vermarktet, wie es gewissen Autoritäten gerade dienlich war.

Aber das antike Wissen über die heilende, schmerzstillende oder betäubende Wirkung gewisser Substanzen wurde im Mittelalter sehr wohl genutzt und teilweise auch weiterentwickelt.

Im mittelalterlichen Europa nutzte man in erster Linie heimische Nachtschattengewächse wie Bilsenkraut, Tollkirsche, Alraune, Tollkraut, Schierling oder auch Stechapfel.

In vielen Badestuben, die oft mit Bordellen Hand in Hand gingen, gab es ganz spezielle „Enthemmungskuren“. Man streute Bilsensamen in den Ofen und genoss den darauffolgenden Trip.

Gewiss war Alkohol im „Mittelalter und frühen Neuzeit ...“ ebenso „ein bedeutsames Heilmittel gewesen … Breite medizinische Verwendung haben auch die heute illegalen Drogen Haschisch oder Opium gefunden, wie auch Morphium und Heroin ursprünglich als Medikament synthetisiert worden sind. Haschisch und Opium haben eine längere Geschichte in Europa, als gemeinhin vermutet wird. Beide wurden vielfältig genutzt als Heilmittel wie auch, bis ins 18. Jahrhundert hinein, als verbreitete Rauschdroge.“[108]

Drogenkrieg im alten Stil

Wie schon die Römer nutzten auch andere Völker Drogen zur Kriegsführung. Nur während einige römische Kriegsherren gewisse Substanzen nutzten, um ihre Feinde einzuschläfern, bevorzugten die Germanen im Norden eine aggressivere Methode.

Wikinger waren an sich schon gefürchtete Kämpfer, aber ihre Special Forces, die Berserker, waren noch einmal eine Klasse für sich.

„Das waren besondere Krieger, die nackt, bemalt und mit Fellen bedeckt in die Schlacht zogen. Zuvor steigerten sie sich in eine animalische Raserei und Wut. Ihre Kampfeslust war ungeheuerlich und kaum zu kontrollieren. Andere Wikinger waren gut beraten, den Rasenden aus dem Weg zu gehen. In ihrer Wut gingen sie unkontrolliert auf jeden los, der sich ihnen in den Weg stellte. In der Schlacht waren sie kaum zu kontrollieren und kämpften bis zum Tod, auch schwere Verletzungen führten nicht dazu, dass sie das Gefecht aufgaben … Die Berserker sollten mit ihrer Wut den Gegner in Panik versetzen und den Durchbruch erzwingen, koste es, was es wolle. Sie verwandelten sich dabei in wilde Tiere. Sie heulten wie die Wölfe und bissen vor Wut auf ihre Schilde. Ihre Körper wurden vom Schüttelfrost gepackt, aber sie galten als unempfindlich gegenüber Eisen …“, also Schwertern „… und Feuer. Die fürchterlichen Krieger waren auch im Frieden Sonderlinge und Einzelgänger, denn sie starteten auch in ungeplante Amokläufe, wenn sie in die falsche Stimmung kamen …“.[109] Sie sollen schwarzes Bilsenkraut genommen haben, das sie in andere Welten katapultierte und ihnen jegliche Hemmungen und Menschlichkeit nahm. Die „Killerdroge“ konnte man als Tee, in Form von Alkohol oder als Salbe erwerben. „Die Anwendung führte zu einer starken Abnahme des Schmerzempfindens. Die Krieger wären dabei ‚unberechenbar und höchst aggressiv‘ geworden … Das Kraut hat eine ganze Reihe von weiteren Nebenwirkungen, wie Sehstörungen und manische Episoden … Typisch für die Wirkung des Krauts ist die Unfähigkeit, Gesichter erkennen zu können. Und die Berserker waren dafür bekannt, im Kampf nicht mehr zwischen Freund und Feind unterscheiden zu können.“[110]

Aber die Wikinger waren sicher nicht die einzigen, die ihren Kriegern Drogen gaben, um ihre Siegeschancen zu maximieren. Hitler ließ seine Soldaten bekanntermaßen Pervitin, heute besser bekannt als Crystal Meth, einnehmen. Müdigkeit und Hunger sollten durch die sogenannte „Panzerschokolade“ gestillt und die Stimmung gehoben werden. Die Kehrseite dieser „Hermann-Göring-Pille“, wie man sie auch gerne nannte, waren, wenig überraschend schwere Abhängigkeit und irreparable Schäden des Organismus und der Psyche.

Auch Morphium entwickelte sich auf den Schlachtfeldern Europas zu einem Problem. Während der Napoleonischen Kriege wie auch im Ersten Weltkrieg wurden die verletzten Soldaten mit der schmerzstillenden Substanz vollgepumpt, das Resultat waren drogensüchtige Kriegsinvaliden.

Exotika en vogue in Wien

Im späten Mittelalter waren fremdländische Arzneien ein gewinnbringendes Geschäft. Sie wurden von den großen Entdeckern der Zeit nach Wien gebracht und über den blühenden Überseehandel gelangten Exotika aus aller Welt in die Reichshauptstadt. Mit der Zeit und ausgiebigeren Entdeckungsreisen wurde das Spektrum der außergewöhnlichen Waren immer vielfältiger und damit auch zu einem immer lukrativeren Business.

In der zweiten Hälfte der Frühen Neuzeit rückten exotische Mitbringsel aus den „neuen Welten“ in den Fokus der europäischen Luxusgesellschaft. Diese neuartigen Güter waren aufregend und teuer und wurden so bald zu Statussymbolen. Nicht nur fremdartige Obst- und Gemüsesorten, Gewürze und viele andere außergewöhnliche Produkte, sondern auch einige der heute allbekannten Suchtmittel.

Wiener Apotheken und sogenannte *Würzler* waren schon Mitte des 15. Jahrhunderts exzellent ausgestattet, neben Safran, Ingwer, Zimt oder Muskat konnte man dort auch Kampfer, Himmeltau, Theriak oder Mastix erwerben. Diese orientalischen Gewürze und Arzneimittel kamen über Venedig nach Wien und wurden von den Profis zu Medikamenten oder Drogen verarbeitet.

Abb. 37: Apotheker im Jahr 1568

Genussmittel, die sich bis heute großer Beliebtheit erfreuen, fanden auch ungefähr zu dieser Zeit ihren Weg in die westeuropäische Kultur.

Schokolade und Tabak wurden im 16. Jahrhundert von portugiesischen, spanischen, holländischen und englischen Seeleuten in die Heimat mitgebracht. Wer war hier der Erste – eine historische Streitfrage, die vielleicht nie geklärt werden kann.

Teurer Genuss, den man sich nur mit dem nötigen Kleingeld leisten konnte.

In Österreich kam der Trend erst Jahre später an. Die Wiener brauchten damals schon ihre Zeit, um sich an Neues heranzutrauen.

Anfangs war Tabak für die Österreicher eher eine Zierpflanze, so wie Hanfpflanzen heute zu „rein ästhetischen Zwecken" in Wiener Haushalten kultiviert werden.

Erst im Dreißigjährigen Krieg griffen die habsburgischen Soldaten zum Glimmstängel oder, wie es damals genannt wurde, Soldatenkraut.

Der Trend verbreitete sich in jeglicher Form rasant. Mediziner erforschten bald emsig die heilende Wirkung der neuartigen Substanzen.

Das braune Gold, also Tabak, sollte als wirksames Heilmittel eine reinigende und schweißtreibende Wirkung haben und wurde auch zur Entschlackung oder zur Regulierung des Säftehaushalts[111] genutzt – Tabakkonsum zur Stärkung des Herzens und Linderung von Menstruationsbeschwerden. Etwas, das die heutige Tabakindustrie vermutlich durchaus zu Propagandazwecken nutzen würde wollen.

Abb. 38: „Alles raucht" (Satirische Darstellung der Rauchmanie)

Ein heute für alle Altersgruppen legales Genussmittel ist der Kakao, quasi eine „Einstiegsdroge".

Während seiner zweiten Entdeckungsreise begegnete Columbus einem Handelskanu der Mayas, und als einige Bohnen zur Erde fielen, gab es ein aufgeregtes Durcheinander: Diese Bohnen vom Kakaobaum waren Gold wert. Kakao wurde in den Hochkulturen Amerikas als Aphrodisiakum, Stimulans und Halluzinogen getrunken; Krieger tranken es, bevor sie in die Schlacht gingen – besonders Kakao von grünen Bohnen. In diesen Funktionen verbreitete sich Kakao in Europa; es galt als katholisches Getränk – während Kaffee zuerst als muslimisch und später als protestantisch galt. Kakao war insbesondere ein Getränk der katholischen Geistlichkeit, man warf den Jesuiten sogar vor, dass sie versuchten, ein Monopol aufzubauen. In der Tat gelang es den Spaniern schon früh, Kakao auf Plantagen anzubauen und damit die Kontrolle über die Produktion zu gewinnen. Man trank ihn mit Wasser, Zucker, Zimt oder Vanille, als Luxus und vor allem als Stimulans. Das Getränk war weiterhin so wertvoll, dass die Bohnen in Lateinamerika bis ins 18. Jahrhundert als Währung benutzt wurden.

Im 19. Jahrhundert kreierte ein Holländer einen Cocktail aus Kakao und Milch. So ging zwar der stimulierende und halluzinogene Effekt des Getränks verloren, dafür bekam es aber nun endlich die Zulassung, an Frauen und Kinder ausgeschenkt zu werden.[112]

Als passionierte Kakao-Liebhaberin zählte Maria Theresia wohl mit ihren teils weit über zehn Tassen am Tag zu einem der größten „Junkies" ihrer Familie.

Drogen aus dem Labor

Neben den „harmlosen" Pflanzen und Kräutern, die mit den Entdeckungsreisen ihren Weg nach Europa fanden, wurden im 18. Jahrhundert auch immer mehr Drogen im Labor synthetisiert, wie beispielsweise Lachgas. Das Betäubungsmittel machte jeden Zahnarztbesuch zu einem Vergnügen.

Bald extrahierten die Chemiker, was nur ging: aus Mohnkapseln wurde Kodein, aus Kokablättern Kokain, Tabak wurde zu Nikotin, aus Opium Morphium und aus Morphin Heroin. Wie auch ihre Ahnen wurden sie vorerst pharmazeutisch eingesetzt, erfreuten sich jedoch bald auch größter Beliebtheit als Rausch- oder Genussdrogen.

Im 19. Jahrhundert waren viele Medikamente und alltägliche Hygieneprodukte mit den „Allheilmitteln“ versetzt. Gurgelwasser mit Opium, Hautcremen mit Morphium und Kokain-Zahnpasta fand man in jeder gut sortierten Apotheke.

Man setzte auch gerne mal eine Kombination des belebenden Kokains und beruhigenden Morphiums ein, eine Hochschaubahn für Körper und Geist und es brachte zugegebenermaßen eine gewisse Balance, Drogensucht inklusive.

„Die Mitglieder des Kaiserhauses erhielten – auch über einen längeren Zeitraum – bedenkenlos von Cannabis über Codein, Cocain und Morphium bis zu Heroin alle damals zu Verfügung stehenden Alkoide.“[113]

Gegen einen schlimmen Husten bei Tuberkulosepatienten verschrieben Ärzte gerne mal Heroin, Opium, Kokain und Codein.

Tuberkulose war im 19. Jahrhundert das wohl verbreitetste Leiden der Reichshauptstadt. Sie wurde sogar als „Wiener Krankheit“ bezeichnet. Tausende Wiener starben zu jener Zeit an der Lungenkrankheit.

Schuld daran waren einerseits die schlechten hygienischen Zustände, andererseites auch das Straßenpflaster und vor allem der Bau der Ringstraße forderte in dieser Hinsicht so einige Opfer. Die Luft war von Kalkstaub erfüllt, der die Lungen besonders schädigte.

Auch Kronprinz Franz Ferdinand erkrankte an TBC. Anders als das Proletariat allerdings starb er nicht daran. Er konnte sich die teure Medikation und Behandlungen leisten. Wie so oft waren die Genesungschancen von der Zahlungsfähigkeit des Patienten abhängig.

Ein anderes Familienmitglied des Kaiserhauses, bei dem eine Drogensucht ziemlich sicher ist, war Kronprinz Rudolfs Tochter Elisabeth, Erszi. Die Skandalnudel hatte ihren Hang zu einem ausschweifenden Lebensstil wie auch zu Drogen wohl in den Genen. Die Hofärzte machten sich mit der Zeit

Abb. 39: Werbung für Cocain und Codein Präparate, Zeitschrift des allgemeinen österreichischen Apotheker-Vereins, 3. Januar 1903

Abb. 40: Werbung für Cocain, Codein, Morphin und Strychnin Präparate, Zeitschrift des allgemeinen österreichischen Apotheker-Vereins, 3. Januar 1903

immer mehr Sorgen ob ihres zur Sucht tendierenden Codein-Konsums. In den Rezeptbüchern von 1909 kann man nachlesen: „Über Auftrag des Herrn Doc. Dr. Biehl ist für Frau Fürstin Elisabeth zu Windisch-Graetz unter keinen Umständen mehr Codein zu expendieren, sondern Anaesthesin Tabletten in Goldschachteln umgefüllt und signiert: ‚Anfallsweise bis zu 4 Stück täglich'.“[114] So sollte eine Placebo-Effekt Franz Josephs Enkelin vom Codein wegbringen.

Bei Franz Joseph dürfte der jahrelange Codeinkonsum gegen seinen Raucherhusten weniger bedenklich gewesen sein.

Die Mitglieder des Kaiserhauses hatten es nicht schwer, an jegliche Medikamente oder Drogen zu kommen. Im Normalfall bekamen sie die gewünschte Substanz auf Bestellung von den Hofärzten verschrieben.

Alkohol

Die Geschichte von Drogen in Europa lässt sich sehr schön am Beispiel des Alkohols beschreiben. Einerseits war und ist er seit jeher die wohl wichtigste Rauschdroge und andererseits ist sein Werdegang gut dokumentiert. So lässt sich auch die Entwicklung und die Rezeption des berauschenden Getränks konkret darstellen.

Alkohol ist wohl die Droge, für „die ein Begriff von ‚Sucht' entwickelt worden ist. Alkohol kann man deswegen sozusagen als die Leitdroge nutzen, deren Sozialgeschichte sich strukturell auch auf andere Drogen übertragen läßt."[115]

Er ist nicht nur eine der wichtigsten, sondern auch eine der ältesten Rausch- und Genuss-Drogen der Welt. Schon in prähistorischen Zeiten, wahrscheinlich durch Zufall, entdeckte man, „daß kohlenhydrathaltige Flüssigkeiten durch einen Gärungsprozeß in berauschende Getränke verwandelt werden können. In unserem Kulturraum war dies hauptsächlich Honigwasser zu Met, Getreideabkochung zu Bier, Trauben- und Obstsaft zu Wein."[116]

Frühe Hochkulturen betrieben schon 9.000 v. Chr. eine Art Getreidebrauerei zu Genusszwecken. Mesopotamische Priester beispielsweise dürften teilweise bis zu fünf Liter Bier in sich hineingeschüttet haben.

Wein schaffte es erst 5.000 Jahre später auf die Getränkekarte, diesmal im alten Ägypten kultiviert. Dort wurde in höheren Kreisen ein Alkoholkoma fast als heilig angesehen. Bald schaffte es der Rebensaft über das Mittelmeer nach Europa, nach Griechenland und ins alte Rom. Trinkgelage gehörten in diesen Kulturen zum nächtlichen Gesellschaftsleben dazu.

Die Germanen übernahmen die Trinkkultur ihrer Nachbarn nur allzu gerne, allerdings ersetzte man nördlich der Alpen den Wein durch Bier oder Met. Wie auch bei den Ägyptern und den Griechen galt ein Trinkgelage als etwas Göttliches und wurde nicht verurteilt.

Christliche Missionare machten es sich später zum Ziel, Andersgläubigen das Saufen schlechtzureden und erließen Trinkverbote. Möglicherweise war das einer der Gründe, warum sie sich schon so früh bei anderen Völkern unbeliebt gemacht haben.

Viele Kulturen und Völker tranken über Jahrhunderte auch im Alltag Alkohol. Das begann schon beim Frühstück, allerdings waren diese alkoholischen Getränke, oftmals Wein, mit Wasser verdünnt. Da die Wasserqualität in früherer Zeit meist nicht die beste war, galt der „Spritzer" zum Frühstück, Mittag- und Abendessen als „Gesundheitsvorsorge".

Der Begriff Alkohol stammt aus dem arabischen Raum: „al kuhl", übersetzt „das Feinste". Interessant, dass in vielen arabischen Ländern aus Glaubensgründen Alkohol verboten ist.

Ursprünglich verbot der Islam Alkohol noch nicht. Im Koran findet man einige Stellen zu Alkoholgenuss. Eine davon lädt schon fast zum Trinken ein „von den Früchten der Palmen und Weinstöcke, woraus ihr euch einen Rauschtrank macht, und schönen Unterhalt. Darin liegt ein Zeichen für Leute, die Verstand haben." (Koran16:67)

In Wien ist der Alkoholgenuss wohl so alt wie die Stadt selbst. Schon die Kelten betrieben hier Weinbau, den die Römer dann weiter kultivierten.

Allerdings konnte mit der Wein-Herstellung oder der Biergärung nicht mehr als zehn- bis fünfzehnprozentiger Alkohol produziert werden. Das war der Menschheit nicht „berauschend" genug. So wurde einige Jahrhunderte nach der ersten Hefepilzgärung die Destillation erfunden.

Die ersten historischen Quellen von Spirituosenbrennereien stammen aus dem 8. Jahrhundert und kamen aus dem fernen Orient über Italien nach Europa. Im 12. Jahrhundert behielten vorerst Mönche, Apotheker und Alchemisten das Spezialwissen für sich und schafften sich so wieder ein Monopol. Aus 10 bis 15 Prozent wurden bis zu 50 Prozent. Die Wein- und Obstbrände genoss man anfangs weniger als Berauschungsgetränk, denn sie dienten vor allem medizinischen Zwecken. Lange wurde Alkohol als magisches Allheilmittel stilisiert, ewige Jugend und Gesundheit wurden versprochen.

Das Knowhow über Destillation war also exklusiv und die Herstellung teuer.

Im Laufe des 17. Jahrhunderts wurden die Destillationstechniken in Europa dahingehend verbessert, dass man kosteneffizienter produzieren konnte.

So konnte das „Feuerwasser“ einer breiteren Masse zugänglich gemacht werden. Bald aber nicht mehr nur zu Behandlungszwecken, sondern immer mehr zur vergnüglichen „Benebelung“. Die Geburtsstunde des Schnaps und ein Meilenstein in der Geschichte des Alkohols.

Wie auch schon sein niedrigprozentiger Vorfahre erfreute sich der hochprozentige Alkohol in allen Gesellschaftsschichten großer Beliebtheit. Eine Gelegenheit zu trinken gab es immer: „… von Lust wegen, von Liebe wegen, von Freundschaft wegen, von Gewohnheit wegen, Ehren wegen, Gesellschaft wegen, Wohlgeschmacks wegen, Fürwitz wegen, Übermuths wegen, Gehorsams wegen, Rühmen wegen, Langerweils wegen, Müßiggangs wegen, von Vortheils, Weinkauffs und Landschaffts wegen, … Handweks, Kunst, Geschenks wegen, schöner Frauen, Hochzeits, Kindtauffen wegen …“.[117]

Aber übermäßiger Alkoholkonsum, teilweise bis zur Bewusstlosigkeit, kristallisierte sich mit der Zeit immer mehr zu einem Problem heraus. Die Folgen des „nicht existenten“ Alkoholismus wurden immer deutlicher und so von der geistlichen und weltlichen Obrigkeit allmählich verpönt. Weniger aus humanitären als aus wirtschaftlichen Gründen, denn ein ständig alkoholisierter oder „hung-over“ Untergebener war keine effektive Arbeitskraft.

Fairerweise muss erwähnt werden, dass Trinkgelage in erster Linie ein Privileg des Adels waren. Exzessives „Bechern“ war nicht nur akzeptiert, es wurde fast erwartet, dass man bei gesellschaftlichen Anlässen reichlich Alkohol trank und davon gab es auch reichlich.

Karl der Große versuchte die „Sauflust“ seiner Untertanen mit Trinkverboten in den Griff zu bekommen, aber es nützte alles nicht. Ob alt oder jung, Biersuppe zum Frühstück, ein Paar Krügerl oder Viertel zu jeder Mahlzeit und abends kam man gerne mal zu einem kleinen Kampftrinken zusammen. Wer nicht mitmachte, spielte sich gesellschaftlich ins Aus. Somit sollte man das sogenannte „dunkle Mittelalter“ wohl eher in das „feucht-fröhliche Mittelalter“ umtaufen. Möglicherweise war der Alkohol auch auf gewisse Art ein „Ersatz für entgangene Fleischesfreuden. Denn die Kirche verpönte jegliche Sexualität, die nicht der Fortpflanzung diente. Und so musste man sich wohl ein anderes Ventil suchen, um überschüssige Energie loszuwerden. Hemmungsloses Trinken statt hemmungsloser Sex. Nietzsche formulierte es so: „Mittelalter, das heißt die Alkoholvergiftung Europas."[118]

In der Neuzeit ging die Obrigkeit dann schon strenger gegen Säufer vor. Trinklokale wurden geschlossen, Schankzeiten gekürzt und Verordnungen erlassen. Maximilian I. wagte es sogar, das sogenannte „Zutrinken", also Saufduelle, zu verbieten, womit er sich den Zorn der Fürsten im Reich zuzog.

Um die „Heiligung des Sonntags" nicht zu gefährden, wurde ein „Ausschankverbot an Sonntagvormittagen" eingeführt,[119] aber ohne große Erfolge.

Auch wenn höherprozentiger Alkohol mit der Zeit auch in Wien immer größeren Gefallen fand, blieben die traditionsbewussten Wiener ihrem Wein immer treu. Im 16. Jahrhundert lag der jährliche Weinkonsum pro Kopf bei ca. 250 Litern. „In vorindustrieller Zeit berichten die Quellen vor allem über hohen Alkoholkonsum des Adels, der Geistlichkeit und des städtischen Bürgertums, wobei Champagner, Wein und Bier eine besondere Rolle spielten. Im 17. Jahrhundert erhielten die Insassen des Bürgerspitals täglich 1,4 Liter Wein."[120]

Allerdings wandten sich die ärmeren Bevölkerungsschichten Wiens zu dieser Zeit aus finanziellen Gründen immer mehr dem billigeren Bier zu.

Es kam auch vor, dass berauschende Bilsenkrautextrakte Bier beigemischt wurden.[121]

Unter den Habsburger Kaisern dürfte Rudolf II. die größte Schnapsdrossel gewesen sein. Mit Beginn des 17. Jahrhunderts war sein Regierungsstil immer mehr von seinem Alkoholismus und seiner Schizophrenie beeinflusst und machte ihn bald amtsunfähig. Der selbstmordgefährdete Herrscher fühlte sich von Dämonen verfolgt, was auch den Umgang mit seinem Umfeld, vor allem mit seinen engsten Beratern, erschwerte. Er zog sich immer mehr zurück, mied das Rampenlicht und widmete sich seiner größten Leidenschaft: dem Sammeln von Kunst, dem Vernaschen junger GespielInnen und dem exzessiven Genuss von Hochprozentigem.

Maria Theresias Mutter, Elisabeth Christine, wurde, so sagte man, unfreiwillig zur Alkoholikerin. Die Monarchin hatte sich zu lange mit dem Schwangerwerden Zeit gelassen und so wurde der kaiserliche Ärztestab zu

Rate gezogen. Er sollte eine Lösung für das „fehlende Pflichtbewusstsein“ des majestätischen Uterus finden. Eine Fruchtbarkeitstherapie war schnell entwickelt. Ihrer Hoheit wurde angeblich nahegelegt, sich täglich Rotwein zu Gemüte zu führen, um ihre Empfängnischancen zu erhöhen. Allerdings soll die Habsburgerin die Kur zu ernst genommen und daraufhin fast täglich zu tief ins Glas geschaut haben. Böse Zungen behaupten, dass sie deshalb auf fast jedem Portrait besonders rosige Wangen hat.

Unter ihrer Tochter wurde dem „Saufen“ wieder Einhalt geboten. Maria Theresia führte die Branntweinsteuer ein, um die Produktion, vor allem den Pfusch, unter Kontrolle zu bekommen und nebenbei die Staatskasse wieder etwas aufzufüllen.

Abb. 41: „Die Tranksteuer wird zu Grabe getragen“ (Karikatur)

Das 18. Jahrhundert brachte in Wien einen herben Rückschlag für den Alkohol, während anfangs noch 160 Liter pro Kopf gebechert wurden, waren es zum Ende des Jahrhunderts nur mehr 100–120 Liter pro Kopf. Dies dürfte auf die schwierigen wirtschaftlichen Verhältnisse des Proletariats zu dieser Zeit zurückzuführen sein[122] und Bier war nun mal günstiger als der Rebensaft.

Nachdem Hopfen und Malz in den vorangehenden Jahrhunderten, vor allem bei der einfachen Bevölkerung, an Beliebtheit gewonnen hatte, wurde zur Zeit des Vormärz das Bierbusiness immer lukrativer. „1730 wurden in Wien 65 Liter Bier pro Kopf konsumiert, 1790 135 Liter, 1900 wurde der Höchststand von 163 Liter erreicht. 1736 wurde in Wien dreimal so viel Wein wie Bier getrunken, 1754 nur mehr doppelt so viel“ und „Ende des 18. Jahrhunderts überwog bereits der Bierkonsum; selbst in klassischen Heurigenorten entstanden Brauereien (Nußdorf, Grinzing, Hernals, Ottakring) …“ Es wurde bald auch „… zum Modegetränk der Intelligenz (Brauhäuser); in der Stadt und in den Vorstädten entstanden zahlreiche Bierhäuser, in denen sich die geistige Elite traf.“[123]

Eine Bilderbuchkarriere, die der „Gerstensaft“ in Wien hinlegte!

Im 19. Jahrhundert missfiel der Obrigkeit der Umgang mit Spirituosen zunehmend.

„Branntwein“ wurde „zu einem fixen Bestandteil der Ernährung“ des Proletariats. „Mitte des 19. Jahrhunderts betrug der Branntweinverbrauch in Österreich-Ungarn zehn Liter pro Kopf (1910 immerhin noch 5,5 Liter, 1984 in Österreich 1,5 Liter). Die in den 1870er-Jahren breitere Schichten der Arbeiterschaft erfassende sozialdemokratische Bewegung erkannte die darin liegende Gefahr und suchte ihr durch entsprechende Aufklärung entgegenzuwirken (Arbeiterabstinenzbewegung; „der denkende Arbeiter trinkt nicht“), doch ließ es sich nicht umgehen, dass sich die Wirtshäuser zu Zentren der politischen Organisation entwickelten, weil sie in ihren Hinterzimmern Möglichkeiten zur Versammlung boten. Auch als größere Massen zusammentrafen, geschah dies vorwiegend in den großen Gasthäusern Wiens.“[124] Eine gesellschaftliche Angewohnheit, die die Wiener bis heute zelebrieren.

„Im Mittelalter“ ist „der tüchtigste Trinker ein Held gewesen“. In der beginnenden Neuzeit begann dann „der Abstieg des Helden zum Psychopathen. Das lässt die Entwicklung des Wortes ‚Sucht‘ genauestens ablesen: Es bedeutet ursprünglich im ganz neutralen Sinne ‚Krankheit‘ und gewinnt erst im 16. Jahrhundert die zusätzliche Bedeutung des Triebhaften.“[125] Heute geht man in dieser Hinsicht immer mehr „back to the roots“, Alkoholismus wird wieder in seiner ursprünglichen Bedeutung gesehen, als Krankheit und als Sucht nach einer der wenigen legalen Drogen.

Opium

Schon die Sumerer priesen die „Pflanze der Freuden“, also Mohn, im Alltag, bei Feierlichkeiten und in ihrer Kunst; sie hatte sogar ihre eigene Göttin. Damals wie heute wird die noch unreife Mohnkapsel abends angeritzt, um den austretenden Saft, griechisch *opos*, noch vor Tagesanbruch zu gewinnen. Dieses Säftchen wird dann als Opium bezeichnet.

Bei den alten Griechen und Römern war der Mohnsaft ein beliebtes Anästhetikum, wurde aber auch gerne mal als Antidepressivum, zum Selbstmord oder Mord genutzt. So wussten schon die antiken Kulturen von der Vielfältigkeit des Naturprodukts und deren Dosierung. Kaum eine andere Droge wirkte in solchem Maße gegen Schmerzen und ließ den Patienten obendrein noch angenehm wegdösen.

Auch der Kirche war die Wirkung von Opium nicht unbekannt. Der Reichenauer Benediktinerabt Walahfrid Strabo sprach es 827 sogar „heilig“: „Weiter soll des geheiligten Mohn gedacht sein, daß ihn Latona gegessen habe, … um im ersehnten Vergessen Befreiung von unendlichen Sorgen zu erhalten.“[126] Heinrich Cornelius Agrippa von Nettesheim (1486–1535), der bekannte Schwarzmagier und das mögliche Vorbild der literarischen Faust-Figur, empfahl in seiner Schrift *De occulta philosophia* (1510) die Dämpfe von Opium, Mandragora und Bilsenkraut zur Kontaktaufnahme mit der Geisterwelt. Dagegen schreibt ein Züricher Apotheker um 1479 über das Opium: „Es fürdrot den Schlaf und stillet die schmertzen im Haupt, so von hitz kumpt; … es ist narcoticum und zerstört den sinn und die verstandnusß … aber ich hab ein schröcken davor …“.[127]

Opium war ein weit verbreitetes Narkotikum. Es wurde zu Schlafpillen, Schlaftränken oder Tinkturen verarbeitet. Jahrhundertelang war die *Spongia somnifera*, ein in Opiumwasser getränkter Schwamm, als Anästhetikum gang und gäbe. Dieser wurde unter die Nase gehalten und so konnte der Wirkstoff über die Schleimhäute aufgenommen werden.[128]

Kaiser Friedrich III., der erste und letzte Habsburger, der in Rom vom Papst zum Kaiser des Heiligen Römischen Reichs gekrönt wurde, dürfte ein besonders harter Knochen gewesen sein. Obwohl sein Leibarzt ihm empfahl, sich für seine Beinamputation unter eine Art Opiumnarkose setzten zu lassen, verweigerte dieser die Betäubung, da er befürchtete durch diese Behandlung „unsinnig“ zu werden. So soll er die Operation bei vollem Bewusstsein „genossen“ haben. Da fragt man sich, was wohl die schlimmeren psychischen Folgen hatte, eine Opiumanästhesie oder die Höllenqualen einer Beinabnahme.

Das amputierte Körperteil ließ er bis zu seinem Tod aufbewahren, um es dann dem Rest seiner sterblichen Überreste in den Sarkophag beizulegen. Er wollte nicht einbeinig vor die Himmelspforte treten müssen.

Es war bekannt, dass die „Fehleinnahme“ von Opium zu schwerwiegenden psychischen Störungen, also zu Irrsinn führte.

Aber die Erkenntnis, dass Opium wie auch andere Drogen eine mögliche Sucht zur Folge hatte, kam der Menschheit über Jahrhunderte kaum. Symptome einer Abhängigkeit wurden als Nebenwirkungen abgetan. Erst im 19. Jahrhundert wurde Drogensucht als solche „anerkannt“.

Zum Ende des Mittelalters und der Frühen Neuzeit wurden Mediziner vorsichtiger mit dem Gebrauch und der zu hohen Dosierung des beliebten Schlaf- und Betäubungsmittels. So warnte der Leibarzt der Habsburgerkaiser Ferdinand I. (1503–1564) und II. (1578–1637), Mattioli (1501–1577), vor einer unkontrollierten Einnahme der Droge. In seinem *Kreutterbuch* mahnte er: „… es gehörtet nicht in Leib, denn im fall der grossen not, als da ist stetiges wachen und unruh, unleidlich verzweifelte Schmerzen, da sonst keine Artzney helffen will, da mag man es brauchen, doch mit bescheidenheit, … denn wo man es liederlich in leib nimmt, tödelt es die wärme und brint den Menschen schlaffendt um.“[129]

Auch Kaiser Ferdinand I. von Österreich (1793–1875) mit dem schönen Beinamen, der Gütige, der bekannterweise an Epilepsie litt, dürfte schon recht früh mit Opium behandelt worden sein.

Bis ins 16. Jahrhundert wurden Opium und opiumhaltige Präparate fast ausschließlich zu medizinischen Zwecken eingesetzt. Im Wien des 19. Jahrhunderts war es rezeptfrei und recht günstig in jeder Apotheke erhältlich. Es sollte bei nervösen Zuständen oder bei Schlafstörungen helfen, bei Erwachsenen und Kindern. Erst zum Ende des Jahrhunderts wurden die sogenannten

„Allheilmittel" immer teurer. Zur Jahrhundertwende konnten sich fast nur mehr wohlhabende Kranke eine unter Umständen wirkende Medikation leisten.

Opiumgenuss – Sucht inklusive

Erst im 19. Jahrhundert sprach sich in Wien herum, dass Opium im Orient zum lustvollen „Zudröhnen" genutzt wurde. Doch da sich hierzulande der Alkohol seit jeher als „Lieblingsberauscher" durchgesetzt hatte, dauerte es etwas, bis sich das Rauschgift als Genussdroge etablieren konnte.

Einer der wenigen Hinweise, dass Opium schon früher als psychoaktive Droge genutzt wurde, sind Hexensalben. Allerdings „gibt es … nur wenig Material über die tatsächliche Anwendung derartiger Mittel und so lassen die Aussagen in Hexenprozessen keinen direkten Schluß auf eine vermehrt aufgetretene Verwendung von Hexensalben zu Rauschzwecken zu."[130]

Ein Habsburger, der Opium nicht aus medizinischen Gründen konsumierte, war der vermeintliche Thronfolger Franz Josephs, Franz Ferdinand. Er tauchte gerne mal mit Hilfe von Drogen in andere Welten ein. Bei einer Chinareise befasste er sich intensiv mit der berauschenden Wirkung des Suchtmittels. Möglicherweise war es auch nur ein Betäubungsversuch, bevor er sich mit 52.000 schmerzhaften Stichen tätowieren ließ.

In Asien florierte der Opiumhandel schon lange, bevor er in Europa Einzug hielt. Der Opiummissbrauch entwickelte sich jedoch besonders in Ostasien allmählich zum gesundheitlichen und volkswirtschaftlichen Problem.

Den wohl wichtigsten Produzenten von Opium im 19. Jahrhundert fand man im britischen Kolonialreich Indien. Die teetrinkenden Herrscher etablierten sich hier ein Opiummonopol. Sie gründeten sogar eine staatliche Opiumagentur, die *East India Company*, zur effizienten Administration der Drogenherstellung und des Exports. Billige Arbeitskräfte waren auch zur Hand, indische Bauern mussten auf Schlafmohnanbau umstellen und die Ernten der „Freudenpflanze" an die britischen Opiumfabriken liefern.

Abb. 42: Geschäftiges Treiben in einem Kontrollsaal einer Opiumfabrik in Patna, Indien

Abb. 43: Geschäftiges Treiben in einem Trocknungssaal einer Opiumfabrik in Patna, Indien

Abb. 44: Geschäftiges Treiben in einer Lagerhalle einer Opiumfabrik in Patna, Indien

Von Indien ging es dann per Schiff nach China, dem mit Abstand besten Kunden der Briten. Damals sollen bis zu 40 Millionen Chinesen opiumabhängig gewesen sein.

Somit kann sowohl der Aufstieg des britischen Empires als auch der Niedergang des chinesischen Reiches anhand der Opium-Geschichte erzählt werden. Und so spielte die Schlafdroge auch eine nicht unwesentliche Rolle für die moderne Weltordnung.

Im ersten Viertel des 20. Jahrhunderts gingen die Weltregierungen das Drogenproblem gemeinsam an. Es wurde eine Opiumkommission gegründet und es folgten zwei internationale Opiumkonferenzen (1911/12 und 1925), bei denen der Handel mit Drogen für die Pharmabranche reguliert und der private Gebrauch verboten wurde.

Opiumpräparate

Morphium

Im Laufe der Zeit wurden einige bekannte Medikamente aus Opium gewonnen.

Schlafmohn und das daraus „geerntete" Opium kannte und verabreichte man schon seit Jahrhunderten, aber das heute noch bekanntere Morphium gesellte sich erst Anfang des 19. Jahrhunderts zu seinen berauschenden Vorfahren. Dem deutschen Apotheker Friedrich Wilhelm Sertürner (1783–1841) gelang es, das prominente Schmerzmittel aus Opium zu gewinnen und er benannte es nach dem griechischen Gott der Träume, Morpheus. Als dann Mitte des Jahrhunderts die Injektionsspritze erfunden wurde, feierte das Betäubungspharmazeutikum seinen Durchbruch in Europa. Man konnte das Wundermittel in vielen Formen verschrieben bekommen, als Pulver, Tinktur, Injektion oder, besonders beliebt, in Zäpfchenform.

Wie so viele andere Drogen wurde Morphium anfangs hauptsächlich als Heilmittel verwendet, wurde bald aber auch zur „Genussdroge". Die Anzahl der User wurde immer größer, sodass diese sogar einen eigenen Namen verliehen bekamen und zu einer Art Bewegung wurden: Die Morphinisten.

„Morphinisten konnten zwar legal mit ärztlichem Rezept kleine Mengen beziehen, um allerdings an die im Laufe einer Suchtgeschichte immer größer werdenden benötigten Mengen – 4080 Spritzen täglich – heranzukommen, mussten Ärzte belogen und Rezepte gefälscht werden … Dass der Morphinismus um die Jahrhundertwende ein verbreitetes Phänomen war, zeigen immer wieder auftretende Anzeigen in den Tageszeitungen, wie etwa der ‚Neuen Freien Presse', für Sanatorien, die sich auf Entziehungskuren bei Alkoholismus und Morphinismus spezialisiert hatten, beispielsweise in der Vorderbrühl nahe bei Mödling oder in Spittal an der Drau in Kärnten."[131]

Auch das Kaiserhaus kam immer wieder mit der Droge in Berührung.

Kronprinz Rudolf wurde Morphin gegen eine Bronchitis verschrieben – offiziell nur für die Dauer der Krankheit. In einem Brief an seine Göttergattin Stephanie schreibt er: „Meinen Husten kann ich nicht loswerden, oft hört es für viele Stunden auf, dann kommen wieder förmliche Krämpfe, die besonders bei Diners und dergleichen Sachen sehr lästig sind. Ich bekämpfe das mit Morphin, was an und für sich schädlich ist. In Abbazia werde ich damit aufhören …“.[132] Aber er dürfte doch noch gelegentlich mehr oder weniger vom Morphium genascht haben.

Auch seine Eltern waren keine Kinder von Traurigkeit, beide waren Suchtmitteln gegenüber nicht abgeneigt. Ob nun zum Vergnügen oder zu medizinischen Zwecken.

Kaiserin Elisabeth beispielsweise nahm es fast monatlich in Zäpfchenform ein und linderte so ihre Menstruationskrämpfe.

Heroin

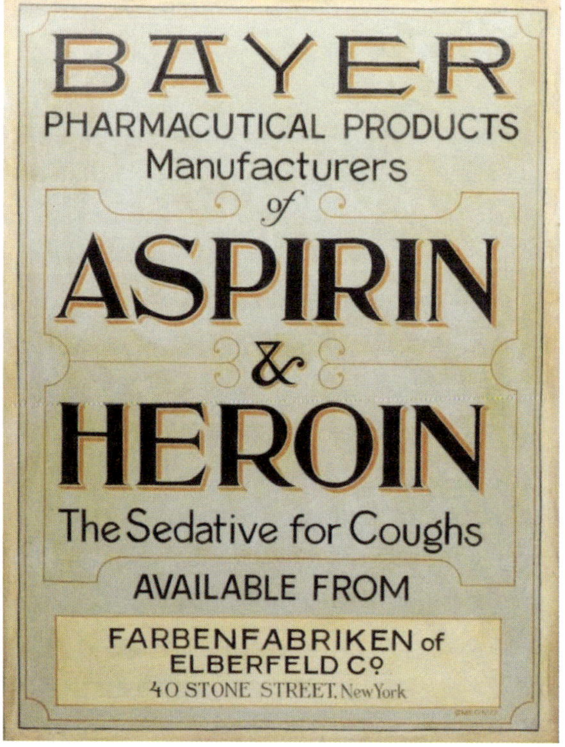

Abb. 45: Werbeschild von Bayer für US-Apotheken

Der wohl prominenteste Abkömmling von Morphin ist Heroin, benannt nach dem griechischen Heros. Die eigentliche Idee bei der Entwicklung der neuen Droge war es, ein Medikament zu schaffen. Es sollte so schmerzstillend wie Morphium sein, aber ohne die nervige Nebenwirkung einer Abhängigkeit. Der Schuss ging nach hinten los und das Resultat war das genaue Gegenteil, wohl schmerzstillender, dafür aber mit erhöhtem Suchtpotenzial.

Erzherzog Franz Ferdinand war auch hier ein dankbarer Konsument. Ob nun sein Lebensstil, seine Reisen oder der Ring-Straßen-Feinstaub für seine Tuberkulose verantwortlich war, sei dahingestellt, jedenfalls versuchte sein Leibarzt Viktor Eisenmenger (1864–1932) die unterschiedlichsten Behandlungsmöglichkeiten, um die Lungen des Thronfolgers zu heilen. Aufenthalte in den schönsten Kurorten des Reiches, Ägypten und Madeira oder eine kleine Foxterrierhündin namens Mucki, jedes Mittel war dem Mediziner recht, um den von der Krankheit gezeichneten Kronprinzen wieder auf die Beine zu bringen. Gegen den ermüdenden Husten verabreichte man ihm traditionsgemäß Codein, Morphium und schmerzlinderndes Opiumgurgelwasser. Auch Heroin sollte gegen sein Leiden helfen.[133]

„Das Medikament wurde damals weltweit in 12 Sprachen als hervorragend und nicht suchterzeugendes Mittel gegen Husten und bei Lungenkrankheiten beworben und von Ärzten gepriesen …“[134]

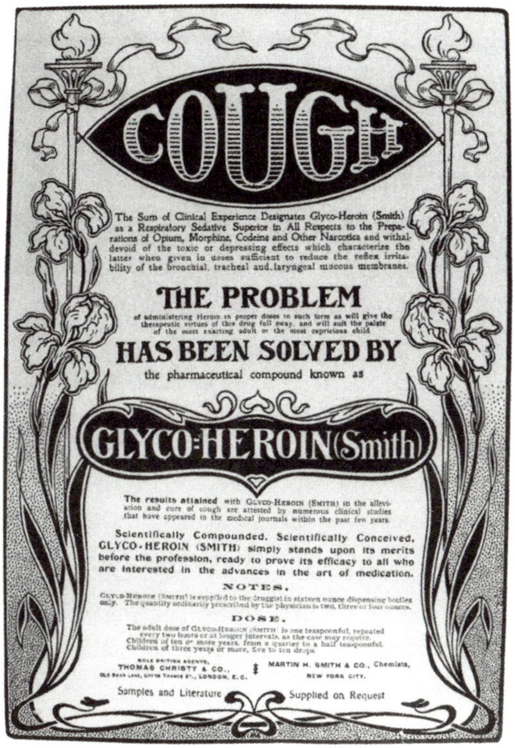

Abb. 46: Werbung für Hustenmedizin mit Heroin

Heroin sollte oral eingenommen werden und besonders gut gegen Erkrankungen der Luftwege, des Herzens und des Kreislaufs helfen. Aber auch „krankhaftem Verhalten“, wie zum Beispiel Onanie oder Nymphomanie, wurde damit der Kampf angesagt.

Es sollte nicht zur Sucht führen und wurde als Ersatzdroge für Morphiumabhängige empfohlen. Die einzige Nebenwirkung, von der man wusste, war Verstopfung.[135]

Das berauschende Kraut ist keine Entdeckung der Gegenwart, schon 7.000 v. Chr. soll es angebaut und geraucht worden sein.

Wie die Pasta dürften die Chinesen auch Hanf lange vor den Europäern kultiviert haben. Die erste schriftliche Erwähnung findet das „Wunderkraut" knapp 3.000 v. Chr. beim chinesischen Kaiser SheNung. Er ließ die heilende Wirkung im Kampf gegen Malaria, Beri-Beri (Vitamin B-Mangel), Rheuma oder Frauenleiden einsetzen.[136]

Aber auch gegen Geistesabwesenheit soll Hanf geholfen haben; interessant, wie sich die Wirkung von gewissen Substanzen über die Jahrhunderte ins Gegenteil wenden kann.

Auch das antike Griechenland wusste von dem betörenden Rauch des Krautes. Bei Herodot gönnten sich die Skythen gerne einmal eine „Hot Stone Kur". Sie streuten in Zelten sitzend die Samen auf erhitzte Steine und genossen die berauschende und, wie sie meinten, reinigende Wirkung. (Herodot; *Historien*, 4,75)

„Haschisch spielte eine wichtige Rolle bei der Ausbreitung des Islams, da er den Kriegern Mut und Todesverachtung einflößte. Seine Bedeutung sollte in der Verfallsperiode des Volkes nicht geringer werden. Der Hauptgrund dafür, daß der Haschischgenuß gerade in Ägypten dermaßen um sich griff, ist die Fremdherrschaft, die bis in die Neuzeit im Lande bestand und die zu Armut, Gleichgültigkeit und Hoffnungslosigkeit führte. Es war ja auch die Fremdherrschaft, welche die Chinesen, Opiumsklaven und die Indianer meskalinsüchtig werden ließ."[137]

Über einen kleinen Umweg über die Mongolei und Indien kam Hanf nach Europa. Schon seit dem ersten Kreuzzug (1096–1099) dürfte Cannabis gebräuchlich gewesen sein. Wie so vieles andere war auch dies eine Domäne der Geistlichen. Sie wussten es als Pharmazeutikum einzusetzen, vor allem bei Rheuma oder Erkrankungen der Atemwege.

Aber seinen Durchbruch in der westlichen Welt hatte Cannabis erst im 18. Jahrhundert. Da der Cannabishandel doch lukrativ war und die Wirtschaft in gewisser Weise förderte, tolerierten die europäischen und amerikanischen Regierungen sogar den Anbau. Und bei den Konsumenten drückten sie ein Auge zu.

„Im 19. Jahrhundert wurde Cannabis in der Medizin gegen Krämpfe, Husten, Asthma, Migräne, Appetitlosigkeit, Schlafstörungen, Menstruationsbeschwerden und später auch als Ersatzstoff für Morphin verordnet."[138] Auch gegen Neurosen, Hypochondrie, Hysterien und gegebenenfalls auch gegen Syphilis sollte das berauschende Gras helfen.

Auch Kaiserin Elisabeth war Cannabis nicht abgeneigt, so bestand ihr Hustenpulver aus kaum etwas anderem und sie bevorzugte das Naturprodukt gegenüber Codein. Ihre Zeitgenossin Queen Victoria linderte damit ihre Menstruationsschmerzen.

In der Literatur wurde das berauschende Kraut nicht nur einmal beschrieben. Beispielsweise in *1001 Nacht* im Märchen vom *Haschischesser*. Oder in Dumas' *Graf von Monte Christo*. In der zweiten Hälfte des 19. Jahrhunderts wurde in Frankreich sogar ein Club der Haschischesser gegründet, mit Prominenten Mitgliedern wie Alexandre Dumas (1802–1870) oder Victor Hugo (1802–1885). Sie trafen sich monatlich, naschten orientalische Leckereien und rauchten sich ein.

Mit dem Ende der Monarchie kam auch der Abstieg für Cannabis. Es wurde, zumindest medizinisch, immer weniger genutzt.

In der Zwischenkriegszeit, den 30er Jahren des 20. Jahrhunderts, wurde Marihuana dann ob seiner „berauschenden Gefährlichkeit" verboten.

Cocain

Schon die Inka kauten gerne die Blätter der Koka-Pflanze, da dies jegliche Erschöpfung sowie Hunger- und Durstgefühl wie durch Zauberhand verschwinden ließ. Sie konnten länger arbeiten und härter feiern. Eigenschaften, die Kokser bis heute sehr an der Droge schätzen.

Ihren Weg nach Europa fand die Koka-Pflanze erst 1544, wo sie bald ein beliebtes Aufputschmittel wurde.

Auch die Habsburger waren daran nicht unbeteiligt. Von ihrer Weltumsegelung (1857–1859) brachte die *SMS Novara*, Österreichs Vorzeige-Fregatte, einen Haufen Kokablätter mit in die Heimat zurück. Bald darauf gelang dem deutschen Pharmakonzern Merck, das reine Alkaloid zu isolieren – die Geburtsstunde des Kokains. Wie auch Opium wurde es vorerst hauptsächlich zu medizinischen Zwecken als Anästhetikum genutzt, aber später auch gegen Husten, Depressionen und Syphilis. Es war ein beliebtes Mittel, um die Qualen bei zahnenden Kindern zu lindern. Werbungen für Kokainbonbons für Kleinkinder fand man in jeder Zeitung, illustriert mit Bildern lachender Kinder auf Koks.[139]

„Ab dem Jahr 1880 wurde Cocain als Universalheilmittel in allen gängigen Tageszeitungen angepriesen. So bewarb etwa die Engelapotheke am Hof in der Tageszeitung *Die Presse* ein Medikament, das die Entfaltung der ‚vollen Heilkräfte der Cocapflanze' versprach. ‚Dem Gebrauche von Coca, in Peru seit Urzeiten heimisch, schreibt Alexander v. Humboldt das totale Fehlen von Asthma und Tuberculose auf den Anden zu. Alle Süd-Amerika-Reisenden wie die Koryphäen der Wissenschaft aller Länder sind darin einig, daß keine Pflanze des Erdballs so glückliche Heilwirkung auf die Organe der Athmung und Verdauung mit solch enormen Kräftigung des Muskel- und Nervensystems vereinigt, als die Coca (durch sie allein bleiben die Peruaner bei härtester Arbeit wochenlang vollkräftig)" Im Angebot standen Kokspillen gegen „Hals-, Brust- und Lungenleiden" und die harmlos klingende Kombination von Kokspillen mit Wein sollte „Magen-, Leber-, Unterleibs- und Hämorridalbeschwerden"[140] lindern. Ein kleiner Cocktail aus Kokainpillen und Spiritus versprach auch Heilung bei Nervenleiden oder Impotenz. Fraglich, was den Patienten im Endeffekt mehr schadete – das Leiden oder die Medikation.

Wissenschaftler wie auch Ärzte experimentierten unaufhaltsam mit dem „faszinierenden" Rauschgift. Der wohl bekannteste war Sigmund Freud. Er war der größte Fan des, wie er es nannte, „Zaubermittels". Noch bevor er sich an die Psychotherapie wagte, experimentierte er, wie schon einige Ärzte vor ihm, an sich selbst herum. Er nahm täglich zwischen 50 und 100 mg Kokain zu sich,

Statt jeder besonderen Anzeige.

Sándor Grünwald,

Wien, 25. April 1887.

Bücher u. Bibliotheken

Villányer Dessert-Wein

Schweinschmalz.

E. Stanzel & Co.

Gestützt auf eine dreissigjährige Erfahrung und auf die Anerkennung wissenschaftlicher Autoritäten liefere ich unter Garantie

Brillen und Lorgnetten mit anerkannt guten Gläsern von fl. 1.50 aufwärts.

Theater-Perspective mit bewährten Verbesserungen von fl. 5.— aufwärts.

Feld-Perspective, mit vorzüglichen Gläsern zu Doppel-Fernrohre mässigen Preisen.

Simon Waldstein

k. k. Hof-Optiker,

WIEN, I., Kohlmarkt Nr. 5, vis-à-vis der Wallnerstrasse.

Todes-Anzeige.

Therese Würzl, geb. Hermanus,

Wien, den 25. April 1887.

Die tieftrauernde Familie.

Statt jeder besonderen Anzeige.

HOUDÉ'S PASTILLEN AUS CHLORHYDRAT VON COCAIN

Dank ihrer *schmerzstillenden* Eigenschaften bilden diese Houdé'schen Cocain- Pastillen eine der wunderbarsten Entdeckungen auf dem Gebiete der modernen Heilkunde. Sie verschaffen sofortige Erleichterung und stillen den Schmerz bei ***Halsweh, Heiserkeit, Verlöschen der Stimme, Kehlkopf-Affectionen, Bräune*** und ***Asthma-Anfällen.*** Mit ihrem Gebrauch hört das ***Prickeln*** und ***Kitzeln*** auf und werden die ***Stimmsaiten*** gekraeftigt; ebenso erfolgreich werden sie zur Bekämpfung von ***Affectionen*** der ***Speiseröhre*** und des ***Magens, Gastralgie, Erbrechen*** und ***Seekrankheit*** angewendet.

GENERAL DEPOT:

A. HOUDÉ, 42, rue du Faubourg-Saint-Denis, PARIS

Haupt-Depot in Wien: Apotheke "Zum schwarzen Bären" I Lugeck.

R. GEBURTH,

k. k. Hof-Blaschnist,

Wien, VII., Kaiserstrasse 71.

Koch - Herde,

Tafel - Herde,

Regulir-Füll-Oefen,

Dörr- und Trocken-Apparate

Musterbücher unentgeltlich.

N. Fritzner BERLIN

Flaschen-Verschlüsse

HAUPT-DEPOT in Wien: Friedr. Siemens

I., Jacobergasse Nr. 6.

Specialität: Alle Gattungen Flaschen genau passend für mechanische Verschlüsse

G. Bernhardt's Söhne

Königl. sächsische Landes-Lotterie

Magenleiden und ihre Folgen!!

„Dr. Rosa's Lebens-Balsam."

Warnung!!!

Dr. Rosa's Lebens-Balsam

B. Fragner,

„Prager Universal-Haussalbe",

Gehörbalsam.

Neuer Patent-Dampf-Desinfections-Apparat.

Wilhelm Brückner,

Wien, III., Baumgasse 5.

An Fabrikanten von Novitäten.

C. Pietrasanta & Co., Mailand, Italien

Beste, billigste, feuersicherste Dachdeckung.

Stein-Dachpappe

Gebrüder Markl

in Rabenstein bei St. Pölten.

BECHER'S KARLSBADER ENGLISCH-BITTER

Bei der städt. Sparkasse in Olmütz findet ein

absolvirter Handelsschüler,

Saxlehner's Bitterwasser „Hunyadi János Quelle"

Durch Liebig, Bunsen, Fresenius begutachtet. Von ersten medizinischen Autoritäten empfohlen.

Das bewährteste anerkannt vorzüglichste Bitterwasser. Man beliebe zu verlangen: Saxlehner's Bitterwasser.

Hell's Tamarinden-Pastillen

Preis einer Schachtel 75 kr. Oe. W.

Abb. 47: Werbung für Cocain Pastillen Allheilmittel,
Neue Freie Presse, 25. April 1887

um die euphorisierende, stimulierende und vor allem antidepressive Wirkung zu testen und dokumentierte diese in seiner Abhandlung *Über Coca*. Zu dieser Zeit erkannte der geniale Psychiater die Gefahr einer Sucht noch nicht.

Freud interessierte auch Kollegen dafür, sich eindringlicher mit der Droge zu befassen. So kam auch der Augenarzt Carl Koller (1857–1944) zu seiner Forschung über die schmerzstillende Wirkung von Koks, in erster Linie für das Auge. In Folge begründete er die moderne Lokalanästhesie.

Einige Jahre später versuchte Sigmund Freud, einen morphiumabhängigen Kollegen mit Kokain zu behandeln – mit dem „überraschenden“ Resultat, dass dieser von beiden Drogen abhängig wurde. Erst dann erkannte der „Vater der Psychoanalyse“ die katastrophalen Folgen dieses Rauschgifts und bezeichnete Kokain nach Alkohol und Heroin als „dritte Geißel“ der Menschheit.[141]

In der höheren Gesellschaft wurde Kokain bald zur Modedroge – Feiern machte so mehr Spaß.

Selbst die Kaiserin war eine glühende Anhängerin des weißen Golds. Sie hatte auch immer eine Koksspritze dabei, die man bis heute im *Sisi-Museum* bewundern kann. Wie oft sie es tatsächlich genommen hat, ist unklar, aber bekanntlich wirkt es appetitzügelnd und, solange der Nachschub nicht ausgeht, auch stimmungsaufhellend und sowohl ihre schlanke Figur als auch Depressionen bestimmten Sisis Leben.

Der steigende Kokskonsum führte zu einer erhöhten Nachfrage und so zu einem florierenden Welthandel mit der „Wunderdroge“.
„Die Verbotsbewegung“ gegen das weiße Gold „entstammt erst dem 20. Jahrhundert – erst Rahmen der Prohibition-Laws“ aus den 20er-Jahren „verboten die USA die Benutzung“ und „den Import. Der Welthandel brach zusammen, die Koka-Bauern in Bolivien und Peru verarmten. Aber noch bis 1948 hatte Coca-Cola Bestandteile der Kokapflanze; die amerikanischen Soldaten, die Coca-Cola im Krieg tranken, benutzten also das alte indianische Aufputschmittel Koka.“[142]

„Heilmittel" und „geheime" Krankheiten

Wie im Kapitel „Sex" beschrieben, waren Geschlechtskrankheiten damals wie heute gang und gäbe. Allerdings zu einer Zeit, in der sexuelle Aufklärung und Verhütung für die Menschen, ob reich oder arm, noch Fremdwörter waren. Somit stellten diese und andere Krankheiten ein viel ernsteres Problem dar.

Syphilis und Gonorrhoe waren in Wien besonders verbreitet. Die Stadt war um 1900 mit venerischen Krankheiten verseucht, es hatte fast epidemische Ausmaße. In beinahe jeder Straße fand man mehr als einen „Spezialarzt für Haut- und Geschlechtskrankheiten." In den meisten Zeitungen inserierten Fachärzte und Kurpfuscher sogar täglich – sie versprachen eine „diskrete Heilung".

Sie wurden „geheime Krankheiten" genannt, Krankheiten, über die man nicht offen reden sollte und die man mit anderen Krankheiten verschleierte. Sogar Ärzte vermieden es, solche Diagnosen klar auszusprechen oder zu dokumentieren. Es galt als unschicklich und man wollte den Patienten unter keinen Umständen in Verlegenheit bringen.

„… außer der gesellschaftlichen Bedrückung, die ständig zur Vorsicht und Verheimlichung zwang, überschattete damals noch ein anderes Element die Seele nach und selbst in den zärtlichsten Augenblicken: die Angst vor der Infektion."[143]

Schlechte hygienische Verhältnisse bei der Arbeiterklasse wie auch fehlende Verhütung und Aufklärung führten zu der rasanten Verbreitung von Geschlechtskrankheiten:

„…im Stillen schleichen die Krankheiten herum, von denen man um Gottes Willen nicht reden darf, über die die Männer untereinander dumme Witze machen und über die auch die Ärzte nicht laut reden dürfen – die Geschlechtskrankheiten. Es ist unsittlich, junge Leute davor zu warnen oder ihnen Vorsichtsmaßnahmen zu empfehlen. Kein anständiger Arzt darf das Schamgefühl der Menschen durch Erwähnung dieser Krankheiten verletzen". Es wird behauptet, „daß jeder zweite Mann, der zwanzig Jahre alt ist, eine solche Krankheit hat oder durchgemacht hat",[144] schrieb Otto Friedländers in seinem Buch *Letzter Glanz der Märchenstadt.*

4 Wien, Mittwoch — Neues Wiener Abendblatt. — 23. Oktober 1889. — Nr. 292

* (Die Ehe des Fürsten von Monaco.) Demnächst soll die bereits angekündigte Vermälung der verwitweten Herzogin von Richelieu, geborne Margarethe-Alice Heine, Tochter des Herrn Bankiers Michel Heine (des Vetters von Heinrich Heine) mit dem regierenden Fürsten von Monaco stattfinden. Die Herzogin von Richelieu hat aus ihrer ersten Ehe einen Sohn von vierzehn Jahren.

* (Erweiterung der Wr.-Neustädter Militärakademie.) Mit dem begonnenen Schuljahre ist eine erhebliche Erweiterung der Militärakademie zu Wr.-Neustadt eingeleitet worden. Um dem großen Andrange von Aspiranten zu entsprechen, wird nämlich zu den bisher bestehenden zwei Parallelklassen jedes Jahrganges noch eine dritte treten; die Errichtung dieser dritten Abtheilung bei dem ersten Jahrgang ist bereits durchgeführt worden. An Raum fehlt es in der Akademie, welche ja bis vor wenigen Jahren aus vier Jahrgängen zu zwei Abtheilungen bestand, keineswegs. Man wird zunächst einige Luxusräume zu Nutzräumen umwandeln. Der Lehrkörper und das Personal wird sukzessive eine Vermehrung erfahren, welche jedoch keine nennenswerthen Mehrkosten erfordern.

* (Aus Gutenstein) wird uns geschrieben: Am Sonntag erstattete Reichsraths-Abgeordneter Adametz in einer Wählerversammlung seinen Rechenschaftsbericht und wurde ihm der Dank und das Vertrauen der Wähler votirt. — Nachträglich sei auch noch über eine sehr zahlreich besuchte Versammlung des landwirthschaftlichen Bezirksvereines Kirchberg a. d. Pielach berichtet, in welcher der niederösterreichische Landes-Wanderlehrer, Herr Josef Höfer, sowie der niederösterreichische Landes-Thierarzt aus Gutenstein, Herr Sigismund Berstl, mit großem Beifalle aufgenommene landwirthschaftliche Vorträge hielten.

* (Die Radetzky-Husaren und das Radetzky-Denkmal.) …

… verstanden es in dieser Beziehung, ohne große Auslagen für Kommissionen, für Vor- und Nachstudien und technische Augenscheine 2c. 2c. sich vor den Verheerungen des Hochwassers zu schützen, indem sie eben die Dämme weit hinter dem Vorlande anlegten und so den entsprechenden Platz für das Hochwasser schufen. Die Bevölkerung konnte dazumal viel ruhiger sein als jetzt, ganz abgesehen von den fast unerschwinglichen Beiträgen zu den Etschregulirungsbauten."

* (Das Andenken des Vaters.) Aus San Remo wird uns vom 19. d. geschrieben: Prinz Heinrich von Preußen kam gestern in Begleitung des Admirals Hollmann und eines Adjutanten hier an und ließ Herrn Marsoglio, den Besitzer der Villa Zirio, ersuchen, ihm den Schlüssel des seit dem Aufenthalte Kaiser Friedrichs III. nicht bewohnten Hauses zu leihen. Der Prinz ließ hierauf die Villa öffnen und betrat das Haus, an welches sich für ihn so schmerzliche Erinnerungen knüpfen, allein, um 1½ Stunden darin zu verweilen. Der Prinz verließ das Haus hierauf in sichtbarer Rührung, vom zahlreich versammelten Publikum stumm, aber herzlich begrüßt, und reiste sofort nach Genua weiter, nachdem er dem Bürgermeister 3000 Francs für die Armen von San Remo übergeben hatte.

* (Ein See-Ungeheuer.) Von unserem Pariser Korrespondenten wird uns geschrieben: In der Nähe von Trakou wurde ein Haifisch, der nicht weniger als 1500 Kilogramm wiegt, aus dem Meer gezogen. In dem Leibe dieses See-Ungeheuers wurden Reste menschlicher Gliedmaßen vorgefunden. Man vermuthet, daß dieselben von einem Matrosen herrühren, welcher vor Kurzem auf bisher unerklärte Weise verschwunden ist. Die behördlichen Erhebungen wurden eingeleitet.

Theater für heute. Hofburgtheater: „Die Maler." — Hofoperntheater: „Tannhäuser und der Sängerkrieg auf der Wartburg." — Deutsches Volkstheater: „Der Strohmann." — Theater an der Wien: „Der Fall Clemenceau." (Gastspiel der Frau Auguste Wilbrandt-Baudius, Frl. Adele Sandrock und der Frau Amalie Bleibtreu.) — Carl-Theater: „Rigerl's Reise nach Paris." — …

Winterröcke auf Raten
Wasserdichte Menzikoffs. Letztmoderne Herbstanzüge. VI., Mariahilferstraße 25 I. Stock.

Als zur Capitalsanlage besonders geeignet empfiehlt die gefertigte Wechselstube:
4½%ige Schuldverschreibungen
(Communal-Obligationen) des
Pester Vaterländ. Ersten Sparkassa-Vereines.
Diese Schuldverschreibungen werden mit 4½% p. a. verzinst und spätestens in 48 Jahren nach Maßgabe planmäßiger Verlosung im vollen Nominalwerthe zurückgezahlt.
Ausserordentliche Verlosungen können nur nach Massgabe ausserordentlicher Darlehens-Rückzahlungen vorgenommen werden.
Wechselstube der Unionbank,
Wien, I., Graben 13.

Spezialitäten
in
Persischen Salon-Teppichen
bei Theodor Graf,
Wien, I., Spiegelgasse 3, Mezzanin.

Beispiellose Gelegenheit zum Ankauf billiger
Geschenke! Geschenke!
Vollständiger Ausverkauf
meines gesammten Waarenlagers von kunstgewerblichen
Metall-Gegenständen,
bestehend in Bronze und Zinnguß, Kannen, Humpen, Leuchter, Wand- und Standuhren, Blumenkörben, Jardinièren, Dekorationsschüsseln 2c. wegen gänzlicher Auflassung dieses Artikels um
20, 30, 40 und 50%
unter dem Original-Fabrikspreise
Julius Rosenfeld,
17 Opernring 17.
Beispiellose Gelegenheit zum Ankauf billiger
Geschenke! Geschenke!

„Durable"
Chenette-Portièren, Specialität!
nur bei uns erhältlich per Theil fl. 4.75.
Hiezu passende Tischdecken in zwei Grössen.
Mikado-Portièren fl. 1.85
complet 4 Meter lang.
Grösste Auswahl in allen Sorten Portièren, Tisch- und Bettdecken, Divan-Ueberwürfen, Lambrequins, Stores, Guipure- und Fantasie-Vorhängen etc. etc.
Grand Magasin
Au prix fixe Wiener Louvre
Graben 15. Kärntnerstraße 9.

Herrenwäsche
Berger & Löbl, Wien,
I., Babenbergerstraße 1,
I., Schottengasse 6.

Philipp Haas & Söhne,
Wien.
Echt persische Teppiche
und
orientalische Spezialitäten.

Haare im Gesicht etc.
entfernt sicher mein Epilatoire … durch Robert Fischer, Wien, I., Graben, Habsburgergasse 4, und alle Apotheken.

Specialitäten
von Cavalieren abgelegter Herrenkleider, fein, modern und sehr billig im Kleider-Magazin „zum Oesterreicher",
I., Singerstrasse Nr. 4, 1 Stock, vis-à-vis dem Hôtel Royal.
Große Auswahl, solide Bedienung. Kleiderleihanstalt.

Gummi-
Spezialitäten, französische Fabrikate, per Dutzend 1, 2, 3, 4 bis 8 fl., Suspensorien etc. etc.
Eine verwendbare Musterkollektion (25 Stück) 5 fl.
Versendung diskret.
SIGI ERNST, Wien, Kärntnerstrasse Nr. 45. (Paris, 11 rue Martel.)

Druck und Verlag: „Steyrermühl"; verantwortlich: Carl Hammater.
Verantwortlicher Redakteur: Sigmund Hahn.

Abb. 48: Werbung für französische Gummis (Kondome),
Neues Wiener Tagesblatt, 23. 10. 1889

Syphilis gab es in Europa sicher schon lange, aber erst Ende des 15. Jahrhunderts wurde die Krankheit in spanischen Handelsstädten bewusst wahrgenommen, denn spanische Seeleute dürften eine besonders aggressive Form von ihren Entdeckungsreisen mitgebracht haben, die sich rasant in der „alten Welt“ verbreitete. Über die Übertragung war man sich jedoch nicht einig: Die *Miasma-Theorie* führte die Ausbreitung hoch wissenschaftlich auf bestimmte Planetenkonstellationen zurück. Paracelsus wiederum stellte die „wilde“ Vermutung auf, dass die Geschlechtskrankheit ein Resultat sexuell umtriebigen Lebens sei. Hier schaltete sich natürlich die Kirche sogleich ein: Gottes Strafe für ein Leben nach dem biblischen Vorbild von Sodom und Gomorra wäre die sogenannte „Lustseuche“.

Sehr beliebt war auch die Kolumbus-Theorie, die sich darauf stütze, dass die Krankheit von spanischen Seefahrern, vielleicht sogar von Kolumbus selbst, eingeschleppt worden war. So galt Syphilis lange als typische Berufskrankheit der Seefahrer.[145]

Der Name Syphilis dürfte auf ein griechisches Gedicht zurückgehen: „Das Gedicht erzählt die Geschichte des Schafhirten Syphilus, der für sein lasterhaftes Leben mit einer neuen Krankheit, der Syphilis, bestraft wurde“. – eine Gutenachtgeschichte für Kinder jeden Alters. Der altgriechische Name *Syphilos* setzt sich aus *sys*, das Schwein, und *philein*, lieben, zusammen. Eine freie Übersetzung wäre somit „der Schweineliebende“.

Die rasante Verbreitung von Syphilis unter französischen Soldaten im Zuge der Renaissance-Kriege um 1500 brachte ihr den Beinamen „französische Krankheit“ ein. Allerdings wechselte die „Nationalität der Krankheit“ je nach Bedarf von der „französischen“ zur „neapolitanischen“ oder „italienischen“ zur „spanischen“ bis hin zur „polnischen Krankheit“.[146]

Ende des 19. Jahrhunderts waren etwa zwei Prozent der Wiener Bevölkerung an Syphilis erkrankt und das waren nur die offiziellen Zahlen.

Aber schon Jahrhunderte zuvor war die Geschlechtskrankheit ein ernstes Problem in der Reichshauptstadt gewesen. 1495 eröffnete Kaiser Maximilian I. das erste Spital für Syphiliskranke vor den Mauern der Stadt – eine Art

Quarantänestation. Sein Sekretär beschrieb die Folgen von Syphilis oder, wie es noch genannt wurde, *Lues* (lateinisch für Seuche), auf erschreckende Art: „Die Einen waren vom Scheitel bis zu den Knien mit einer zusammenhängenden, fürchterlichen, schwarzen Art von Krätze überzogen und dadurch so abschreckend, dass sie, von allen Kameraden verlassen, sich in der Einsamkeit den Tod wünschten; die Anderen hatten diese Krätze an einzelnen Stellen, aber härter als Baumrinde, am Vorder- und Hinterkopfe, an der Stirne, dem Halse, der Brust, dem Gesässe u. s. w. und zerrissen sich dieselbe vor heftigen Schmerzen mit den Nägeln. Die Uebrigen starrten an allen Körperteilen von einer solchen Menge von Warzen und Pusteln, dass ihre Zahl nicht zu bestimmen war; sehr vielen aber wuchsen im Gesicht, an den Ohren und der Nase dicke und raue Pusteln, wie Zapfen oder kleine Hörner in die Höhe, die mit pestilentialischem Gestanke aufbrachen und hervorstehenden Hauern glichen."[147]

Ursprünglich therapierte man diese, wie auch die meisten anderen Krankheiten, mit Aderlass, Dampfbädern, speziellen Tinkturen oder austrocknenden Umschlägen, aber auch schon mit Quecksilberschmierkuren, um die Balance der Körpersäfte wiederherzustellen (Viersäftelehre).[148]

Die Krankheit wurde als Strafe Gottes angesehen, die Strafe für „Sünden, Gotteslästerung, … Hochmut und vor allem … Unkeuschheit … Erkrankte hatten also in der Frühen Neuzeit nicht nur mit den fürchterlichen körperlichen Auswirkungen der Krankheit zu kämpfen, sondern überdies auch mit ihrer sozialen Stigmatisierung. Da die Syphilis medizinisch nicht zu bekämpfen war, wurden kurzerhand ihre (Über-)Träger_innen bekämpft. Sie wurden von der Gesellschaft ausgestoßen und fristeten ihr Dasein im Verborgenen; wurden sie aufgegriffen, sperrte man sie in leerstehende Pesthäuser und führte sie einer Zwangsbehandlung und manchmal einer zusätzlichen Bestrafung zu."[149]

Ende des 18. Jahrhunderts wollte Kaiser Joseph II. der Bevölkerung eine Lektion in Sexualerziehung geben. Recht scheinheilig, denn der Kaiser soll selbst auch sehr umtriebig gewesen sein und die Wiener Bordelle regelmäßig besucht haben. Jedenfalls öffnete er zur Abschreckung die Krankensäle der Syphilisspitäler für die Öffentlichkeit. Dieser Schuss ging leider nach hinten los, denn die Aktion dürfte Schaulustigen Tür und Tor geöffnet haben.

Aber ob man an den „peinlichen“ Krankheiten auch starb, oder wie schnell dies ging, war oft eine Frage des Geldes sowie des sozialen und gesellschaftlichen Standes. Wie auch bei Tuberkulose war die Sterberate in den Arbeiterbezirken weit höher als bei der hohen Gesellschaft. Diese konnte sich die teuren Behandlungen und noch kostspieligeren Auszeiten in den schönsten Kurorten Europas leisten.

Wer das nötige Kleingeld hatte, dem wurden meist starke Suchtmittel verschrieben. Kokain war im 19. Jahrhundert, wie schon erwähnt, eine Art „Hightech-Heilmittel“, das liebste Medikament der Ärzte.

Pseudo-Rekonvaleszenz

Eine gängige Therapie war das Eincremen mit Quecksilber. Mit dem vermeintlichen Allheilmittel schmierte man sich ein, wie man es heute mit Nivea macht. Der „Syphilitiker“ cremte sich den gesamten Körper wieder und wieder mit Quecksilber ein, danach sollte die Infektion abgetötet sein. „Eine Einreibungskur sah 3045 Einreibungen vor, wobei täglich fünf Einreibungen vorgenommen wurden – zwischen jeder Einreibung lag ein Reinigungsbad. Quecksilber wurde aber auch oral verabreicht – allerdings mit dem Hinweis, dies nicht auf nüchternen Magen zu tun – alles andere wäre, so meinten die Ärzte, verantwortungslos gewesen. Um die Jahrhundertwende wurden schließlich auch intramuskuläre Injektionen verabreicht. Die Quecksilberbehandlung hatte“, wohl kaum überraschend, „starke Nebenwirkungen, dazu zählten gewöhnlich der vorübergehende Ausfall der Körperbehaarung, manchmal auch der Zähne, kolikartige Schmerzen, blutiger Durchfall und Erbrechen.“[150] Mit der Zeit versagten oft auch einige innere Organe. Da stellt sich die Frage, wie viele Patienten tatsächlich an der Syphilis starben und wie viele von einer Quecksilbervergiftung dahingerafft wurden.

Auf diese Behandlungsmethoden geht im Übrigen auch die Bezeichnung „Quacksalber“ zurück.

Abb. 49: Albrecht Dürer zugeschriebene Darstellung eines Syphilitikers

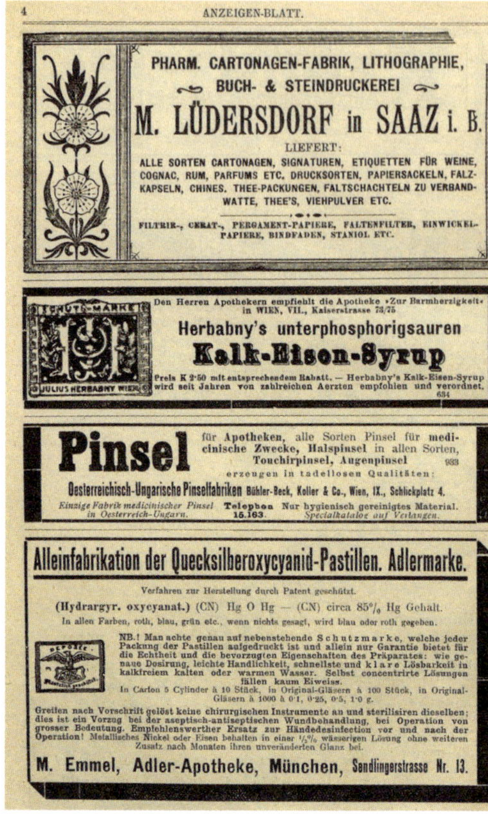

4 ANZEIGEN-BLATT.

PHARM. CARTONAGEN-FABRIK, LITHOGRAPHIE,
BUCH- & STEINDRUCKEREI
M. LÜDERSDORF in SAAZ i. B.
LIEFERT:
ALLE SORTEN CARTONAGEN, SIGNATUREN, ETIQUETTEN FÜR WEINE, COGNAC, RUM, PARFUMS ETC. DRUCKSORTEN, PAPIERSACKELN, FALZKAPSELN, CHINES. THEE-PACKUNGEN, FALTSCHACHTELN ZU VERBANDWATTE, THEE'S, VIEHPULVER ETC.
FILTRIR-, CERAT-, PERGAMENT-PAPIERE, FALTENFILTER, EINWICKELPAPIERE, BINDFADEN, STANIOL ETC.

SCHUTZ-MARKE
JULIUS HERBABNY WIEN
Den Herren Apothekern empfiehlt die Apotheke »Zur Barmherzigkeit« in WIEN, VII., Kaiserstrasse 73/75
Herbabny's unterphosphorigsauren
Kalk-Eisen-Syrup
Preis K 2·50 mit entsprechendem Rabatt. — Herbabny's Kalk-Eisen-Syrup wird seit Jahren von zahlreichen Aerzten empfohlen und verordnet.
634

Pinsel für Apotheken, alle Sorten Pinsel für medicinische Zwecke, Halspinsel in allen Sorten, Touchirpinsel, Augenpinsel
933
erzeugen in tadellosen Qualitäten:
Oesterreichisch-Ungarische Pinselfabriken Bühler-Beck, Koller & Co., Wien, IX., Schlickplatz 4.
Einzige Fabrik medicinischer Pinsel in Oesterreich-Ungarn. Telephon 15.163. Nur hygienisch gereinigtes Material. *Specialkatalog auf Verlangen.*

Alleinfabrikation der Quecksilberoxycyanid-Pastillen. Adlermarke.
Verfahren zur Herstellung durch Patent geschützt.
(Hydrargyr. oxycyanat.) (CN) Hg O Hg — (CN) circa 85% Hg Gehalt.
In allen Farben, roth, blau, grün etc., wenn nichts gesagt, wird blau oder roth gegeben.
NB.! Man achte genau auf nebenstehende Schutzmarke, welche jeder Packung der Pastillen aufgedruckt ist und allein nur Garantie bietet für die Echtheit und die bevorzugten Eigenschaften des Präparates: wie genaue Dosirung, leichte Handlichkeit, schnellste und klare Lösbarkeit in kalkfreiem kalten oder warmen Wasser. Selbst concentrirte Lösungen fällen kaum Eiweiss.
In Carton 5 Cylinder à 10 Stück, in Original-Gläsern à 100 Stück, in Original-Gläsern à 1000 à 0·1, 0·25, 0·5, 1·0 g.
Greifen nach Vorschrift gelöst keine chirurgischen Instrumente an und sterilisiren dieselben; dies ist ein Vorzug bei der aseptisch-antiseptischen Wundbehandlung, bei Operation von grosser Bedeutung. Empfehlenswerther Ersatz zur Händedesinfection vor und nach der Operation! Metallisches Nickel oder Eisen behalten in einer ½% wässerigen Lösung ohne weiteren Zusatz nach Monaten ihren unveränderten Glanz bei.
M. Emmel, Adler-Apotheke, München, Sendlingerstrasse Nr. 13.

Abb. 50: Werbung für Quecksilber Pastillen, Zeitschrift des allgemeinen österreichischen Apotheker-Vereines, 3. Januar 1903

Andere sogenannte Ärzte gingen in eine exotischere Richtung und kochten das Harz des Guajakholzes aus, das die Entdecker aus der Neuen Welt mitgebracht hatten. Das gewonnene „Heilmittel" war schweiß- und auch harntreibend. Es wurde gegen alle möglichen Geschlechtskrankheiten eingesetzt, aber vor allem gegen die fast allgegenwärtige Syphilis. Eine Kombination aus den zwei Wundermitteln Quecksilber und Guajakharz war auch schnell gefunden, die sogenannten *Plummerschen Pillen*.

Gonorrhoe wie auch Syphilis wurde bei Männern gerne auch mit Einspritzungen behandelt, bei der dem Patienten eine Flüssigkeit in die Harnröhre gespritzt wurde. Diese war „äußerst unangenehm … dazu verwendete man eine Opiumtinktur und Tee, vor allem aber Silberbindungen wie Silbersalzlösungen. Da die Erkrankung bei Männern auch wesentlich schmerzhafter verläuft als bei Frauen, die im Anfangsstadium oft keine Beschwerden zeigen, wurden Männern gegen die starken Schmerzen und Krämpfe Zäpfchen mit Morphium oder Belladonna-Extrakt verabreicht.“[151] Wäre die Einspritzungstherapie in allen Tageszeitungen publiziert worden, hätte es die Herren der Schöpfung unter Umständen um Einiges vorsichtiger gemacht.

Doch für die zwei gängigsten Geschlechtskrankheiten der Zeit, Lues (oder Syphilis) und Tripper (oder Gonorrhoe) gab es keine Heilung, ob blaublütig oder dem Proletariat angehörig, ob reich oder arm – die Chancen auf Genesungen waren gleich null.

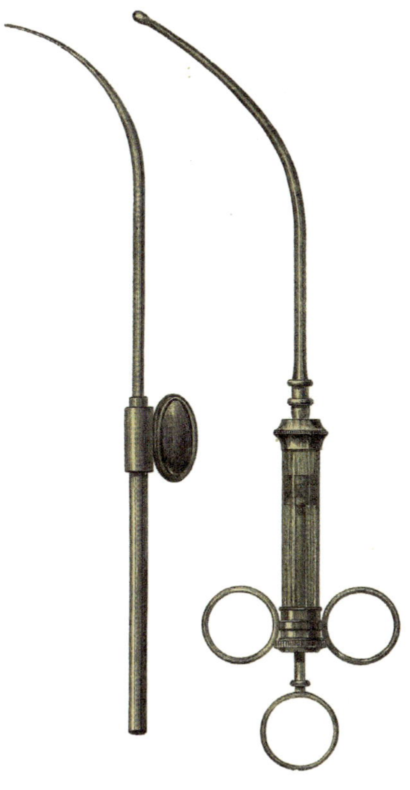

Abb. 50: Einspritzungsinstrument für Männer

Geschlechtskrankheiten waren in allen sozialen Schichten verbreitet, es herrschte eine klassenübergreifende Schein- und Doppelmoral.

Aber wie konnten sich diese Krankheiten in einer Zeit strenger Sittlichkeit so rasant verbreiten?

Das heilige Sakrament der Ehe war im Adel und Bürgertum selten eine romantische Angelegenheit, sondern in erster Linie ein Geschäft, eine gesellschaftlich-wirtschaftliche Verbindung, die von den Eltern strategisch getroffen wurde. Außereheliche Affären waren gang und gäbe, wurden stillschweigend toleriert. Männer und Frauen gingen gleichermaßen fremd, in dieser Hinsicht gab es damals sogar schon fast so etwas wie Gleichberechtigung, aber nur *fast*. Mit dem kleinen Unterschied, dass Frauen

BRENNHOLZ.
Die k. k. priv.
Brennholz - Verkleinerungs - Anstalt,
Josef Wimmer

Wilh. Möldner,
Wien,
6. Bezirk, Marchettigasse Nr. 9,
Grablaternen

Geheime Krankheiten
Manneschwäche.

Wilhelmsdorfer
Malzextract-
Chocolade
Elfmal prämiirt.
Jos. Küfferle & Comp.

Das best renommirte
Herrenkleider-
Magazin
J. Goldstein,

Schmerzlos
Dr. Hartmann,
Frauenkrankheiten,
Manneschwäche,
Wien, Seilergasse 11,

Zur besonderen
Beachtung.

Die geschwächte
Manneskraft,
Geschlechts-Krankheiten
Med. Dr. Eisenz,

Geheime Krankheiten

Aelteste und anerkannt solideste Fabriks-Niederlage von Tischler- und Tapezierer-
Möbel
Leopold Suldowsky,
Mariahilferstraße 97, 1. St.

Neuestes
Dankschreiben
aus Wien

„Zur Immortelle",
Wien, Stadt,
Franziskanerplatz 5,
Kinder-Confection
Mdm. Marie Hubel

Erste homöop. Anstalt,
Manneschwäche

Das große
Herrenkleider-
Magazin
Adolf Welisch,
II Wien, Wieden, II
Hauptstraße

Die besten und billigsten
Tischler-
und
Tapezierer-
Möbel
Eduard Grossmann,
Stadt, Bauernmarkt 11.

Dr. Siebner
Manneschwäche,
Bruchleiden,

Für Exporteure
nach dem Kriegsschauplatze.

„Zur Immortelle",
Wien, Stadt,
Franziskanerplatz 5,
Trauer-Toilette
Mdm. Marie Hubel

Möbel-
Ausverkauf.

Alle äußerlichen, Haut- und
Geschlechts
Krankheiten

Medicinæ et chirurgiæ Doctor
Schlesinger,
geheime Krankheiten

5 fl. Honorar
geheimer Krankheiten

Frisch entstandene
Geschlechts - Krankheiten
Dr. Hammerschmidt,
Hautkrankheiten

Möbel.

Geheime Krankheiten
Dr. Hirsch,

Häusliche Pflege
entbehrlich.

Schnelle u. radicale Heilung.
Manneschwäche,
Dr. Max Engländer, Wien,
Leopoldstadt, Taborstrasse 5

Geheime
und
Hautkrankheiten

Abb. 51: Annouce für Anstalten und Arzt-Praxen für Männerschwäche und Geheime Krankheiten, *Neues Wiener Tagesblatt*, 2. 3. 1885

erst nach der Eheschließung ihre heimlichen Affärchen haben konnten, denn in die Hochzeitsnacht sollten sie noch unberührt gehen. Natürlich gab es hier für abenteuerlustige „Jungfrauen“ gewisse „Schlupflöcher“ oder „Hintertürchen“.
Männer durften sich schon vor der Ehe auf jegliche Art horizontal amüsieren.

Und wo vergnügten sich die Herren der Schöpfung vorwiegend?

Warum in der Ferne suchen, wenn man auch im eigenen Haus fündig wurde. Das weibliche Hauspersonal – Stubenmädchen und Dienstmägde – hatte seinem Arbeitgeber in jeder erdenklichen Form zu dienen. Und dazu musste Mann nicht einmal das Haus verlassen, denn die Angestellten lebten im Normalfall unter einem Dach mit den Herrschaften. Anfang des 20. Jahrhunderts war jede dritte an Syphilis erkrankte Frau eine Dienstmagd. Gleich danach kamen schon Prostituierte und Arbeiterinnen.

1907 ergab eine Erhebung, dass 34 Prozent der an Syphilis erkrankten Frauen Dienstmädchen, 23 Prozent Prostituierte, 23 Prozent Arbeiterinnen und sechs Prozent verheiratete Frauen waren. Die restlichen circa 14 Prozent übten sonstige Berufe aus, wie beispielsweise Tagelöhnerinnen und Verkäuferinnen, oder waren gar arbeitslos.[152]

Für ein Dienstmädchen hatte so eine Syphiliserkrankung nicht nur gesundheitliche, sondern auch gesellschaftliche und finanzielle Folgen.

„Erfolgt eine Erkrankung an Syphilis, so werden keine Verpflegungsgebühren entrichtet“, so das Statut der von der Gemeinde Wien eingerichteten „Dienstbotenkasse“.[153]

Oft wurden sie auch entlassen und als arbeitsloser Single hatte Frau damals kaum eine berufliche Wahl – sie wurden Prostituierte.

Frauen hatten es schwer mit ihren für sie damals typischen „Frauenberufen“, wie Musiklehrerinnen, Dienstmädchen oder Gouvernanten, Schauspielerinnen sowie Sängerinnen, Tänzerinnen und Reiseleiterinnen. Sie wurden meist extrem schlecht bezahlt, sodass sie nur selten davon leben konnten. So mussten sich viele ein zweites Standbein schaffen und widmeten sich in ihrer Freizeit dem ältesten Gewerbe der Welt.

Zum Fin de Siècle gab es in Wien schätzungsweise über 25.000 Sexarbeiterinnen.[154]

Männer konnten sich in jeder Preisklasse amüsieren. Bei einem erotischen Viertelstündchen war Mann schon für den Preis einer Zeitung oder einer Zigarettenpackung dabei.[155]

Eine männliche Risikogruppe waren Bläser. Glasbläser oder Musiker, die meist ein Mundstück im kollegialen Kollektiv nutzen. „Säuger" waren prinzipiell gefährdet, denn stillende Mütter oder Ammen konnten die Neugeborenen über die Muttermilch anstecken.

Aber Geschlechtskrankheiten waren mit Sicherheit kein reines Problem der Arbeiterklasse.

Der Adel und die Königs- und Kaiserhäuser sonnten sich in ihrem Ruhm und Glanz. Aber all der Luxus und das „Bling-Bling" waren oft nur Fassade. Die prunkvollen Bälle, feierlichen Bankette, die schönen Kleider und glänzenden Juwelen – eine scheinbar heile Welt. Doch was passierte hinter den Kulissen, in den Hinterräumen und den berühmten Séparées? Und welche Auswirkungen hatten diese „Ausschweifungen" auf den Alltag und das Umfeld der feinen Gesellschaft?

Wie schon erwähnt, war auch das Haus Habsburg gegen Geschlechtskrankheiten nicht immun – die kaiserlichen Rezeptbücher dokumentierten die Scheinheiligkeit der Noblesse:

Böse Zungen behaupteten, dass Sisi Cannabis gegen eine angebliche Trippererkrankung genommen haben soll, denn der ihr verschriebene „indische Hanf" war ein bekanntes Heilmittel gegen Gonorrhoe. Das „Gastgeschenk" soll sie sich nicht von ihrem eigenen Ehemann, sondern von einer ihrer vermeintlichen Affären mit Graf Andrássy oder Bay Middelton geholt haben. Aber für all diese Gerüchte gab und gibt es bis heute keine Beweise.[156]

Eines der heute wohl bekanntesten schwarzen Schafe der Familie Habsburg war Kronprinz Rudolf. Ein Quell von Geschlechtskrankheiten und Drogenkonsum. Ob er nun Syphilis, Gonorrhoe oder vielleicht sogar beides hatte, sei dahingestellt. Und seine Frau Stephanie dürfte er netterweise damit angesteckt und damit unfruchtbar gemacht haben.

Aber die Wahrheit ist, Rudolf war ein Chorknabe im Vergleich zu einigen Mitgliedern seiner schrecklich netten Familie.

Sein Cousin Otto hat es noch viel schlimmer getrieben. Bollas ausschweifender Lebensstil und die unzähligen Affären endeten mit einer ausgewachsenen Syphilis. Sein behandelnder Arzt, Professor Mrazek, meinte „er habe noch nie in seiner gesamten Praxis eine derartige Virulenz des venerischen Giftes wie im Falle des armen Erzherzoges erlebt, alle seine Mittel versagten und dieser sei unrettbar verloren."[157] – Offiziell litt er nur an einer Kehlkopfentzündung.

Die venerische Infektion hatte katastrophale Folgen für den Lebemann. Seine Nase deformierte sich dermaßen, dass sie durch eine Kautschuk-Nasenprothese ersetzt werden musste, und sein faulender Kehlkopf zersetzte sich schmerzhaft. Auch er wurde mit Quecksilber behandelt und schließlich starb er nach Jahren der Qual an der Krankheit.

Das zeigt also, dass damals wie auch heute weder Stand, Geld, Ruhm noch blaues Blut einen vor „geheimen Krankheiten" schützen konnte.

Auch Drogen waren im Laufe der Geschichte den meisten Völkern und Gesellschaftsschichten bekannt, ob nun als heilende Substanz oder als Suchtmittel.

ROCK'N'ROLL

Tanzen, Feiern und Amüsement an der und um die Hofburg

Die Geschichte des Feierns in Wien

Wien war seit jeher eine Stadt, in der gerne und viel gefeiert wurde und die Wiener waren immer schon Partytiger, ob es nun darum ging, Feste zu feiern oder das Tanzbein zu schwingen.

Im Mittelalter hatten die meisten Feierlichkeiten mit der Kirche zu tun. Das gesellschaftliche Leben war vom Kirchenkalender bestimmt und kirchliche Feiern oder Jahrmärkte waren eine Möglichkeit der Selbstdarstellung für die Wiener.

Im 15. Jahrhundert wurden 33 kirchliche Feste gefeiert und jedes Mal wurde die Arbeit dafür niedergelegt. Eines der wichtigsten kirchlichen Feste, das besonders groß begangen wurde, war Fronleichnam. Es war eine der wohl prunkvollsten Prozessionen im mittelalterlichen Wien, die alljährlich durch die Straßen der Stadt zog.

Kirchliche Festivitäten wie Prozessionen, Passionsspiele oder Jahrmärkte bedeuteten für die Teilnehmer meist pures Vergnügen und eine Pause vom tristen Alltag. Durchaus vergleichbar mit unserem Würstelprater. Das „gemeine Volk" genoss seine Freizeit mit Gauklern, Spielleuten und verschiedensten Attraktionen. Die Wiener wussten damals schon, wie man richtig feiert und das teilweise bis zu zwei Wochen lang.

In der Karwoche genoss man statt einer Theatervorstellung oder eines Kinobesuchs eine szenische Darstellung der Leidensgeschichte Christi – ein Klassiker.

Passionsspiele wurden innerhalb der Stadtmauern beim Stephansdom oder am Neuen Markt aufgeführt.

Ein weiterer Höhepunkt für die Bevölkerung im Mittelalter war das sogenannte Scharlachrennen. Es wurde zwischen 1382 und 1534 zwei Mal im Jahr veranstaltet.

Am Vorabend des Events avisierten Trompeter und Ausrufer das Event am Hohen Mark: Ein Pferderennen von Sankt Marx über den Rennweg zum Wienfluss und entlang der Ungargasse wieder zurück nach Sankt Marx. Auf dieses Rennen geht auch der Name Rennweg zurück. Die Teilnehmer konnten entweder eine Armbrust oder ein Spanferkel gewinnen. Der erste Preis war aber ein Stück Scharlach – ein kostbares rotes Wolltuch. So kam das Rennen auch zu seinem Namen. Die Teilnahme war allerdings nur der hohen Gesellschaft gewährt.

Im Anschluss durfte die Dienerschaft sich ebenso in einem Wettlauf messen und konnte dabei auch einen wertvollen Stoff gewinnen.

Bei der Gelegenheit wurde zur allgemeinen Volksbelustigung auch ein „Hurenlauf" veranstaltet. Hier braucht es keine weiteren Erklärungen, nomen est omen.

Der „gemeine Wiener" genoss im Zuge solcher Festivitäten nicht nur die Spannung des Rennens, sondern auch ein Festmahl, dass der Bürgermeister für seine Schäfchen im Rathaus veranstaltete.

Im alten Wien beging das einfache Volk auch jährlich die Andreasnacht, nämlich am 30. November. Es war ein Spektakel, bei dem ein Orakel das zukünftige Glück und die Chancen auf eine Vermählung voraussagte. Die wohl „zuverlässigste" Methode, die Zukunft vorherzusagen, war das „Schuhwerfen". Der oder die Ledige warf sich die Puschen über die Schulter, woraufhin die Art, wie das Wurfobjekt gelandet war, die eheliche Zukunft besiegelte. Die Richtung der Schuhspitze gab eine Aussicht auf das Bevorstehende: Zeigte die Spitze von der Tür weg, konnte man sich auf seine/n Traumprinzen-/prinzessin freuen, wenn sie aber zur Tür zeigte, blieb man alleine.

Das Nussorakel verriet, ob man mit der Person seines Herzens zusammenkommen würde. Die partnersuchende Person gab dabei einer Nuss ihrer oder seiner Wahl den Namen des Schwarms und warfs sie dann, in Begleitung einer zweiten Nuss, ins Feuer. Wenn beide Nüsse sogleich verbrannten, blühte dem Paar eine glückliche Zukunft; sprangen die Hülsenfrüchte aber wieder aus den Flammen, so waren die beiden möglicherweise nicht füreinander bestimmt.

Am Ende der Feierlichkeiten backte sich die unverheiratete Wienerin ihren Traummann aus Wasser und Mehl und verspeiste ihn. So würde ihr in der folgenden Nacht ihr Zukünftiger im Schlaf erscheinen.

Am 21. Dezember wurde dann der „Orakeltag der Liebe" gefeiert. Die Junggesellin sollte vor dem Schlafengehen „dreimal gegen ihre Bettstaffel treten und folgendes Sprüchlein aufsagen:

„Bettstaffel ich tritt dich,
heiliger Thomas ich bitt dich,
lass mir erscheinen
dem allerliebsten meinen."[158]

Zu Weihnachten wurde dann Blei gegossen, um das Handwerk des Heiratskandidaten herauszufinden.

Viele dieser volkstümlichen Festivitäten spielten sich in den eigenen vier Wänden ab, wurden also als eine Art Familienfeier begangen.

So hatten die Jahrhunderte des abergläubischen und brauchtümlichen Mittelalters auch ihre angenehmen Seiten – nicht nur für die oberen Gesellschaftsschichten, sondern auch für das einfache Volk.

Barockes Treiben

Im Barock bestand das höfische Leben zu einem großen Teil aus geistlichen und weltlichen Festen. Die Grenzen zwischen Alltag und Feiern verschwammen häufig. Die „niedere" Bevölkerung hatte indessen weniger zu lachen, denn für sie bedeutete es nur noch mehr Arbeit.

Tagsüber gab es kulturelle Aktivitäten des Hofes und für gute Katholiken ging es täglich in die Kirche. Messen inklusive Konzert und gegebenfalls auch Prozession standen auf der Tagesordnung. Abends wurden die Events oft ausgelassener.

Der höfische Jahreskalender war streng geregelt, gespickt von Galas, Bällen und sonstigen Festivitäten, oft in Kombination mit einem Kulturprogramm wie Theater-, Opern-, oder Ballett-Performances. Repräsentation war das

A und O für die adelige Gesellschaft, da diese sich als das Nonplusultra der Erdbevölkerung sah.

Heute wird *Equality* in den meisten Kulturkreisen großgeschrieben, aber die feudale Ordnung hätte ohne Klassenunterschiede nicht funktioniert. An den Hof gehörte nur, wer es sich per Stammbaum verdient hatte. Auch hier musste eine Ahnenprobe bestanden werden. Examinator war das Oberstkämmereramt.

Und so funktionierte es: Man musste sich einen Platz in der Schickeria nicht durch Taten verdienen, sondern nur, wie auch bei der habsburgischen Partnerschau, 16 durchgehende Generationen hochadeliger Ahnen fifty-fifty auf die Eltern aufgeteilt, vorlegen können. Ausnahmen wurden kaum gemacht. Nur so konnte man die Exklusivität am Hof konservieren. Gott bewahre, es hätte sich niedriger Adel oder gar Bürgerliche unter die Hautevolee gemischt – das Gleichgewicht wäre vollkommen aus den Fugen geraten.

Außerdem konnte man vom „niederen" Volk unmöglich erwarten, dass es wüsste, wie man sich zu benehmen hätte. Die Elite dürfte gute Umgangsformen mit der „Ammen-Milch aufgesaugt" haben, wie in den vorangegangenen Kapiteln zu Genüge beschrieben wurde.

Jede Veranstaltung bei Hof diente der Repräsentation – eine Fashionshow – jedoch waren diese vor allem politisch motiviert. Doch so gesittet, wie sie meist dargestellt wurden, waren diese Feste gar nicht. Was sich in den Hinterzimmern abspielte, zeugt von der Scheinheiligkeit der „Reichen und Schönen".

Es wurden immer neue Gründe für Zeremonien am Hof gefunden, ob geistlich oder weltlich – Hauptsache, man konnte sich herrichten und feiern.

Meist wurde auf altbewährte Anlässe gesetzt, Tradition war essenziell.

Die Grenzen zwischen Privatem und Politischem waren verschwommen.

Ob Taufen, Geburtstage oder Begräbnisse, sie wurden nur bedingt für ihre ursprüngliche Bestimmung oder gar für die Familie veranstaltet.

Auch Hochzeiten waren eine willkommene Gelegenheit, nicht nur politische Verbindungen übers Ehebett einzugehen, sondern auch eine fast absurde Zurschaustellung des Reichtums.

Bekanntlich feierten die Habsburger nichts lieber als die Hochzeiten ihrer Sprösslinge.

Ein schönes Beispiel hierfür war die Hochzeit, die in der ersten Hälfte des 18. Jahrhunderts für eine der Töchter Joseph I. ausgerichtet wurde. Der Kurfürst von Sachsen und König von Polen, August der Starke (1670–1733), hatte das Battle um die habsburgische Erzherzogin Maria Josepha (1751–1767) für seinen Sohn entscheiden können und 1719 wurde in Dresden die Verbindung gefeiert.

Die junge Braut wurde, ganz bescheiden, „von 15 holländischen Jachten in Pirna an der Elbe eingeholt … fuhr in einer Kopie des venezhianischen Staatsschiffes (Bucentaurus) von 24 ‚Mohren' begleitet wie eine Haremsdame vor; Der Kurprinz war in Purpur gekleidet und konnte das Gewicht der Diamanten auf seinem Körper kaum tragen. 6.000 Mann begleiteten zu Fuß den Einzug."[159] Die Hochzeitsfeierlichkeiten zogen sich „nur" knapp einen Monat lang. Im Zuge dessen wurden zwei Opern uraufgeführt, Theater, Bälle, Reiterspiele, Karusselle und Banketts organisiert und schlussendlich gab es noch ein kleines Feuerwerk, bei dem die Eroberung des Goldenen Vlieses dargestellt wurde. Ein Wink mit dem Zaunpfahl, dass Sachsen es auf die Kaiserkrone und den dazugehörigen Orden abgesehen hatte.

Aber fast noch wichtiger als Vermählungen waren Krönungen und Huldigungen für das schweizerische Adelsgeschlecht. Diese Darbietungen hatten seit jeher monarchische Funktionen zu erfüllen und die Präsentation von Wohlstand und Macht war eine Legitimation des (habsburgischen) Herrschaftsanspruches. Alles hatte nach alten Ritualen abzulaufen. Die Etikette musste um jeden Preis gewahrt werden. Das spanische Hofzeremoniell, das Karl VI. an den Wiener Hof gebracht hatte, war eines der strengsten Europas. Es gab Regeln für alles, sei es die Veranstaltung einer Festivität, die Organisation eines Familienessens oder offiziellen Banketts, die Erziehung der blaublütigen Sprösslinge bis hin zur Anzahl der brennenden Kerzen am Bett eines sterbenden Kaisers.

Ein Großevent, das das Proletariat alljährlich von Weitem beobachten konnte, ohne daran teilnehmen zu dürfen, war die große Schlittenfahrt. Sie war für die Reichen und Schönen, also für den Adel reserviert. Dazu wurde gerne einmal der Neue Markt abgesperrt, sodass die prunkvollen Schlitten ihre Runden über den Platz ziehen konnten. Manchmal ging der Schlittenzug sogar bis hinaus zum Schloss Schönbrunn und durch den dazugehörigen Garten.

Die Bourgeoisie durfte ihre „einfachen" Schlitten nur in den Nebengassen und der Peripherie präsentieren.

„Ludwig XIV.", der Sonnenkönig (1638–1715), „hat das Modell der Selbstinszenierung des absoluten Monarchen vorgebildet. Die Feste lieferten die Gelegenheit, den Herrscher zugleich gottähnlich als Mittelpunkt des Kosmos und als individuelle Persönlichkeit, die ihrer Umgebung Stil und Verhalten aufzwingen konnte, zu inszenieren. Die Feste, für die ein Heer an Musikern, Architekten, Dramaturgen und anderen Künstlern beschäftigt wurde, waren also ein Mittel, das dem Kaiser die Kontrolle über die Hofgesellschaft sicherte."[160]

Aber Wien war nicht nur als Partystadt bekannt, sondern auch als Hauptstadt der Musik ließ sie sich bald feiern. Die Oper rückte immer mehr in den Mittelpunkt und die großen Komponisten zog es in die Residenzstadt. Selbst einige Kaiser legten sich als Komponisten ein zweites Standbein zu.

Auch Maria Theresia war Geselligkeiten nicht abgetan. Jedoch hatte sich die Anzahl der am Hof veranstalteten Festivitäten in den vorangegangenen Jahrhunderten vervielfacht und dem wollte sie dann doch Einhalt gebieten. Sie nannte es ihren Kampf gegen den „Müßiggang".

Aber noch mehr störten sie die vielen kirchlichen Feiertage und das damit verbundene Niederlegen der Arbeit. Sie brachten dem Reich wirtschaftliche Nachteile und so schaffte sie diese zusammen mit ihrem ältesten Sohn und Mitregenten Joseph II. fast gänzlich ab. Der einzige Prozessionstag, den sie der Kirche ließ, war das Fronleichnamsfest. Dieses katholische Hochfest war wegen seines antiprotestantischen Charakters religionspolitisch zu bedeutsam.

Show-Dinner

Die hoheitlichen Selbstinszenierungen, ob nun im Rahmen eines kirchlichen Hochfestes oder einer weltlichen Huldigung, wurden unter anderem auch mit öffentlichen Tafeln begangen. Sogenannte Schau-Essen, bei denen nur der Kaiser samt engster Familie am Tisch saß und speiste und der Rest, also der Hochadel, danebenstehen und zuschauen durfte.

Ganz ähnlich wie heute bei Food-Bloggern, waren die Speisen bei solchen Banketts hübscher anzuschauen als sie schmeckten. Aber ums Schlemmen ging es bei dem Schauspiel nicht. Unter seinem Thronhimmel sitzend, demonstrierte der Herrscher Ruhm und Glanz. Wer sonst noch das Privileg hatte zu sitzen, war an eine detailliert ausgearbeitete Sitzordnung gebunden. Man saß meist an separaten, durch Podeste erhöhten Tischen, wobei die Anzahl der Treppen, die zum jeweiligen Tisch hinaufführten, die Stellung bei Hof verrieten. Ein Herzog hätte nie neben einem Grafen am Tisch sitzen können, ein solcher Fauxpas in der Tischordnung hätte zu einem Skandal sondergleichen geführt. Auch der Sitzkomfort eines jeden Stuhls sprach Bände von der Herkunft des Sitzenden.

Bei solch archaischen Schauevents reichte es nicht, wenn die gewöhnliche Dienerschaft dem Kaiser servierte. Nein. Denn, um seine Superiorität zu demonstrieren, wurde er vom Hochadel selbst bedient. Es war eine Ehre, der Majestät das Fleisch zu tranchieren oder ihre Speisen vorzukosten.

Derartige Banketts wurden regelmäßig am Wiener Hof veranstaltet – an weltlichen Feiern fehlte es grundsätzlich nicht. Eine Festivität jagte die nächste, ob Galas, Bankette, Empfänge oder verschiedenste Bälle.

Bälle

Zur alljährlichen Faschingssaison, der Zeit des Karnevals in Venedig, ergriff Europa das Tanzfieber und vor allem in Wien wurde das Tanzbein geschwungen.

Das gesellschaftliche Leben drehte sich quasi um die Feierlichkeiten bei Hof. Der Adel richtete aber auch eigene Events für seinesgleichen aus – meist in den eigenen vier Wänden, wobei es sich um dessen geräumige Palais handelte, die genug Platz für größere Gesellschaften boten.

Man konnte auch eine Location anmieten, wenn man nicht die eigene Residenz nutzen wollte. Besonders beliebt war hier die Mehlgrube am heutigen Neuen Markt. Das Szenelokal konnte für jegliche Festivität oder Konzerte gebucht werden. Auch Mozart nützte die Räumlichkeiten gerne, um dort Konzerte zu geben.

Bis heute sind die Wiener Bälle eine Gelegenheit, sich in die schönsten Roben zu werfen und die Nacht durchzutanzen, jedoch sind die damals so beliebten Maskenbälle mittlerweile eher selten gesät.

Maskeraden

Im 18. und 19. Jahrhundert waren Faschingsbälle, sogenannte Maskeraden, ein Hit.

Maria Theresia und ihr Franzl „kammen zum öfftern nach dem Bal-Haus, um die Mascheren zu sehen, und waren nie so content, als wann sie sich also verstellet, daß man sie nicht kennte, wie wollen es Ihnen selten gelungen; sonderlich wurden sie an Ihrer hurtig und freien Démarche gar bald erkannt“,[161] beschrieb Minister Khevenhüller (1706–1776) das Erscheinen des kaiserlichen Paares bei einem Maskenball.

Im Barock wurde gerne über die Stränge geschlagen.

Ein ganz besonderes Verkleidungsevent war der Harlekinsmaskenball. Die als Harlequins verkleideten Partygäste kamen ausnahmsweise partnerlos zur Veranstaltung und sollten sich in einem verdunkelten Ballsaal im Schloss Schönbrunn den oder die TanzpartnerIn für den Abend finden. Quasi ein barocker Swingerclub. Getanzt und gefeiert wurde die ganze Nacht und Afterparty in den Morgenstunden gab‘s dann in der Mehlgrube, vergleichbar mit der heutigen Club-Diskothek „Volksgarten“ in Wien.

Allerdings war es nur der Noblesse vorbehalten, sich zu solchen Events zu maskieren. Die Anonymität hinter der Kostümierung führte teilweise zu Ausschweifungen, ob nun zu fleischlicher Lust oder zu Gewalt bis hin zum Mord.

So war es dann nur bei Maskenbällen am Hof erlaubt, seine Identität hinter einer Gesichtsverkleidung zu verbergen. Ganz ähnlich dem heutigen Verhüllungsverbot in Österreich.

Die Crème de la Crème belustigte sich gerne an einer „verkehrten Welt", in der Reich zu Arm und Mächtig zu „Bedeutungslos" wurde.

Abb. 53: Maria Theresia im Kostüm einer türkischen Haremsdame

Bei sogenannten *Pauernhochzeiten* empfingen die Monarchen ihre Partygesellschaft als „Wirt und Wirtin vom schwarzen Adler", einem Bauernpärchen. Auch die geladene Aristokratie amüsierte sich in den proletarischen Rollen von Dienstboten, Hausknechten, Köchen, Nachtwächtern, Dorfjungen oder einfach als Vertreter verschiedener Nationalitäten des Reiches in deren jeweiliger Tracht. Auch internationale Kostüme, wie Römer, Perser, Ägypter oder Sklaven wurden gerne bei diesen Veranstaltungen getragen.

Turquerie

Eine weitere Inspiration für die Maskeraden war der Orient. Die Faszination für diese so andersartigen Kulturen fesselte den Okzident schon seit dem 16. Jahrhundert. Die fremden Traditionen, Bräuche und der Luxus der fernen Zivilisationen waren gleichermaßen verlockend wie auch gefürchtet. Wie so oft wurde das Unbekannte je nach Lust und Laune gefeiert oder abgelehnt und verurteilt.

Man studierte hierzulande weniger die fremden Welten, sondern kreierte eher anhand der importierten Exotika und abenteuerlichen Geschichten eine Art Phantasiewelt.

Die faszinierenden Düfte, neuartigen Gewürze, Genussmittel und Getränke, wie Tee oder Kaffee, exquisite Stoffe und Schätze, die von den Entdeckern und Händlern in die Heimat mitgebracht wurden, berauschten die Sinne der abendländischen Gesellschaft und boten genug Inspiration für elysische Festlichkeiten.

So wie auch bei den *Pauernhochzeiten* tauchte der Hof bei solchen vom Orient beflügelten Veranstaltungen in eine andere Welt ein. Kosten wurden keine gescheut – von der Dekoration und der ambrosisch gedeckten Tafel bis hin zu den Kostümierungen. Je fremder und älter die unbekannte Kultur, desto besser. Ob das alte Rom, das Morgenland oder das Persische Reich, die fremdartige exotische Dekadenz wirkte über Jahrhunderte sirenenhaft auf die okzidentale Gesellschaft.

Vor allem Harems reizten die Vorstellung des männlichen Abendlands. Das Reizvolle bestand darin, den Schein nicht wahren zu müssen und sich seine Zweitfrauen und Mätressen ganz offen halten zu dürfen – und das auch noch alles unter dem eigenen Dach. Die Gespielinnen zur ständigen Verfügung zu haben, ohne jemandem Rechenschaft ablegen zu müssen, war wohl für viele Herren der Schöpfung eine reizvolle Utopie.

Diese Faszination für das Morgenland wurde als Turquerie oder auch als Türkenmode bezeichnet.

Im 18. Jahrhundert zogen osmanische Gesandtschaften in den europäischen Metropolen ein. Die Handelsbeziehungen sollten gepflegt und intensiviert werden.

Es wurden prunkvolle Soiréen veranstaltet, die die Vorstellung von der märchenhaften Welt im fernen Osten bekräftigten.

In der Hauptstadt des Heiligen Römischen Reiches beeindruckte der marokkanische Botschafter bei seinem Gastspiel 1783 besonders. Die orientalische Delegation zog die Blicke der Wiener auf sich, die Presse hatte kaum etwas anderes zu Berichten. Der Pascha von Tanger war gekommen, um einen Freundschafts- und Handelspakt mit dem Kaiser zu schließen. Heute noch erinnert die Marokkanergasse im dritten Bezirk an die Stippvisite des nordafrikanischen Gesandten.

Die Begeisterung für das Fernöstliche ergriff auch bald die europäische Kultur- und Schriftstellerszene wie auch Komponisten oder Philosophen. Sie ließen sich von dem orientalischen Lokalkolorit beflügeln.

Aber der Ferne Osten sorgte nicht nur für Faszination. Gleichzeitig war er auch der Feind. In seiner Geschichte musste Wien zwei Mal vor der islamischen Macht zittern.

So war es eine Hassliebe zwischen Orient und Okzident.

Vom Türkenkopfstechen zum Damenkarussell

Jeder militärische Sieg über den exotischen Widersacher musste gebührlich gefeiert werden. Die wohl beliebteste Festivität, um den Triumph über die Osmanen zu zelebrieren, war das sogenannten *Türkenkopfstechen*. In allen Gesellschaftsschichten ergötzte man sich an dem Anblick von aufgespießten „Osmanenköpfen". Eine Darbietung, bei der der heldenhafte Beschützer des Christentums hoch zu Ross mit einer Lanze bewaffnet auf einen „hölzernen Osmanen" zu galoppierte, um ihm heroisch den Kopf „zu stechen". Ein Spaß für Alt und Jung.

Vom „Kopfstechen alla turca" inspiriert, veranstaltete Maria Theresia 1743 das „Damenkarussell" in der Winterreitschule der Hofburg. Anlass war die Wiedereroberung der böhmischen Hauptstadt Prag.

Solche Karusselle waren schon bei mittelalterlichen Turnieren ein gern gesehenes Spektakel. In der Zeit des Barocks wurde das Schauspiel veredelt und das Pferdeballett fand seinen Einzug am Wiener Hof.

Bei derartigen Gesellschaftsspielen hatte der männliche Adel traditionsgemäß seinen großen Auftritt als Beschützer des Reiches.

Jedoch nicht unter der einzigen weiblichen Regentin der Monarchie.

Abb. 54: Das Damenkarussell in der Winterreitschule der Wiener Hofburg 1743

Abb. 55: Das kaiserliche Karussell in der Winterreitschule

Wie der Name schon verrät, zogen hier die hohen Damen ihre Kreise durch die Arena. Ob hoch zu Ross oder gemütlich in einem Wagen sitzend mit einem Degen bewaffnet, versuchten die Ladys aus Pappmaschee hergestellte oder auch hölzerne „Osmanenköpfe“, die auf die gesamte Festhalle verteilt waren, aufzuspießen. Angeführt wurden sie von der höchsten Dame des Hofes. Die damals noch knackige Regentin führte sogar die erste Quadrille der weiblichen Kavallerie an.

„Den 2. ward bei Hof das von I.M. biß anhero aufgeschobene Frauen-Carousel sehn prachtig gehalten … Jedermann verwunderte sich, daß alles hierbei so ordentlich und ohne einigen widrigen Zustoß abgeloffen, da doch die Frauen und Hoff-Dames, so zu Pferd und in Birocci mitgerennet, sehr wenig Zeit, sich zu exerciren gehabt, und sonderlich das reutende Frauen-Volck mit schlechten und kaum zur Promenade, geschweige zu dergleichen Exercitien abgerichteten Pferden versehen gewesen",[162] beschrieb Hofmarschall Khevenhüller-Metsch das Spektakel.

Als alle Holzköpfe aufgespießt waren, gab es noch eine Ehrenrunde um den Michaelerplatz. Die Habsburgerin und ihre weibliche Entourage mussten die „reiche Beute" an Holzköpfen ihrem Volk präsentieren. So amüsierte man sich also am Wiener Hof.

Winter- vs. Sommertreiben am Hof

Ein weiterer kultureller Höhepunkt im höfischen Eventkalender war die alljährliche Schlittenfahrt.

Maria Theresia genoss diese alte höfische Tradition besonders in jungen Jahren unheimlich.

Es „war jedes Mal ein ganz großes Ereignis. Tagelang vorher waren die Straßen und Plätze der Inneren Stadt mit Ketten abgesperrt. Niemand durfte in den Schnee treten und die weiße Pracht zerstören … Die Schlittenpferde trugen einen hohen Kopfschmuck aus bunten Federn und am Geschirr waren lauter goldene Glöckchen befestigt … Die Herrschaft saßen in bunten geschnitzten, sehr kostbaren Schlitten und waren in Pelze gehüllt. Meistens fuhr auch ein besonders großer Schlitten mit Trompeten und Paukern mit … Kaiser und Kaiserin und Kaiserstöchter, der Obersthofmeister und die anderen Würdenträger des Hofes zogen so … von einem großen Wiener Platz zum anderen … Leute strömten von weither zusammen, um dieses Schauspiel mitzuerleben."[163]

Bis heute kann man die kunstvoll ausgearbeiteten Schlitten samt winterlicher „Pferdemode" in der kaiserlichen Wagenburg bewundern.

Im Sommer gab es dann ganz andere Amüsements für den Wiener Hof, welche meist im Schloss Schönbrunn stattfanden. Dort wurde nicht nur gefeiert oder die Sommerfrische genossen, sondern es ging mitunter auch ganz schön heiß zur Sache. Im Irrgarten spielte es sich wohl ziemlich schlüpfrig ab. Vor allem die höfische Jugend turtelte gerne in den versteckten Gängen des Labyrinths.

Zur Zeit Maria Theresias wurde die „Spaßanlage" im Schönbrunner Lustgarten angelegt und auch immer wieder erweitert. Möglicherweise hat sich auch Reserls Göttergatte, Franz Stephan, nicht nur einmal in den blickdichten Ecken des Gartens amüsiert.

Franz Joseph wurde das Treiben im Irrgarten dann zu bunt, er meinte, „dass hier Dinge geschehen, die nicht geschehen sollten."[164]

Exkurs: Noble Notdurft

Eine nicht uninteressante Frage bleibt noch zu klären: Wie trat man bei all den höfischen und gesellschaftlichen Events eigentlich aus?

Bei Veranstaltungen am Hof wurde die Notdurft viel stilvoller als anderswo erledigt. Man brachte einfach seine eigene Toilette mit. Diese „Kackstühle" vom charmanten Charakter eines Plumpsklos wurden von den Bediensteten in den Hinterzimmern aufgestellt. Wenn nun die Natur ihr Recht verlangte, führte der Leibdiener den Betroffenen zum persönlichen Örtchen und man konnte in Ruhe erledigen, was zu erledigen war.

Die Damen der Gesellschaft hatten ihre individuelle Art auszutreten. Und sie mussten dafür nicht einmal den Raum verlassen. Eine Lady „schnippte" einfach nach ihrer Dienerin, die sogleich den eigens mitgebrachten und kunstvoll verzierten „Nachttopf to go", einen sogenannten *Bourdalou,* auspackte. Die Form, ähnlich einer Sauciere, war ihrem Zwecke perfekt angepasst. Das wertvolle Porzellan wurde, unauffällig unter dem Ballkleid zwischen die Schenkel geklemmt und schon konnte man sich erleichtern. Um die Entsorgung kümmerte sich dann diskret die Dienerschaft. So traten die hohen Damen also aus, ohne den Raum verlassen zu müssen. Äußerst praktisch bei Opern- oder Theaterveranstaltungen.

Und all das, obwohl der Vorläufer des Wasserklosetts Jahrtausende zurückgeht, nachweislich auf 3.000 v. Chr. Ob nun die Mesopotamier, die Inder, die Chinesen oder die Sumerer die ersten waren, die aus hygienischen Gründen ihre noblen Toiletten an spezielle Wasserleitungen schlossen, wird die Historiker und Archäologen wohl noch länger beschäftigen.

Auch die Römer erwiesen sich in dieser Hinsicht zivilisierter, als es in Europa bis ins 19. Jahrhundert üblich war. Sie verrichteten oder schütteten ihre Exkremente nicht in die „rue de la gack", sondern stellten der einfachen Bevölkerung sogar eine Art öffentlicher Toiletten zu Verfügung. In diesen konnten bis zu 25 Personen aneinandergereiht beim Stuhlgang zusammenkommen und sich über die aktuellen politischen Geschehnisse unterhalten. Die Hinterlassenschaften kamen dann über die Kanalisation in der Cloaca Maxima zusammen. Diese war der Göttin Venus Cloacina geweiht worden.

Mit dem „Aussterben" der alten Kulturen endete auch die Lokus-Etikette.

Im Mittelalter bis zur Neuzeit erledigte man sein Geschäft quasi, wo man gerade war. Königliche und kaiserliche Paläste mit Tausenden von Zimmern hatten, wenn überhaupt, eine sehr limitierte Anzahl von „Kackstühlen". Kanalisation war ein Fremdwort.

Bei den schönsten und exklusivsten Veranstaltungen am Hof des Sonnenkönigs Ludwig XIV. beispielsweise „hockerlten" sich die unzähligen Gäste in den Schlosspark. Ein „Sackerl fürs Gackerl" gab es damals noch nicht, was wohl auch besser war, denn so ersparte sich der allseits bekannte „Sparefroh" Louis die Zusatzkosten für einen guten Dünger.

Der direkte Vorfahre unserer Toilette wurde schon Ende des 16. Jahrhunderts vom britischen Dichter Sir John Harington (1561–1612) erfunden. Doch zu dieser Zeit war die Menschheit für diese praktische Schöpfung noch nicht bereit. Seinen gesellschaftlichen Durchbruch feierte das Wasserklosett erst 200 Jahre später, als Alexander Cumming (1733–1814), ein Pionier seiner Zeit, 1775 das Patent für sein Exemplar eines Wasserklosetts anmeldete.[165]

Höfische Jagd vs. proletarisches Hetztheater

Je prunkvoller und extravaganter das Fest, desto exklusiver war es und nur der Crème de la Crème des Wiener Hofes vorbehalten. So auch die Jagd: Dem einfachen Proletariat war es nicht gestattet, ab und zu ein Wildtier zu erlegen.

Um dem „Fußvolk“ sporadisch auch ein ungewöhnliches Vergnügen zu bereiten, wurde in der Vorstadt das sogenannte Hetztheater ins Leben gerufen. Ein blutrünstiges Vergnügen für jedermann und jede Frau – angelehnt an die antiken Amphitheater. Die Wiener waren begeistert und verbrachten ihre Freizeit nur allzu gerne im heimischen „Colosseum“.

Unter den Weißgerbern im heutigen dritten Bezirk stand der dreistöckige Holzbau, inklusive ausbruchsicheren Käfigen. Bis zu 3.000 Zuschauer fanden in den Rängen des Festspielhauses Platz. Auf dem Spielplan standen Tierhetzen: Wölfe, Wildschweine, Ochsen, Bären oder auch exotisches Getier wie Leoparden, Löwen oder Schakale, mussten sich gegen eigens gezüchtete Hetzhunde behaupten, um nicht in der Arena zerfetzt zu werden. Währenddessen untermalte ein Ensemble das Schauspiel mit fremdländischen, oft osmanischen Klängen.

„Thiere, welche beständig unterhalten werden. Ein Löwe. Zwey Tyger. Zehn Bären. Sechs Wölfe. Vier Wildschweine. Zwey ungarische Vollstiere. Zwey Schweizer Vollstiere. Zwey Hirsche. Einige Füchse, Daxse und Luxe. Drey und siebenzig Hunde. Außer den angezeigten Tieren werden bey jeder Hetze allzeit zwey frische ungarische wilde Ochsen, die man von den hisigen Fleischhakern wählt, gehetzt“.[166]

Bei den Vorstellungen wurden speziell trainierte blutrünstige Hunde unter anderem auf Ochsen losgelassen, die sie in der Arena regelrecht zerfetzten. Während die verletzten oder gar sterbenden Tiere vor Schmerz brüllten, tobten die Zuschauer vor Begeisterung und Musiker begleiteten das grausame Schauspiel mit exotischen Klängen.

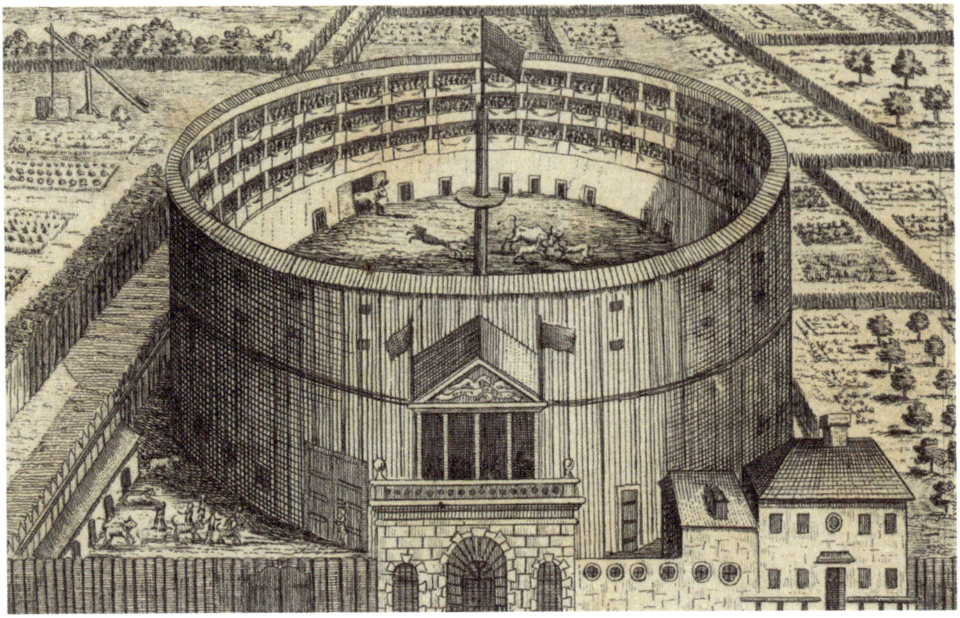

Abb. 56: Hetzamphitheater in Wien

Die bestialischen Vorstellungen hatten von März bis November an Sonn- und Feiertagen Saison und waren eine Goldgrube für die Betreiber. Beworben wurde inner- und außerhalb der Stadtmauern:

„Eine scharfe Hetze, eine blutige Hetze, eine sehr blutige Hetze, eine sehr scharf kämpfende Hetze, eine Hetze auf Mord und Tod, ein starker herrlicher Tierkampf …",[167] konnte man den wöchentlich verteilten „poetischen" Hetzzetteln entnehmen.

Bis Ende des 18. Jahrhunderts ergötzten sich die Wiener an dem makabren Spektakel – bis das Hetzamphitheater schlussendlich abbrannte und zur großen Freude der Vorgänger von Greenpeace auch nicht wiederaufgebaut wurde.

Aber zurück zum Rock'n'Roll, sprich zum Tanzen.

Abb. 57: Der Brand des Hetzamphitheaters in Wien

Dreivierteltakt

Getanzt wurde zur Zeit von Maria Theresia noch züchtig im Menuett, erst Ende des 18. Jahrhunderts wurde es etwas wilder am Tanzparkett. Die Ära des Walzers war gekommen.

Es war nicht der Walzerkönig Johann Strauß Sohn (1825–1899), der den Dreivierteltakt erstmals aufs höfische Parkett brachte, sondern sein gleichnamiger Vater samt Partner Josef Lanner (1801–1843) waren hier die Vorreiter.

Davor war der Walzer ein Volkstanz, dem sich nur die niederen Schichten hingaben. Und der wilde Trend war auch nicht ungefährlich. Bei den ausgelassenen Drehungen über das Parkett, die Dame durch den Saal wirbelnd und wenn dann noch der „Galopp" praktiziert wurde, gab es nicht nur ein Mal Verletzte bei vereinzelten oder manchmal gar Massenkarambolagen auf der Tanzfläche. So wurde zeitweise sogar ein „Galoppverbot" am Parkett angedroht.

Bis heute muss man sich bei den Wiener Bällen der „Danger on the dancefloor“ bewusst sein, ob beim Walzern und Galoppieren oder, noch schlimmer, bei der Quadrille.

Der wilde Paartanz hatte sich spätestens beim Wiener Kongress auch in den noblen Ballsälen der Stadt etabliert und feierte seinen internationalen Durchbruch.

Um in der Hofburg mehr Platz für die beliebten Tanzveranstaltungen zu schaffen, wurden unter Maria Theresia die zwei Theater in der Burg zu Ballsälen umfunktioniert. Zur Zeit ihres Vaters und Großvaters, die besonders opernbegeistert waren, wurden die Säle häufig für Aufführungen genutzt. Die beiden hatten sich selbst das eine oder andere Mal als Komponisten versucht, sehr zum Unmut des Wiener Hofs, der sich die Werke stundenlang anhören musste.

Als nicht komponierende, dafür aber partyaffine Regentin, waren ihr die Räumlichkeiten für Bälle genehmer. So wurden aus Konzertsälen Ballsäle, groß genug für bis zu 3.000 Besucher. Die sogenannten Redoutensäle waren geboren.

Nach dem Tod ihres heißgeliebten „Wirten“, wie sie ihren Gemahl auch nannte, verging Maria Theresia die Lust zum Feiern und so nahmen auch die Feste bei Hof ab.

Ihr Erstgeborener Joseph I. war ebenso nur bedingt an den kostspieligen Feiern interessiert. Er erschien, wenn überhaupt, nur der regierenden Mutter zuliebe.

„Der Kaiser aber erschine anfänglich gar nicht und überhaupt gar selten dabei, um seine Frau Mutter, wie es verlauten wollen, zu überzeugen, daß er an der herausgebrachten Erlaubnis der Mascheren [Maskierung] keine Rücksicht auf sich selbsten, sondern nur auf die Ergötzlichkeit des Publique geheget habe“,[168] beschrieb Khevenhüller in seinem Tagebuch.

Auch der barocken Mode konnte der aufgeklärte Kaiser nichts abgewinnen. Die exklusiven Gewänder hatte er „bloß par complaisance für seine Frau Mutter zuweillen noch angezogen.“[169]

Dem modernen Habsburger waren die traditionellen königlichen Gewänder ein Dorn im Auge, er fand sie fast lächerlich. Goethe (1749–1832) beschrieb Josephs Auftritt bei seiner Krönung zum römisch deutschen Kaiser in Frankfurt 1764 folgendermaßen: „Der junge König schleppte sich in den ungeheuren Gewandstücken mit den Kleinodien Karls des Großen, wie in einer Verkleidung, einher, so dass er selbst … sich des Lächelns nicht enthalten konnte.“[170]

Joseph besuchte lieber einfach gekleidet die Bordelle der Vorstadt.

Um die Lokalitäten für die höfischen Feste jedoch nicht verstauben zu lassen, öffnete er die Redoutensäle in der zweiten Hälfte des 18. Jahrhunderts für alle Stände. Nun konnte jedermann und jede Frau in der Hofburg tanzen und feiern bis zum Umfallen. Mit ein Grund, warum sich die Wiener Aristokratie bald darauf etwas mehr in ihre eigenen Palais zurückzog und ihre Hausbälle, oder wie man heute sagen würde Homeparties, veranstaltete.

In der ersten Hälfte des 19. Jahrhunderts wurden in der habsburgischen Metropole einige der spektakulärsten Bälle gefeiert. Im Biedermeier erlebte die Wiener Ballkultur wohl ihren Höhepunkt.

Abb. 58: Ein Maskenball im kaiserlichen Redoutensaal

„Der Kongress tanzt", hieß es zur Zeit des Wiener Kongresses in der Hauptstadt der Monarchie. Für die Prominenz, die aus allen Himmelsrichtungen nach Wien strömte, wagte sich der heimische Adel doch wieder aus seinen eigenen vier Wänden heraus.

Die Redoutensäle waren eines der Zentren für die internationale Partygesellschaft in Wien.

Der Wiener Kongress

Der Adel und Hochadel Europas war zum Wiener Kongress 1814/15 in Wien zusammengekommen. Die Idee dieses Konzils war eine Neuordnung Europas nach altem Vorbild. Der Kontinent war von den Napoleonischen Kriegen durchgeschüttelt worden. Doch statt zu diplomatisieren, wurde lieber gefeiert.

Abb. 59: Feierlicher Einzug Seiner Majestät Franz I. in seine Residenzstadt Wien

Man brachte die Stadt für die hohen Besuche auf Hochglanz. Es wurde veranstaltet, organisiert und viel Geld ausgegeben. Der Hof soll täglich 500.000 Gulden für die Verköstigung und Unterhaltung seiner Gäste verpulvert haben. Laut dem historischen Währungsrechner der Österreichischen Nationalbank wären das heute umgerechnet unglaubliche 10.308.005 Euro.

Eine nicht enden wollende Abfolge von Bällen, Redouten und Konzerten ließ die Partygesellschaft kaum zur Ruhe kommen. Der Hof veranstaltete täglich Feste und Bankette für die angereiste Aristokratie.

Abb. 60: Maskenball im k.u.k. Redoutensaal der Wiener Hofburg

Die Ausstattung und Dekoration bei diesen Veranstaltungen suchten ihresgleichen. Die Tratschbase des Hofes Lulu von Thürheim (1788–1864) schwärmte von einer der Redouten in der Hofburg: „Am 2. Oktober gab der Kaiser eine Monsterredoute in der Winterreitschule, die mit vielen Ornamenten und Lichtern“ (es waren über 7.000 Kerzen, die an dem Abend die Säle erleuchteten) „ausgeschmückt worden war … Es bot sich ein feenhafter Anblick, in diesem Meer von Licht die schönen, reich mit Schmuck und Blumen gezierten

Damen, die goldstrozenden Uniformen der Herren wandeln zu sehen." Und in dem satirischen Roman *Eipeldauer-Briefe* beschrieb Joseph Richter den Anblick folgendermaßen: „… das war a Glanz und a Pracht, dö viel hundert und hundert g'stickt'n Uniform, dö völli mit Gold und Silber bedeckt war'n und die Mengi Ordten, nid änderst als wann d'Stern alli von Firmament aberg'falln wärn und si auf den viel tausend Herrn ihrer Brust anpappt hädn …" Allerdings ging es bei beiden Bällen „sehr langweilig zu … Der erste Eindruck war entzückend, aber sonst war die Festlichkeit traurig, da niemand tanzte und die Musik ununterbrochen die gleiche Weise spielte. Es war eine Polonaise, nach deren Klängen die Souveräne im Saale umherschritten. Sie führten eine Dame an der Hand, die sie mit der eines anderen Polonaisetänzers wechselten. Da diese Zeremonie sich fortwährend wiederholte, wirkte sie schließlich einigermaßen läppisch, und verlief diese sonst wunderbare Veranstaltung ganz eintönig."[171]

Für den Großteil einer solchen Ballnacht wurden also traditionell Polonaisen und Menuettes getanzt. Erst zu späteren Stunde wirbelte, vor allem die blaublütige Jugend, im Dreivierteltakt über das polierte Parkett.

Abb. 61: Das Militärfest im Prater anlässlich des Jahrestags der Schlacht bei Leipzig am 18. Oktober 1814

Der Startschuss für den Kongress fiel im September 1814. Eingeleitet wurde mit einem beeindruckenden Feuerwerk im Prater. „In sechs Fronten rollte der Feuerzauber, einer Verherrlichung der Kongresshoffnungen, vor dem Publikum ab. Bilder wie ‚Ein Blick in die Zukunft', ‚Europas Völkern Dank' und ‚Gürtel der Eintracht' knisterten und knatterten vor dem Nachthimmel … Zum Abschluss des Feuerwerks stiegen zwei große leuchtende Feuerbälle auf, ‚als wann si zwoa Vollmond von Himmel auf di Bäumer aberg'lass'n häd'n.'"[172]

Exkurs

Im Volksmund wurde dieses Spektakel nach dem konzipierenden Feuerwerkskünstler Kasper Stuwer (1759–1819) als Stuwer'sches Feuerwerk bezeichnet. Er hatte das Familienunternehmen von seinem deutschen Vater Johann Georg Stuwer (1732–1802) übernommen. Nach diesem ist auch das heutige Stuwerviertel im zweiten Wiener Gemeindebezirk benannt. Dort hatte er auf einer eigens angemieteten Wiese regelmäßig die atemberaubendsten Feuerwerksvorführungen für die Wiener gegeben. Später unternahm er auch die erste bemannte Ballonfahrt der Monarchie.

Abb. 62: Entwurf zu einem Feuerwerk Kaspar Stuwers im Wiener Prater zu Ehren von Kaiserin Carolina Augusta und Kaiser Franz I.

Zusätzlich konnte man sich in etwas privaterem Rahmen amüsieren. Die Crème de la Crème der Wiener Gesellschaft lud ein ausgewähltes Publikum regelmäßig in ihre „Salons“ ein.

So kam es bald zu Cliquenbildungen unter den Kongressbesuchern. „Treulose“ Aristokraten gehörten teilweise sogar mehr als einer Clique oder, wie man es damals nannte, Koterie an.

Die Salons waren unterschiedlich gestaltet, bei manchen buchten die Hausdamen oder -herren die größten Stars ihrer Zeit für die erlesene Gästeschar. Es wurde gefeiert, getanzt und gevöllert. Andere Salons wurden fast zu Kindergeburtstagen, bei denen die Anwesenden herumtollten und beispielsweise Blinde Kuh spielten.

Diese Festivitäten dienten nicht nur dem Zweck der Belustigung der Geladenen, sondern waren in den meisten Fällen auch politisch motiviert. Es wurde nur allzu gerne im fröhlichen, oft sogar im intimen Rahmen verhandelt, bespitzelt, intrigiert, heimlich Absprache getroffen und noch vieles mehr. Somit beschloss man die Neuordnung Europas wohl eher in den adeligen Salons und auf den Tanzflächen Wiens als an den dafür vorgesehenen Verhandlungstischen.

Einer der wichtigste Player beim Wiener Kongress war Reichskanzler Klemens Wenzel Lothar von Metternich (1773–1859). Der Diplomat setzte in seiner politischen Taktik auf die Reize schöner Frauen. „Il faut faire marche les femmes“, war sein Motto bei den inoffiziellen Verhandlungen des Kongresses. Er setzte die Damen der Gesellschaft gerne für seine Zwecke ein und ließ sie in ihren Salons ausgesuchte Gäste aushorchen oder sogar manipulieren. Bei einer Party konnte man sich dem Objekt des politischen Interesses entspannt-freundschaftlich annähern und unter Umständen im Schlafzimmer die diplomatischen Beziehungen noch vertiefen.

Die Wiener Society-Ladies wurden also zu Agentinnen, teilweise sogar doppel- oder dreifach. Denn nicht nur Metternich nutze die Verführungskünste des vermeintlich schwachen Geschlechts für seine politischen Vorhaben. Auch der französische „Außenminister“ Charles-Maurice Talleyrand-Périgord (1745–1838) und Zar Alexander (1777–1825) setzten auf die Verführungskünste der hochwohlgeborenen Spioninnen, ließen sich jedoch gleichzeitig selbst ganz gerne mal betören.

Ob der Kongress ohne den weiblichen Touch auch zu einem guten Ende gekommen wäre, ist fraglich.

Aber wie so oft, gab es auch hier kritische Stimmen aus dem Aus:

„Die Damen in Österreich haben weder politische Tendenz noch politischen Einfluss. Sie sind nur als Depot der Meinungen zu betrachten“, spottete ein Polizeiagent. „Nicht gerade wohlwollend nannte man die politisierenden schöngeistigen Zierden der Salons ‚La haute volaille de Vienne‘ (‚Volaille‘: Geflügel) und schied sie in ‚Intelligänse‘ und ‚Elegänse‘, je nachdem, ob sie mit ihrem Geist oder ihrem Putz zu glänzen verstanden. Zar Alexander wählte unter ihnen ‚sechs Schönheiten‘ aus, wie Nostitz am 15.Jänner 1815 berichtete:

> Prinzessin Auersperg, geborenen Lobkowitz (‚la beauté sentimentale‘: die gefühlvolle Schönheit)
> Komtesse Julie Zichy (‚la beauté céleste, qui inspire des vrais sentiments‘: die himmlische Schönheit, die wahre Gefühle einflößt)
> Komtesse Sophie Zichy (‚la beauté triviale‘: die banale Schönheit)
> Prinzessin Maria-Theresia Esterházy (‚la beauté étonnante‘: die erstaunliche Schönheit, oft falsch als ‚mollig‘ übersetzt)
> Komtesse Caroline Széchenyi (‚la beauté coquette‘: die eitle Schönheit) und
> Komtesse Gabriele Saurau (‚la beauté du diable‘: die teuflische Schönheit) – Was nicht alles als Kompliment gemeint war.“[173]

Gelästert wurde, wie schon erwähnt, „kaum“ beim Kongress – es wurde beobachtet und kommentiert. So bemerkte Graf Nostiz „vollkommen wertfrei“, die Frau des englischen Gesandten, Lady Amelia Castlereagh (1772–1829), sei „kolossal und plump, ihr Aufzug immer überraschend durch die lächerlichste Mannigfaltigkeit geschmackloser Überladung, ihr Wesen wild und unbekümmert.“[174]

Auch dem aufmerksamen Auge der Baronin Alexandrine de Montet (1785–1866) entging nichts. Beim Jubiläum der Völkerschlacht von Leipzig fiel ihr die britische Adelige ebenfalls auf: „Beim Balle des Fürsten Metternich trug sie den Hosenbandorden ihres Mannes in Diamanten in ihren Haaren. Man wundert sich über diese Bizzarerie, man könnte es aber auch bezüglich der Indezenz ihrer Kleidung tun: Ihre Kleider oder vielmehr ihre Futterale sind so eng, dass man all ihre Formen sieht. Sie sind bis zum Magen dekolltiert. Sie ist zudem weder hübsch, noch jung, sondern groß und hager.“[175]

In anderen Fällen ließ die Eifersucht so manche/n KongressteilnehmerIn seine/ihre gute Erziehung vergessen. So beschimpfte der abgewiesene Friedrich von Gentz, Metternichs rechte Hand, die „It-Girls“ des Kongresses, Wilhelmine von Kurland-Sagan, Geliebte seines Herren, und ihre Schwestern als *„Curländische Huren-Gesippschaft“.*[176]

Auch bei den noblen Salons waren die spitzen Zungen allgegenwärtig.

Bei der Gräfin Zichy-Ferraris (1780–1866) war nur eingeladen, wer nicht nur bedeutend, sondern auch elegant war. Dies bezog sich auf das gesamte äußere Erscheinungsbild, so waren „der dicke König von Württemberg und der garstige König von Dänemark ein für allemal ausgeschlossen. Die Gräfin Molly“ wiederum, „welche die Mutter Natur mit einem sehr mäßigen Verstand, aber mit einer der längsten Nasen beschenkt hatte“, die als schön galt, „lebte in dem Glauben, eine geistreiche, elegante, einflussreiche und pikante Frau zu sein. Man muss einräumen, dass sie trotz ihrer Lächerlichkeit und Bedeutungslosigkeit, trotz ihrer Hüfte, die ihr bis zum halben Rücken reichte, dank ihrer Exklusivität das Talent besessen, ihre Einladungen zu den gesuchtesten und elegantesten gemacht zu haben“,[177] beschrieb sie ihre gute Freundin Lulu von Thürnheim.

Selbige Gräfin Molly Zichy-Ferraris samt ihres „mäßigen Verstandes“ bewies Schlagfertigkeit angesichts einer Aufforderung Zar Alexanders, ihre Schulden zu begleichen: „Wenn Eure Majestät die Million wiederhaben wollen, so brauchen Sie mir nur den Krieg erklären.“[178]

Eine weitere Linie des ungarischen Adelsgeschlechts Zichy, diesmal mit dem klingenden Beinamen Vásonykeö, war für seine wilden Feten bekannt. Hier dürfte es etwas verruchter zugegangen sein als bei den lieben Verwandten.

Auch bei diesen Salons ging die Tratschtante der aristokratischen Partyszene Lulu von Thürheim ein und aus und wusste Schlüpfriges zu berichten: „Man schäckert, man kost, es herrscht unter den Gästen vollständige Standesgleichheit, mit einem Wort das schönste Schäferidyll, das reinste Arkadien. Neulich machte der Zar mit Gräfin Flora Wrbna-Kageneck eine Wette darüber, wer sich am schnellsten vom Kopf bis zu den Füßen umkleiden könne. Man kommt von beiden Seiten im tiefsten Negligé, jede Partei zieht sich in ein Kabinett zurück, nachdem man sich das feierlichste Ehrenwort gegeben, keinerlei Betrug auszuüben und bis auf das Hemd die ganze Kleidung zu wechseln. Nach 10 Minuten erscheint die Gräfin in großer Hoftoilette, eine Minute später der Kaiser in Galauniform mit allen Dekorationen. Man sagte danach, dass der Zar in ritterlicher Weise seiner schönen Partnerin den Vortritt lassen und ihr als Preis einen prachtvollen Kaschmirshawl schenken wollte, was er auch tat.“[179]

Ab und an gerieten die ausgelassenen Spielchen aber außer Kontrolle. Als beispielsweise ein scheinbar harmloses Blinde-Kuh-Spiel um ein Haar in einem Duell zwischen den Kronprinzen von Württemberg und Bayern geendet hätte, denn beide buhlten um die Gunst derselben Dame. Nicht auszudenken, was passiert wäre, hätte man auch noch Topfklopfen gespielt.

Bei den Schwarzenbergs brauchte man sich politisch kein Blatt vor den Mund zu nehmen, vor allem wenn es um den Kanzler ging. Da die Familie kein inniges Verhältnis zu Metternich pflegte, konnte man sich sicher sein, diesen dort nicht anzutreffen. Das war wohl auch der Hauptgrund, warum der russische Zar mit Vorlieb seine Abende mit gelöster Zunge im Schwarzenberg'schen Palais am Neuen Markt genoss.

Als den „frohesten Mann Europas“ bezeichnete Goethe den Prinzen de Ligne (1735–1814). Der belgische Partylöwe hatte schon Jahre vor dem Kongress in Wien seine neue Heimat gefunden. Sein fideles Wesen in Kombination mit seiner Lieblingsfarbe Rosa hatten ihm den Spitznamen „der rosarote Prinz“ eingebracht. Heute würde man hinter solch einem Beinnamen wohl gleich eine homosexuelle Neigung vermuten, aber das traf auf den Lebemann so gar nicht zu: „Männer, die sich vom Umgang mit Frauen fernhalten, hören auf, liebenswürdig zu sein", so de Ligne. Auch wenn seine Residenz weniger Platz bot als so manch andere Adelspalais in Wien, ließ er es sich doch nicht nehmen, regelmäßig Feste zu veranstalten. Trotz des Platzmangels und der angeblich wenig ansprechenden Verköstigung dürften seine Gesellschaften zu den gemütlichsten in Wien gehört haben. Er selbst genoss die ausgelassene Stimmung des Kongresses und hätte selbigen „für kein Geld der Welt" verpasst. Der beschwingte Prinz war es auch, der dem Kongress seine wohl bekannteste Fußnote schenkte: „Le congrès danse beaucoup, mais il ne marche pas", also „Der Kongress tanzt, aber es geht nix weiter".

Abb. 63: Ball der Fürsten
Mittig befinden sich die Monarchen von Österreich, Preußen und Russland - Rechts der König von Sachsen mit seiner Krone in den Händen, ganz rechts daneben die Republik Genua - Links Talleyrand und in Rot Castlereagh

Bei allem Spaß, den die meisten Kongressteilnehmer in Wien hatten, ging die nicht enden wollende Abfolge der gesellschaftlichen Veranstaltungen in der habsburgischen Residenzstadt doch an die Substanz. So beklagte sich sogar der Organisator, Kaiser Franz I. (II./I.) (1768–1835), schon ein Monat nach Beginn des Großevents: „Wann das so fortgeht, da lass ich mich jubilieren (pensionieren); ich halt das Leben in die Länge nicht aus."[180] Seine kränkliche Gemahlin befürchtete, dass sie der Kongress zehn Jahre ihres Lebens kosten würde.

Über die teilnehmenden Monarchen wurde folgendermaßen gespottet:

- Alexander I. von Russland (1777–1825) „liebte für alle“,
- Friedrich Wilhelm III. von Preußen (1770–1840) „dachte für alle“,
- Friedrich VI. von Dänemark (1768–1839) „sprach für alle“,
- Maximilian I. von Bayern (1756–1825) „trank für alle“,
- Friedrich von Württemberg (1754–1816) „fraß für alle“,
- Und der Kaiser von Österreich „zahlte für alle“.[181]

Hinterrücks über andere herzuziehen, brauchte die Gesellschaft beim Wiener Kongress wohl „wie die Luft zum Atmen“.

Alles Walzer

In den Folgejahren des Wiener Kongresses florierte das Walzerbusiness immer mehr.

Johann Strauß Vater (1804–1849) und Joseph Lanner feierten in der ersten Hälfte des 19. Jahrhunderts ihren Durchbruch. Sie drückten dem Volkstanz ihren eigenen Stempel auf und machten ihn erst so richtig gesellschaftsfähig.

Wie schon Frank Sinatra die „niemals schlafende Stadt“ New York besang – „If I can make it there, I'll make it anywhere“ („wenn ich es dort schaffe, dann schaffe ich es überall“) –, so galt dasselbe für die Musik, speziell den Walzer, im Wien des 19. Jahrhunderts. Wer die kritische Wiener Gesellschaft mit seinen Kompositionen erobern konnte, dem war der internationale Erfolg sicher.

Bald schon ging Johann Strauß Vater auf Tournee. In Deutschland, Belgien und England wurden die Konzertbesucher zum Rotieren gebracht. Sein Sohn sollte es später sogar über den großen Teich schaffen.

Nicht nur die Musik entwickelte sich, sondern auch der Tanz an sich. Der „Ur-Walzer“ war eher ein Gehüpfe über die Tanzfläche, ein springender Tanzstil – nun aber glitten die Paare durch die Ballsäle.

Diese ungeheure Popularität des Walzers kam nicht nur einigen Komponisten, sondern auch den Musikverlagen zugute – deren Umsätze gingen durch die Decke.

Seinen unbestrittenen Höhepunkt feierte der Modetanz des 19. Jahrhunderts mit Johann Strauß Juniors Komposition *An der schönen blauen Donau* (1867).

Schani, wie er bis heute im Volksmund genannt wird, war der Rockstar, der Mick Jagger des 19. Jahrhunderts. Seine weiblichen Fans kreischten und fielen reihenweise in Ohnmacht bei seinen Konzerten. Möglicherweise wurde auch das eine oder andere Korsett auf die Bühne geschmissen. Der musikalische Beau genoss die Aufmerksamkeit der Damenwelt sehr, er war drei Mal verheiratet und unbestätigten Meldungen zufolge um die 13-mal verlobt. Kein Wunder, war er doch ein wirklich ansehnliches Mannsbild: groß, fesch, gut gebaut, einen Hippster-Schnurrbart, wie er damals wie auch heute wieder modern ist und wunderschöne dichte dunkle Locken.

Abb. 64: Karikatur von Johann Strauß

Eines schönen Tages soll Strauß nach einem Konzert auf die glorreiche Idee gekommen sein, sich ein Lockerl abzuschneiden und es einem seiner treuen Groupies zu schenken. Die Beschenkte war von ihrer „Damenspende“ über alle Maßen entzückt. So spielte Strauß mit dem Gedanken, solche persönlichen Souvenirs öfters an seine loyalsten Fans zu opfern. Allerdings zu oft und er wäre bald kahl gewesen. Also griff er kurzerhand zu einer List und legte sich einen dunkelhaarigen Pudel zu. Vor den Konzerten schnitt er dem bellenden „Bauernopfer“ einige Locken ab und verschenkte sie als original Johann-Strauß-Locken. Eine Win-win-Situation – nur der Hund erlitt wohl Kollateralschaden.

Abb. 65: Karikatur von Johann Strauß mit seinen Fans

Strauß war also drei Mal verheiratet. Mit seiner ersten Frau Jetty (1818–1878) waren es 16 Jahre. Er lernte sie wohl bei der Arbeit kennen. Jetty war mit einem der reichsten jüdischen Industriellen Wiens liiert, Moritz von Todesco (1816–1873). Regelmäßig wurden im Palais Todesco (Kärntner Straße 51) Salons gegeben. Ein Ort der Begegnung für die künstlerische und politische Szene der Zeit. Ob Strauß nun zu Gast war oder, wie bei den Todescos üblich, für einen Auftritt gebucht wurde, ist nicht geklärt. Jedenfalls lernten sich die beiden in den vier Wänden des „Noch-Lebensabschnittspartners" Jettys, Todesco, kennen und lieben. Ein Jahr später wurde schon geheiratet. Die Ehe soll sehr glücklich gewesen sein, bis Jetty einem Schlaganfall erlag. Strauß war am Boden zerstört, verzweifelt … für mehr oder weniger ein Monat lang, dann wurde wieder geheiratet.

So tänzelte der Walzerkönig sein Leben lang von einer Dame zur nächsten. Es grenzt fast an ein Wunder, dass er da noch die Konzentration fand, über 550 Werke zu komponieren.

Der Tanz des Teufels

„Im Gegensatz zu den höfischen Tänzen wie etwa dem Menuett war der Walzer ein Tanz der Sinnlichkeit und der körperlichen Nähe …" Bereits im 16. Jahrhundert dürfte ein Vorfahre des Modetanzes für Aufregung gesorgt haben: „Schon damals hätten diverse Sittenwächter beanstandet, dass den jungen Mädchen die großen Schritte und das weite Öffnen der Beine gesundheitlich schaden würde. Ja, man würde sogar das nackte Knie sehen, wenn die Frau nicht ständig ihr Kleid darüber halte. Kurz: Der Walzer sei der ‚Tanz des Teufels'".[182]

Dass der Walzer, das „schädliche, rasende Toben, das die Leidenschaft in Flammen bläst"[183] dennoch zu *dem* Wiener Attribut wurde, ist wohl der Entwicklung der Ballkultur im 18. Jahrhundert zu verdanken.

Mit dem Erfolg der Wiener Tanz- und Feierkultur ging auch eine gesellschaftliche Entwicklung einher. Anfangs waren Bälle eine Domäne der Aristokratie, doch mit der Industrialisierung und dem damit verbundenen Aufstieg des Bürgertums, konnte die Noblesse ihr „Ballmonopol" nicht mehr halten. Nicht nur das wohlhabende Bürgertum, sondern auch die Dienerschaft beispielsweise ließen es sich nicht nehmen, ihre Freizeit auf eigens organisierten Tanzveranstaltungen zu verbringen.

Der Walzer war allerdings nicht der einzige Tanz, der für Aufregung auf der Tanzfläche sorgte. Ein weiterer Modetanz fegte Anfang des 19. Jahrhunderts wie ein Wirbelwind durch die Metropolen Europas, der letzte Schrei aus dem exotischen Südamerika. In seiner Heimat nannten ihn die feinen Leute „Bordell-Reptil": den Tango. Er wurde in den Hafenkneipen von Buenos Aires geboren und nur in Spelunken und Bordellen getanzt. „Tango tanzte man nur mit der Dirne oder der Geliebten, niemals mit der angetrauten Frau."[184]

Der ehemalige österreichische Erzherzog Leopold Wölfling, der, wie schon erwähnt, mehr als einmal mit einer Prostituierten verheiratet war, beschrieb den feurigen Tanz 1914 im *Neuen Wiener Tagblatt* folgendermaßen: „Wie individuell wird jedes Paar, redet durch das Getrippel der Pas, lockt und verneint und bejaht und versagt, wie verspricht da die Partnerin, wie fordert und beherrscht sich, fleht und zögert, sehnt und empört sich der Partner.“[185]

Frühe Klubszene Wiens

Zur Blütezeit des Wiener Walzers, also der Zeit der Strauß-Dynastie, fegten Arm und Reich geleichermaßen im Dreivierteltakt über das Parkett – nicht nur „das blaue Blut“ wusste sich zu amüsieren.

Gleichzeitig entwickelte sich eine Art parallele Feiergesellschaft im bürgerlichen Wien – Wirtshäuser wurden zu Ballsälen umfunktioniert.

Die tanzwütigen Wiener ließen die musikalischen Gasthäuser aus allen Nähten platzen, sodass fleißig zugebaut werden musste. Die Tanzsaal-Expansionen waren die „natürlichen Folgen“ des Walzer-Booms.

Einige der berühmtesten Tanzlocations waren, so der damalige Party Guide *Neueste Wienerische Wegweiser* von 1792, „Zum grünen Thor“ in der Rossau, „Zum Mondschein“ beim Garten der Schwarzenbergs, „Zum Sperl“ oder „Zum Fasan“ in der Leopoldstadt.[186] Die im Sperl „singenden und den Cancan vortragenden ‚Kokotten‘ nannte man wenig vornehm ‚Sperlfetz'n‘.“[187]

In der Schottenfeld'schen Vorstadt (heute Zieglergasse 15) bestach der Apollosaal mit seiner beeindruckenden Inneneinrichtung. Die Lokalität konnte bis zu 8.000 Gäste fassen und war mit Grotten, Wasserfällen und künstlichen Teichen, inklusive Schwänen, ausgestattet.

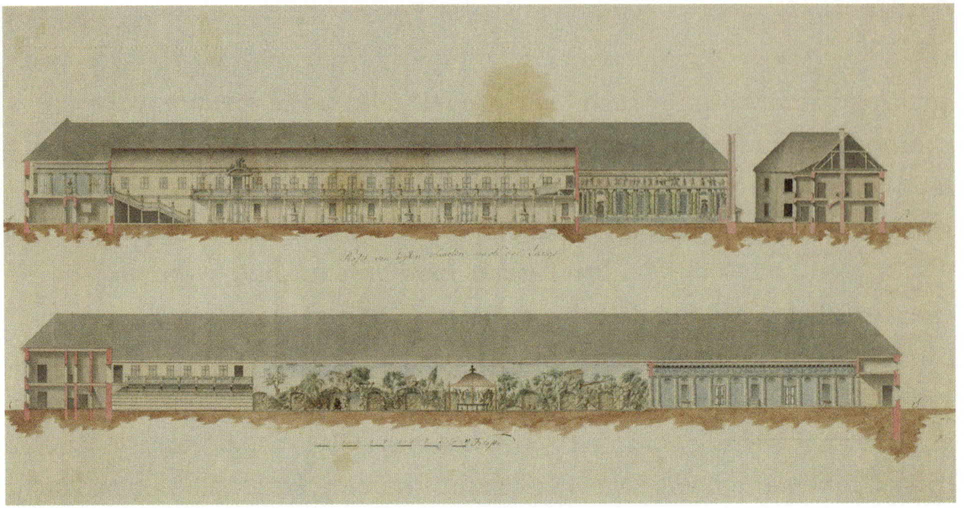

Abb. 66: Etablissement Apollosaal in der Zieglergasse, Schnitt durch die beiden Säle

Abb. 67: Ansicht des Tanzhains im Apollo-Saal in Wien

Ein anderer exklusiver Partykeller des Biedermeiers war das „Neue Elysium“ innerhalb der Stadtmauern in der heutigen Annagasse. Das Interieur beeindruckte durch seine exotische Andersartigkeit. Die einzelnen Räume waren den verschiedenen Kontinenten gewidmet. Man musste nicht einmal zu Fuß durch das weitläufige Partyetablissement wandern – mit einer kleinen Pferdeeisenbahn konnte man auf Weltreise gehen und alle fünf Erdteile an einem Abend besuchen.[188]

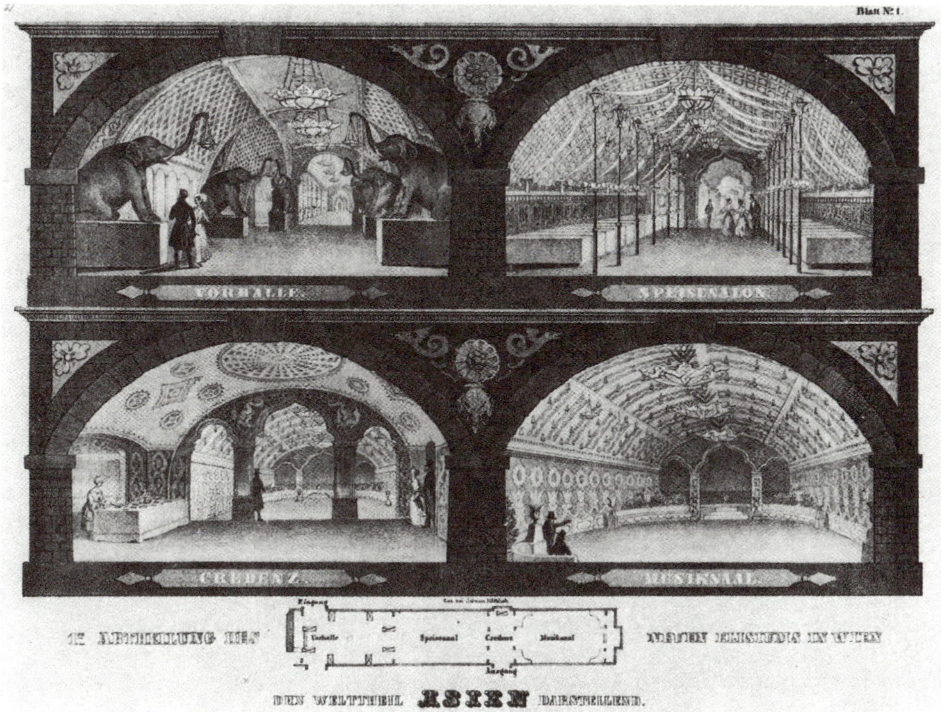

Abb. 68: Das Neue Elysium

Auch das „Kolosseum“ in der Brigittenau (heute Zrinyigasse/Jägerstraße) lockte mit internationalen Attraktionen, wie einer „russischen Schleuder“, einer „Wendelmaschine“, einem englischen Karussell oder „politisch korrekten“ Amüsements, wie dem *Türkenwurf*. Bootsfahrten sowie ein riesiger hölzerner Elefant samt diskreten Chambres séparées gab es im reichhaltigen Angebot der Vergnügungsstätte.[189]

Abb. 69: Das Neue Elysium in Wien (Kontinent Asien)

Abb. 70: Daumsches Elysium

Dies waren wohl die ersten nennenswerten Partyklubs von Wien und könnten einigen der heutigen Feierlokalitäten der Stadt durchaus als Vorbild dienen.

Abb. 71: Satirisches Bild: Das Begräbnis des Faschings in Wien, Werbung für Veranstaltungen im Elysium und im Sperl

Die Geburtsstunde vieler dieser Vergnügungsstätten fiel in die Zeit der Napoleonischen Kriege oder die Nachkriegszeit. Jedoch dürften diese schwierigen Zeiten dem kulturellen Leben der Reichshauptstadt keinen Abbruch getan haben.

Die Theater erlebten eine Renaissance. Es wurden etliche neue Bühnen gegründet und der Ansturm war teils so groß, dass einige Ensembles ihre Komödien oft dreimal täglich aufführen mussten.

Und auch musikalisch bot die Stadt bekannterweise so einiges:

„Wien war damals unbestritten die Hauptstadt der musikalischen Welt. Die beiden größten Komponisten und Reformatoren des Kunstgeschmacks, Haydn und Mozart, hatten dort gelebt und ihre Meisterwerke geschaffen. Noch lebte die Generation, die sie hatte entstehen sehen und an ihnen ihren Kunstgeschmack gebildet hatte. Der würdige Nachfolger dieser Kunstheroen,

Abb. 72: „So tanzt man in Wien!!"

Beethoven, lebte noch daselbst und befand sich eben im Glanzpunkt seines Ruhmes und der Kraft seines Schaffens. In Wien wurde daher bei Kunstleistungen stets der höchste Maßstab angelegt, und dort gefallen, hieß, sich als Meister bewähren",[190] beschrieb Kapellmeister Louis Spohr (1784–1859) seine Stadt Anfang des 19. Jahrhunderts.

Aber nicht nur die Berufsmusiker gestalteten das Musikleben in Wien. Wie schon zuvor versuchte sich auch im 19. Jahrhundert der Adel am Komponieren. Die adeligen Komponisten wurden liebevoll „Dilettanten" genannt. Heutzutage wird diese Bezeichnung negativ assoziiert, damals allerdings war es eher eine Art Kosename für einen Hobby-Komponisten und leitete sich von dem italienischen Verb *dilettare*, also *sich erfreuen* oder *ergötzen*, ab.

Aber nicht bei jedem adeligen „Dilettanten" wurde ein Auge zugedrückt. Franz Joseph, der nur allzu gerne die erste Geige, nicht nur im Reich, sondern auch in Streichquartetten spielte, konnte sich in musikalischer Hinsicht keiner allzu großen Fangemeinde erfreuen. Vielmehr belächelte sein gequältes Publikum sein Gefiedel als „hölzernes Gelächter".[191]

Anfang des 19. Jahrhunderts war also die ganze Stadt zu einer Partyzone geworden. Das „einfache Volk" amüsierte sich in den zahlreichen Etablissements, die über die ganze Stadt verteilt waren, und auch in der Hautevolee steppte der Bär.

Jüdische Salons

Mit dem Bau der Ringstraße feierte auch das jüdische Großbürgertum seinen gesellschaftlichen Aufschwung in Wien. Es errichtete sich seine Palais entlang des Prachtboulevards und lud die hauptsächlich bürgerliche Schickeria zu Salons. Endlich musste es seinen Wohlstand nicht mehr „verstecken".

So entwickelte sich mit dem Bau der Ringstraße nicht nur die Stadt, sondern auch die Gesellschaft weiter.

Der Trend der Salons kam ursprünglich aus Berlin und wurde von Fanny von Arnstein (1758–1818) in Wien eingeführt. Auch den Weihnachtsbaum hatte Fanny der Residenzstadt vorgestellt. Sie war eines der „It-Girls" zur Zeit des Wiener Kongresses und lud regelmäßig zu Soiréen. Aber anders als die Salons zur Zeit des Kongresses waren die Gästelisten der jüdischen Hautevolee nicht unbedingt an Konfession oder Stand gebunden. Und zum Unterschied zu ihren Vorläufern gab es in diesen jüdischen Salons der franzisko-josephinischen Zeit seltener Orgien. Diese hoben sich nämlich durch ihren intellektuellen Charakter ab. Die wohl bekannteste Wiener Salonnière war die Schriftstellerin, Journalistin und eine der Pionierinnen der Emanzipation, Bertha von Zuckerkandl (1864–1945).

Die jüdische Elite der Ringstraßenära war gewissermaßen gezwungen, sich ihre eigene gesellschaftliche Plattform in Wien zu schaffen, denn auch wenn sie ihren sozialen Durchbruch feiern durfte, so hatte ihre Blüte doch Grenzen – zur Hofgesellschaft reichte es dann doch nicht.

Ball bei Hof vs. Hofball

Bis zum Ende der Monarchie sollte die Exklusivität am Wiener Hof gewahrt bleiben. Denn die Noblesse hatte nach den Revolutionen im März und Oktober 1848 einen Großteil ihrer historischen Privilegien eingebüßt. So wirkte sie dem drohenden bürgerlichen Aufstieg entgegen, indem sie dem Bürgertum den Zugang zum höfischen Gesellschaftsleben weiterhin verwehrten.

Was die exklusive Isolation des Großbürgertums anging, war man am Wiener Hof d'accord, aber ein schwarzes Schaf braucht jede Familie. In diesem Fall war es Kronprinz Rudolf, der diese Abkapselung von weniger Hochwohlgeborenen nicht hinnehmen wollte. Ganz im Gegenteil, er suchte sogar die Gesellschaft der „wachsenden Gefahr". So galt er bald als Exzentriker am Wiener Hof.

Der höfische Partykalender begann jedes Jahr mit der „Neujahrscour". Diese war der Startschuss für die gesellschaftliche Saison und zog eine Reihe von Happenings nach sich – Bälle, Maskeraden und sonstige Events. Der alljährliche Höhepunkt des gesellschaftlichen Lebens am Wiener Hof war der Hofball. Er war quasi der Staatsball der Monarchie und hatte für die Elite dieselbe Bedeutung wie der Opernball heute.

Aber nicht jeder genoss die pompöse Veranstaltung. Der Kaiser war kein Fan von Auftritten bei Hof, ob nun Bankette oder Bälle. Ein „Es war schön, es hat mich sehr gefreut“ brachte Franz Joseph regelmäßig bei offiziellen Auftritten gezwungenermaßen über die Lippen und zog alsbald wieder von dannen.

„Heute ist der große Hofball, was, wie immer, ein recht mühsames Vergnügen sein wird. Der Ball war sehr voll, besonders viele Damen, auch tanzende, unter denen nicht viel hübsches, gar nicht heiß. Um 12 Uhr war ich in meinem Zimmer“,[192] jammerte der Regent in einem Brief an seine Angetraute.

Abb. 73: Ballszene: Begrüßung auf der Treppe mit Kaiser Franz Joseph

Geladen waren an die 2.000 Gäste der hoffähigen Aristokratie, inklusive Hofwürdenträgern. Um die exklusive Runde komplett zu machen, kamen auch noch Spitzenpolitiker sowie die kirchliche und militärische Obrigkeit hinzu.

Das Tanzen stand dabei weniger im Mittelpunkt als das „Sehen und Gesehenwerden“. Die Krönung des Balls war der Cercle, also die Challenge, zu den ständig umzingelten Majestäten auf ein kleines Pläuschchen vorzudringen.

Der Hofball darf aber unter keinen Umständen mit dem Ball bei Hof verwechselt werden. Dieser war wohl dem heutigen Techniker Cercle ähnlich, dem feudalsten Event der Ballsaison. Hochadel only. Knapp 400 Dynastien der Monarchie bildeten diese illustre Runde.

Allerdings dürfte der Exklusivitätsgrad eines Balles bei Hof Hand in Hand mit dem Spaßfaktor bei einer solchen Veranstaltung gegangen sein. Je hochrangiger die Gästeliste, desto steifer soll es zugegangen sein. Eine Charaktereigenschaft, die die heutigen Tanzveranstaltungen in der Hofburg, der Oper oder dem Musikverein nicht mit den damalig hochklassigsten Bälle teilen.

Von Lumpen-, Nackt-, Fiaker- und Wäschermädelbällen

Das komplette Gegenteil zum steifen Ball bei Hof waren die Lumpenbälle. Diese wurden nur noch von den Nacktbällen übertroffen. Für solche Events galt nomen est omen. Bei dem einen kam man in Lumpen, beim anderen ließ man sogar die zu Hause. Sie wurden ab der Mitte der 1850er-Jahre veranstaltet, aber alsbald polizeilich verboten, doch die „‚liederliche(n) Weibspersonen' … fanden umgehend Ersatzorte. Sie traten nun auf Maskenbällen als Männer verkleidet auf, was ebenfalls polizeilich untersagt war. Gestattet war lediglich, dass sich Männer als Frauen ausgaben. Auch die „Lumpenbälle" erfreuten sich guten Besuchs, auf ihnen hüllten sich die Damen und Herren in Fetzen, derer man sich im Fall des Falles rasch entledigen konnte."[193]

Wie auch noch heute feierten sich auch schon damals die verschiedensten Branchen mindestens einmal jährlich. So gab es beispielweise einen Wäschermädel- oder auch einen Fiakerball.

Allerdings waren bei den Wäschermädelbällen kaum „Wäschermädel" zu finden. Sie waren verkleidete Prostituierte. Der Ruf der Wäscherinnen war schon lange angeschlagen, sie galten als „billig" und „offenherzig". Ein Umstand, der wohl ihrem finanziellen Background geschuldet war.

Abb. 74: Lumpenball

Abb. 75: „Auf dem Fiakerball“

Der 565er. Waßt, die Hantige g'fallt mir besser als die Sattlige.
Der 487er. Mir kummt wieder die Sattlige hantiger vor.

Abb. 76: Auf dem Wäschermädlball

Hausbälle

Die Faschingszeit war wohl die beliebteste „Jahreszeit" der Wiener „Blaublütigkeit". Neben den Bällen bei Hof gab es auch noch öffentliche Tanzfeste – selbstverständlich mit exklusiven Gästelisten.

Abb. 77: Wiener Fasching

Besonders beliebt waren auch die Hausbälle der noblen Familien Wiens. Man brachte sein Stadtpalais auf Hochglanz, es wurden keine Kosten oder Mühen gescheut. Nach alter Tradition versuchte man, sich gegenseitig zu übertrumpfen. Die Kleiderindustrie verdiente sich eine goldene Nase während der Ballsaison, denn zu jedem Ball musste Dame freilich ein anderes Kleid tragen und der neuesten Mode entsprechen sollte es auch. Dasselbe Kleid zu zwei oder mehr Veranstaltungen zu tragen, hätte eine Odyssee von Geläster hinter sich gezogen und die Reputation der Modesünderin wäre dahin gewesen. Eine Tradition, die man heute noch auf den Wiener Bällen wahrt und die Damenwelt alljährlich ein kleines Vermögen kostet.

Auf den meisten dieser Bälle traf man die „üblichen Verdächtigen" – die Gästelisten deckten sich in der Regel und man blieb unter sich.

Bälle zur Heiratsvermittlung & gefächerte Geheimcodes

Die Gelegenheit schlechthin, um in der feinen Gesellschaft „auf Aufriss" zu gehen, waren Bälle. Diese waren quasi der Heiratsmarkt für die Crème de la Crème Wiens. Selbstredend waren gewisse Anstandsregeln stets einzuhalten. Sie schrieben unter anderem vor, wie sich ein heiratswilliges Fräulein zu positionierten und zu kleiden hatte. Es war eine Gratwanderung, denn die Braut in spe sollte zwar die Blicke auf sich ziehen, aber ohne dabei die „Gesetze der Sittlichkeit zu verletzten". Und der Druck war groß, denn wer nicht spätestens bis zum 20. Geburtstag unter der Haube war, galt fast als unvermittelbar, „eine Schande für das Haus".

„Zeremonielle Tänze wie der Cotillon kamen ab der Mitte des 19. Jahrhunderts wieder in Mode. Die jugendlichen Tänzer_innen wurden von ihren Erziehungsberechtigten genau beobachtet, und wenn ein Paar zwei Mal den Cotillon zusammen getanzt hatte, galten die beiden schon als verlobt."[194]

Auch Sisis Schicksal wurde durch einen verhängnisvollen Tanz 1853 in Bad Ischl quasi besiegelt.

Da man sich nun an unzählige Anstandsregeln zu halten hatte, war das Flirten eine Herausforderung. Der direkte Weg war ausgeschlossen. Um doch, ohne viel Aufsehen zu erregen, direkten Augenkontakt mit dem Angebeteten aufnehmen zu können, hatten die jungen Ballbesucher eine Geheimsprache entwickelt, die sogenannte Fächersprache. Ein Fächer gehörte zur Standardausrüstung einer jeden Dame, die etwas auf sich hielt. Ob bei einem Wochenendausflug, einem Ausritt, einem Ball oder einem Konzertbesuch, das kühlende Requisit war immer dabei und das perfekte Accessoire zum heimlichen Schäkern.

Die Bedeutung der verschiedenen „Fächer-Haltungen" war allgemein bekannt. So konnte eine Dame signalisieren, dass sie „auf der Pirsch ist", indem sie ihren Fächer mit der linken Hand vor ihr Gesicht hielt, nur die Augen waren noch zu sehen und fixierten das Objekt der Begierde.

Doch das war nur einer von unzähligen Hints, den die junge Ladies dem Gegenüber geben konnten:

Ein Finger am äußeren Rand des Fächers hieß, *ich möchte dich sprechen.*

Der Fächer mit der rechten Hand vor dem Gesicht bedeutete, *folge mir.*

Das „Requisit" hinterm Kopf gehalten, verbarg die Bitte, *sie* nicht zu vergessen.

War „der Verehrer" mit seiner Herzensdame verabredet, konnte sie ihn mit einem teils geöffneten Fächer an die ausgemachte Uhrzeit erinnern. Die Anzahl der Stäbe signalisierte die Stunde.

Komplett geöffnet, sollte *er* auf *sie* warten.

Das Modeutensil am linken Ohr warnte vor der schlechten Laune der Besitzerin.

Wenn das Fräulein den Fächer hängen ließ, war jegliche Romantik dahin. Es bedeutete, *lass uns Freunde bleiben.*

Und war der kleine Finger der Fächerhand weggespreizt, verabschiedete *sie* sich vom Betrachter.

Öffnete und schloss *sie* den Fächer, wurde Unmut demonstriert - *Du bist grausam.*

Den geschlossenen Fächer an die linke Wange zu halten, war eine Liebeserklärung an das Gegenüber.

Fächer auf der Lippe war eine Aufforderung *sie* zu küssen.
Während ein durch die Hand gezogener Fächer *ihren* Hass äußerte.[195]

Um die richtigen Signale „auszufächern", konnte man sich in eigenen Nachschlagewerken schlaumachen.

Neben der Fächersprache gab es auf Bällen noch andere Möglichkeiten, Signale zu senden. Die Wahl der Robe war für die jungen Damen ausschlaggebend.

Die Farbcodes der Balltoiletten spielten hier eine entscheidende Rolle, waren sie doch für jedermann leicht dechiffrierbar. Die jungen Debütantinnen wurden in der Farbe der Unschuld, in weißen Ballkleidern, in die Gesellschaft eingeführt. „Ihre Mütter waren meist bestrebt, schon in der ersten Saison einen standesgemäßen Ehemann für die Tochter zu finden. In „schlimmeren" Fällen erst in der zweiten oder dritten – dann war die Farbe Weiß den jungen Damen verwehrt und sie „erschien … in rosaroter oder himmelblauer Balltoilette."[196] So waren sie für potenzielle Werber auf den ersten Blick als „Sitzengebliebene" und noch zu Habende erkennbar.

Eventkalender am Wiener Hof

Damals wie heute markierte das Ende der Faschingszeit auch das Finale der Ballsaison. Am Aschermittwoch, also dem Beginn der Fastenzeit, hatte es sich vorerst ausgetanzt. Aber nicht für lange.

Schon bald jagte wieder ein kirchliches Hochfest das Nächste. Als gute Christen fanden die Wiener Adeligen mit den katholischen Festtagen einen Grund, das Feiern erneut fortzuführen. So wurden „Gott und die Welt" bis Fronleichnam zelebriert. Mit der gleichnamigen Prozession, bei der sich Kaiser samt Entourage noch einmal ordentlich in Szene setzten konnte, endete die Happy Hour in Wien bis auf Weiteres. Die blaublütige Auslese zog es aus der Stadt.

Kein Wunder, denn Wien konnte in den Sommermonaten teils unerträglich heiß werden und damit waren die Gerüche zu dieser Jahreszeit seit jeher nur schwer zu ertragen. Auch wenn zur Zeit Franz Josephs die alten Stadtmauern fielen und so auch der Innenstadt eine gelegentliche frische Brise nicht mehr verwehrt blieb, so war es nun mal seit Jahrhunderten Tradition, zu Beginn der zweiten Jahreshälfte vorübergehend das Weite zu suchen. Außerdem musste sich der Adel von den „Strapazen“ des höfischen Gesellschaftslebens erholen. Man fuhr in eines der Landschlösser.

Nach der mehrmonatigen Erholung im Grünen ging es im Herbst auf den noblen Wiesen und Wäldern wieder zur Sache – die Jagdsaison war eröffnet. Seit eh und je war es ein Adelsprivileg gewesen, auf die Pirsch zu gehen. Es galt als Statussymbol, ein herrschaftlicher Sport.

Es wurde auf die eigenen Ländereien geladen. Jeder, der zu den oberen Zehntausend gehörte, nannte mindestens ein Jagdrevier sein Eigen.

Die Jagd wurde zelebriert. Erst wurde mehr Wild geschossen, als man essen konnte und anschließend die Nacht durchgefeiert.

> Exkurs
> Mit dem Revolutionsjahr 1848 und dem damit einhergehenden „Hungerwinter“ war man gezwungen, den alteingesessenen feudalen Vorzug aufzubrechen und dem Proletariat das Jagen zu gestatten.

Nachdem man im Herbst seine Munition verschossen hatte, kehrte die High Society vor Weihnachten wieder in die Hauptstadt zurück.

Die Geburt Christi wurde eher beschaulich im Kreise der Liebsten begangen. Und kurz danach zu Neujahr ging die Event-Redoute wieder von Neuem los.

Vom Ende der Monarchie und der Aristokratie bis zu den Wiener Traditionen

„Der sich in die Nische des Hofes drängende Adel umkreiste das Kaiserhaus wie die Planeten die Sonne. Mit dem Untergang der Habsburgermonarchie 1918 ging das Gravitationszentrum und damit der Bezugspunkt verloren. Die

Abschaffung der Adelstitel und der Verlust der Standesprivilegien sowie nicht zuletzt massive wirtschaftliche Einbußen im Gefolge der politischen Entwicklungen in den einzelnen Nachfolgestaaten der Monarchie haben die Welt des altösterreichischen Adels endgültig untergehen lassen.“[197]

Aber einige ihrer schönsten Traditionen konnten erhalten werden und machen bis heute einen großen Teil des Wiener Kulturlebens aus.

Vor allem die Ballkultur, die in ihrer heutigen Form zur Zeit des Wiener Kongresses geboren wurde, ist wohl das liebste historische Erbe der Wiener Gesellschaft. Es werden die alten Traditionen mit modernen Elementen kombiniert, sodass diese Tanzveranstaltungen ein Vergnügen für Jung und Alt sind und Menschen mit verschiedenem Musikgeschmack zusammenkommen lassen.

Aber damals wie heute müssen die jungen Damen und Herren der Gesellschaft die Etikette und das Tanzen erlernen, bevor sie debütieren dürfen.

Die Tanzschulen übernehmen diesen Teil der Erziehung der jungen Generation. Mit 15 und 16 Jahren gehen die jungen Erwachsenen einmal wöchentlich in die Tanzschule, wo sie neben allen bekannten Standardtänzen auch „den richtigen Handkuss“ oder das „korrekte Türaufhalten“ lernen. Höhepunkt der Zusatzausbildung ist der tanzschuleigene Ball, dem noch viele weitere Ballbesuche folgen.

So wird das kulturelle Vermächtnis des Feierns seit Jahrhunderten von Generation zu Generation weitergegeben und ist etwas, worum uns die Welt beneidet.

SCHLUSSWORT

Zusammenfassend kann gesagt werden, dass „der gemeine“ wie auch „der noble“ Wiener seit jeher ein Genussmensch war, ist und hoffentlich weiterhin bleiben wird. Dies macht mit Sicherheit auch großteils den bekannten Wiener Charme aus.

Ob nun Genussmittel aller Art, Erotik oder Feiern bis „zum Umfallen“, Wien hatte immer schon eine Tendenz zu Lust und Laster.

ENDNOTEN

1 Wien Museum Karlsplatz, Hg.: Sex in Wien. Lust, Kontrolle, Ungehorsam. Wien 2016, S.92
2 Koranzitat nach: Zirker, Hans (übersetzt und eingeleitet): Der Koran. Darmstadt 2013
3 Alle Bibelzitate aus: Arenhoevel, Diego (Hg.), Deissler, Alfons, Vöftle, Anton: Die Bibel. Die Heilige Schrift des Alten und Neuen Bundes, dt. Ausgabe mit Erläuterungen der Jerusalemer Bibel. Feiburg/Basel/Wien 1968
4 Nag Hammadi Codex II, 3 Vers 55, zit n. http://de.wikipedia.org/wiki/Maria_Magdalena (28.6.2016). in: Sex in Wien, S.90
5 Sex in Wien, S.93
6 Schulz, Matthias: Die Freiheit. DER SPIEGEL 44/2005 31.10.2005, in Mythos Mittelalter - DER SPIEGEL 26.10.2020
7 Sex in Wien, S.83
8 Sex in Wien, S.149
9 Constitutio Criminalis Theresiana oder der römisch-kaiserl. Zu Hungarn und Böheim königl. Apost. Maiestät Maria Theresiä peinliche Gerichtsordnung. Wien 1796
10 Sex in Wien, S.7
11 Dworschak, Manfred: Klappern unterm Schädeldach. 09.04.2004. Spiegel 16/2004. Klappern unterm Schädeldach - DER SPIEGEL. 26.10.2020
12 Klappern unterm Schädeldach. 26.10.2020
13 Sex in Wien, S.84
14 Sex in Wien, S.150
15 Sex in Wien, S.220
16 Sex in Wien, S.24
17 Lafontaine, Auguste: Sittenspiegel für das weibliche Geschecht. Wien/Prag 1809, S.56. zit. nach: Mixa, Elisabeth: Erröten Sie, Madame!: Anstandsdiskurs der Moderne. Pfaffenweiler 1994, S.95
18 Wallenburg, Amelie Gräfin von: Anstandslehre für das weibliche Geschlecht. Oder mütterlicher Rath für meine Julie über den sittlichen und körperlichen Anstand. Linz 1824/Wien 1825, S.62f. zit. nach: Erröten Sie Madame!, S. 95
19 Zweig, Stefan: Die Welt von Gestern. Erinnerungen eines Europäers. Frankfurt am Main 1970, S.57
20 Sex in Wien, S.252
21 Das neue Wien bei Nacht. Jg 1, Nr 1-8. Wien/Karl Schwarz 1931, in: Sex in Wien, S.251f
22 Sabitzer, Werner: Geschichte der Prostitution. Von unzüchtigen Weibspersonen. Wien 2000. In: Bundesministerium für Inneres (Hg.). Verlag: Öffentliche Sicherheit 11-12/2000. In: https://www.univie.ac.at/elib/index.php?title=Geschichte_der_Prostitution_in_Wien_-_Werner_Sabitzer_-_2000. 10.07.2020
23 Eilenstein, Harry: Hathor und Re II: Die altägyptische Religion - Ursprünge, Kult und Magie. Berlin 2015, S.208
24 Sabitzer, Werner: Geschichte der Prostitution
25 Sabitzer, Werner: Geschichte der Prostitution
26 Sex in Wien, S.304
27 Sohn, Nikolas: Vom Konzil der Hübschlerinnen. 07.05.2016. Baden online. Nachrichten Vom Konzil der Hübschlerinnen Nachrichten der Ortenau - Offenburger Tageblatt (bo.de). 10.09.2020
28 Sabitzer, Werner: Geschichte der Prostitution
29 „Die Presse“: Von „unzüchtigen Weibspersonen“ und „verhurten Sauzimmern“. Print-Ausgabe. 07.09.2012, Von „unzüchtigen Weibspersonen“ und „verhurten... | DiePresse.com. 28.10.2020
30 Sex in Wien, S.84
31 Winkler, Anita: Maria Theresia und das Sechste Gebot | Die Welt der Habsburger. 29.10.2020
32 Markus, Georg: Casanova in Wien. In Kurier Nr.3402, 14.02.2016, PressReader.com - Zeitungen aus der ganzen Welt. 29.10.2020
33 Markus, Georg: Casanova in Wien
34 Sabitzer, Werner: Geschichte der Prostitution
35 Sex in Wien, S.293

36 Oberzill, Gerhard H.: Die bewußten Demoiselles…Glanz und Elend der leichten Mädchen in alter Zeit. Wien/München 1984, S.114-115
37 Sex in Wien, S.302
38 Sabitzer, Werner: Geschichte der Prostitution
39 Sex in Wien, S.292
40 Salten, Felix: Josefine Mutzenbacher oder Die Geschichte einer Wienerischen Dirne von ihr selbst erzählt. Wien 1906, S.188
41 Sabitzer, Werner: Geschichte der Prostitution
42 Sabitzer, Werner: Geschichte der Prostitution
43 Sex in Wien, S.113
44 Hirschfeld, Markus Dr. Sanitätsrat (Hg.): Sittengeschichte des Weltkrieges. Bd. 2. Leipzig 1930, S.437
45 Sabitzer, Werner: Geschichte der Prostitution
46 Dickinger, Christian: Die Schwarzen Schafe der Habsburger. Über Sonderlinge, Rebellen und Wahnsinnige im kaiserlichen Hause. Wien 2000, S.18
47 Seydel, Robert: Die Seitensprünge der Habsburger, Liebesrausch und Bettgeflüster einer Dy nastie, München 2007, S.131
48 Muslin, Janko [VerfassserIn]/Pfaundler, Wolfgang: Prinz Eugen von Savoyen, Wien [u.a.] 1963, S.54
49 Chronica Ludovici: Das Leben Kaiser Ludwigs, in: Quellen zur Geschichte Kaiser Ludwigs des Baiern, übers. von Walter Friedensburg. Leipzig 1883, S.107f
50 Viktring, Johannes von: Das Buch gewisser Geschichten von Abt Johann von Victring. übers. von Walter Friedensburg. Leipzig 1888, S.226f
51 Die Seitensprünge der Habsburger, S.24
52 Größing, Sigrid-Maria: Um Krone und Liebe: Die Macht der Geschichte. Wien 2008
53 Die Seitensprünge der Habsburger, S.41
54 Vocelka, Karl, Heller, Lynne: Die private Welt der Habsburger. Leben und Alltag einer Familie. Graz/Wien/Köln 1998, S.146
55 Die private Welt der Habsburger, S.39
56 Die Seitensprünge der Habsburger, S.52f
57 Rill, Karl: Karl VI. Habsburger als barocke Großmacht. Graz/Wien/Köln 1992, S.193ff
58 Die private Welt der Habsburger, S.161
59 Bankl, Hans Dr. med.: Die kranken Habsburger. Befunde und Befindlichkeiten einer Herrscherdynastie. Wien 1998, S.56
60 Die Seitensprünge der Habsburger, S.59
61 Die private Welt der Habsburger, S.163
62 Die kranken Habsburger, S.73
63 Fink, Humbert: Joseph II. Kaiser, König und Reformer. Dusseldorf/Wien/New York 1990, S.56
64 Joseph II. Kaiser, König und Reformer, S.58
65 Die kranken Habsburger, S.75
66 Habsburgs schwarze Schafe, S.20
67 Holler, Gerd: Sophie. Die heimliche Kaiserin. Mutter Franz Josephs I. Wien/München 1993, S.30
68 Die Seitensprünge der Habsburger, S.97
69 Die Seitensprünge der Habsburger, S.176f
70 Die private Welt der Habsburger, S.161
71 Salvator, Ludwig: Die Insel Giglio. Prag 1900
72 Woerl, Leo: Erzherzog Ludwig Salvator aus dem Österreichischen Kaiserhause als Forscher im Mittelmeer. Leipzig 1899
73 Schwendinger, Helga: Erzherzog Ludwig Salvator. Der Wissenschaftler aus dem Kaiserhaus. Palma de Mallorca 2005
74 Die Seitensprünge der Habsburger, S.112
75 Die kranken Habsburger, S.150
76 Fuhrmann, Günter, Mustapic, Maria: Geheimnisse der Inneren Stadt. Wien 2014, S.125
77 Lackner, Herbert: Franz Joseph I.: Verklärter Kaiser, hilfloser Monarch | profil.at . in: Profil-online Ausgabe, 21.11.2016. 20.09.2020
78 Hamann, Brigitte: Kaiserin Elisabeth. Das poetische Tagebuch. Wien 1984, S.287
79 Unterrainer, Karin: Kein Kaiser soll uns stören. Katharina Schratt und ihre Männer. St. Stefan im Lavanttal 2014, S.113

80 Sex in Wien, S.325
81 Sex in Wien, S.324
82 Kein Kaiser soll uns stören, S.177
83 Sex in Wien, S.325
84 Unterrainer, Karin: Kaiser Franz Joseph. 1830-1916 Mythos und Wahrheit. Wien 2015, S.177
85 Kein Kaiser soll uns stören, S.54
86 Die kranken Habsburger, S.115f
87 Kaiserin Elisabeth. Das poetische Tagebuch, S.287
88 Sex in Wien,, S.321
89 Hamann, Brigitte: Elisabeth. Kaiserin wider Willen. Wien/München 1997, S.347f
90 Kaiserin Elisabeth. Das poetische Tagebuch, S.80
91 Stadtlaender, Chris: Habsburger intim. Wien 1998, S.176
92 Schiel, Irmgard: Stephanie. Kronprinzessin im Schatten von Mayerling. Stuttgart 1978, S.169f
93 Die Seitensprünge der Habsburger, S.139
94 Die Seitensprünge der Habsburger, S.139f
95 Weissensteiner, Friedrich: Die rote Erzherzogin. Das ungewöhnliche Leben der Tochter des Kronprinz Rudolf. Versuch einer Biografie. Wien 1987, S.102
96 Habsburgs schwarze Schafe, S.151
97 Die Seitensprünge der Habsburger, S.146
98 Wiesflecker, Peter: Studien zur habsburgischen Heirats- und Familienpolitik im Zeitalter Kaiser Franz Josephs I. Austritte aus dem Kaiserhaus und Ehen mit Bürgerlichen. Phil. Diplomarbeit. Wien 1989, S.135
99 Frei übersetzt nach: Tuscany, Luise of, (Ex-Crown Princess Of Saxony): My own Story. New York 1911, S.224
100 Bestenreiner, Erika: Luise von Toscana. Skandal am Königshof. München/Zürich 1999
101 Köpke, Wulf (Hrsg.): Völkerkunde, Das gemeinsame Haus Europa. Handbuch zur europäischen Kulturgeschichte. Herausgegeben vom Museum für Völkerkunde. Hamburg 1999, S.877
102 Kehl, Brigitte: Rauschmittel und Gifte im Mittelalter und zu Beginn der Neuzeit, Univ. Dipl.-Arb., Innsbruck 1994, S.6
103 Homer, IV, 219-228. In: Rätsch, Christian: Hanf als Heilmittel: Ethnomedizin, Anwendungen und Rezepte. Solothurn 1992
104 Rauschmittel und Gifte im Mittelalter und zu Beginn der Neuzeit, S.10-13
105 Rauschmittel und Gifte im Mittelalter und zu Beginn der Neuzeit, S.13
106 Ebd. S.8
107 Ebd. S.14
108 Völkerkunde, S.877
109 Fatur, Karsten: Sagas of the Solanaceae: Speculative ethnobotanical perspectives on the Norse berserkers, Journal of Ethnopharmacology, 2019, in: (99+) (PDF) Sagas of the Solanaceae: Speculative ethnobotanical perspectives on the Norse berserkers | Karsten Fatur - Academia. edu, in: Natur-Droge entschlüsselt, die Wikinger im Mittelalter in wilde Berserker verwandelte | STERN.de. 20.10.2020
110 Fatur, Karsten: Sagas of the Solanaceae. 20.10.2020
111 Vier-Säfte-Lehre: Durch den Körper floßen die vier Kardinalsäften: Blut, Schleim, gelbe und schwarze Galle, die Organen (Herz, Hirn, Leber, Milz) und Qualitäten (Wärme, Kälte, Feuchtigkeit, Trockenheit) zugeordnet waren. Ein Gleichgewicht der Säfte garantierte eine gute Gesundheit.
112 Nolte, Hans Heinrich (1938): Weltgeschichte: Imperien, Religionen und Systeme. 15.19. Jahrhundert. Wien 2005, S.254
113 Fellner, Sabine, Unterreiner, Karin: Morphium, Cannabis und Cocain. Medizin und Rezepte des Kaiserhaus. Wien 2008, S.76
114 Fürstin von Lonyay, Prinzessin Stephanie von Belgien: Ich sollte Kaiserin werden. Leipzig 1935, S.169
115 Völkerkunde, S.877
116 Rauschmittel und Gifte im Mittelalter und zu Beginn der Neuzeit, S.79
117 Stolleis, Michael: Von dem grewlichen Laster der Trunckenheit. in: Völger, Gisela (Hrg.) Rausch und Realität, Köln 1981, S.101
118 Schulz, Matthias: Die Freiheit. DER SPIEGEL 44/2005 31.10.2005, in Mythos Mittelalter - DER SPIEGEL 26.10.2020

119 Rauschmittel und Gifte im Mittelalter und zu Beginn der Neuzeit, S.90
120 Sandgruber, Roman: Bittersüße Genüsse. Kulturgeschichte der Genußmittel. Wien/Köln/Graz 1986, S.17 ff
121 Kupfer, Alexander: Göttliche Gifte. Kleine Kulturgeschichte des Rausches seit dem Garten Eden. Stuttgart 1996, S.27
122 Bittersüße Genüsse, S.17 ff
123 Bittersüße Genüsse, S.17 ff
124 Bittersüße Genüsse, S.17ff
125 Völkerkunde, S.878
126 Schmitz, Rudolf: Opium als Heilmittel. in: Völger, Gisela (Hrg.): Rausch und Realität. Köln 1981, S.380
127 Rauschmittel und Gifte im Mittelalter und zu Beginn der Neuzeit, S.652
128 Rauschmittel und Gifte im Mittelalter und zu Beginn der Neuzeit, S.71
129 Mattioli, Pietro Andrea: Kreutterbuch. Frankfurt/M. 1590, S.370
130 Rauschmittel und Gifte im Mittelalter und zu Beginn der Neuzeit, S.74
131 Morphium, Cannabis und Cocain, S.87-88
132 Morphium, Cannabis und Cocain, S.97
133 Morphium, Cannabis und Cocain, S.136 ff
134 Morphium, Cannabis und Cocain, S.140-141
135 Morphium, Cannabis und Cocain, S.178
136 Morphium, Cannabis und Cocain, S.174
137 Bergmann, Matts: Lust und Leid durch Drogen. Aberglaube und Wissenschaft in der Geschichte der Drogen. Stuttgart 1958, S.35
138 Morphium, Cannabis und Cocain, S.175
139 Morphium, Cannabis und Cocain, S.176
140 Morphium, Cannabis und Cocain, S.120
141 Morphium, Cannabis und Cocain, S.115-117
142 Weltgeschichte: Imperien, Religionen und Systeme, S.254
143 Die Welt von Gestern, S.67
144 Friedländers, Otto: *Letzter Glanz der Märchenstadt. Wien um 1900. Wien 1985, S.259*
145 Morphium, Cannabis und Cocain, S.166
146 Morphium, Cannabis und Cocain, S.164f
147 Zitat nach Proksch, Johann K.: Die Geschichte der venerischen Krankheiten. Eine Studie. Bonn 1895, S.11
148 Sex in Wien, S.402
149 Sex in Wien, S.402
150 Morphium, Cannabis und Cocain, S.167
151 Morphium, Cannabis und Cocain, S.163
152 Brandweiner, Alfred: Leucoderme Syphiliticum. Wien 1907, S.61
153 Morphium, Cannabis und Cocain, S.60
154 Lindinger, Michaela: „Hausapotheke" um 1900. Kokain für Kinder. 22.3.2020, Wien Museum, „Hausapotheke" um 1900 (wienmuseum.at), 09.11.2020
155 Die Welt von Gestern, S.104
156 Morphium, Cannabis und Cocain, S.112
157 Kielmansegg, Erich: Kaiserhaus, Staatsmänner und Politiker. Aufzeichnungen des k.k. Statthalters Erich Graf Kielmansegg. Wien u.a. 1966, S.141
158 Schäffer, Christine: Weihnachtliche Traditionen. In: „Wenn es in Wien weihnachtet". Edition Mokka. ISBN 978-3-902693-63-1. in: www.wienerweihnachtstraum.at/christkindlmarkt/geschichte/weihnachte-traditionen/. 20.09.2020
159 Glanz und Untergang der höfischen Welt, S.189
160 Mattl-Wurm, Sylvia: Wien vom Barock bis zur Aufklärung. Wien 1999, S.144
161 Khevenhiller-Metsch, Fürst Johann Joseph: Aus der Zeit Maria Theresias. Tagebuch des Fürsten Johann Josef Khevenhüller-Metsch 1742-1776. Wien 1907, S.118
162 Aus der Zeit Maria Theresias. Tagebuch des Fürsten Johann Josef Khevenhüller-Metsch, S.117
163 Harmann, Brigitte: Ein Herz und viele Kronen. Das Leben der Kaiserin Maria Theresia. Wien 2004, S.11-12

164 Wochni, Sabine: Lustwandeln wie zu Kaisers Zeiten, Die Furche, 27. 10. 2011. in: https://austria-forum.org/af/Wissenssammlungen/Essays/Vermischtes/Lustwandeln#:~:text=Unter%20Maria%20Theresia%20wurde%20der,noch%20zwei%20Labyrinthe%20geschaffen%20worden. 25. 09. 2020
165 Klo-und Toiletten-Kulturgeschichte: Die Karriere des stillen Örtchens | BR Wissen, 22. 11. 2020
166 Walk, Alfred (Hg.): Das k. k.privilegierte Hetzamphitheater unter den Weissgerbern : eine traurige Tierquälerei im alten Wien des 18. Jahrhunderts. Wien 2012, S. 12
167 Wien vom Barock bis zur Aufklärung, S.149
168 Geschichte Österreichs 1699-1815, S.188
169 Geschichte Österreichs 1699-1815, S.189
170 Goethe, Johann Wolfgang v.: Aus meinem Leben. Dichtung und Wahrheit. Erster Teil, Fünftes Buch
171 Anna Ehrlich, Christa Bauer: Der Wiener Kongress, Diplomaten, Intrigen, Skandale. Wien 2014, S.155f
172 Der Wiener Kongress, S.198
173 Der Wiener Kongress, S.140
174 Der Wiener Kongress, S.145
175 Der Wiener Kongress, S.178
176 Ebd. S.189
177 Ebd. S.141f
178 Ebd. S.142
179 Der Wiener Kongress, S.142
180 Der Wiener Kongress, S.196
181 Der Wiener Kongress, S.107
182 Sex in Wien, S. 64
183 Witzmann, Reingard: Wiener Walzer und Wiener Ballkultur: Von der Tanzekstase zum Walzertraum. In: Krasa, Selma: Bürgersinn und Aufbegehren: Biedermeier und Vormärz in Wien 1815-1848: 109. Sonderausstellung des Historischen Museums der Stadt Wien, 17. Dezember 1987 bis 12. Juni 1988. Wien 1897, S.131

184 Pfeisinger, Gerhard: Die unverhüllte Sinnlichkeit und das Ritual des Besitzens, in: Erotik. Versuch einer Annährung (Ausstellungskatalog Historisches Museum der Stadt Wien). Wien 1990, S.78
185 Die unverhüllte Sinnlichkeit und das Ritual des Besitzens, S.79
186 Wien vom Barock bis zur Aufklärung, S.153
187 Ehrlich, Anna: Auf den Spuren der Josefine Mutzenbacher. Eine Sittengeschichte von den Römern bis ins 20. Jahrhundert. Wien 2005, S.192
188 Öhlinger, Walter: Wien im Aufbruch zu Moderne. Wien 1999, S.47
189 Wien im Aufbruch zu Moderne, S.47
190 Der Wiener Kongress, S.46
191 Der Wiener Kongress, S.47
192 *Aus Briefen von Franz Joseph an Elisabeth. in: Nostitz-Rieneck, Georg: Briefe Kaiser Franz Josephs an Kaiserin Elisabeth. Wien 1966, S.342*
193 Sex in Wien, S.66
194 Sex in Wien, S.67
195 Buch der vier Farben, von den verschiedenen Arten, einen Fächer zu halten (aus dem Französischen), Paris 1757, in: Geheime Signale: Der Fächer-Flirt - Wien Aktuell - VIENNA.AT. 27.07.2006. 20.10.2020
196 Karner, Regina, Lindinger, Michaela (Hg.): Großer Auftritt. Moder der Ringstraßenzeit (Ausstellungskatalog Wien Museum). Wien 2009, S. 149
197 Martin Mutschlechner, https://www.habsburger.net. 18.10.2020

Literatur- und Quellenverzeichnis

SEX

- „Die Presse“: Von „unzüchtigen Weibspersonen“ und „verhurten Sauzimmern“. Print-Ausgabe. 07.09.2012. Von „unzüchtigen Weibspersonen“ und „verhurten... | DiePresse.com. 28.10.2020
- Alle Bibelzitate aus: Arenhoevel, Diego (Hg.), Deissler, Alfons, Vöftle, Anton: Die Bibel. Die Heilige Schrift des Alten und Neuen Bundes, dt. Ausgabe mit Erläuterungen der Jerusalemer Bibel. Feiburg/Basel/Wien 1968
- Bankl, Hans Dr. med.: Die kranken Habsburger. Befunde und Befindlichkeiten einer Herrscherdynastie. Wien 1998
- Bestenreiner, Erika: Luise von Toscana. Skandal am Königshof. München/Zürich 1999
- Chronica Ludovici: Das Leben Kaiser Ludwigs, in: Quellen zur Geschichte Kaiser Ludwigs des Baiern, übers. Von Walter Friedensburg. Leipzig 1883
- Constitutio Criminalis Theresiana oder der römisch-kaiserl. Zu Hungarn und Böheim königl. Apost. Maiestät Maria Theresiä peinliche Gerichtsordnung. Wien 1796
- Das neue Wien bei Nacht. Jg 1, Nr 1-8. Wien/Karl Schwarz 1931
- Dickinger, Christian: Die Schwarzen Schafe der Habsburger. Über Sonderlinge, Rebellen und Wahnsinnige im kaiserlichen Hause. Wien 2000
- Dworschak, Manfred: Klappern unterm Schädeldach. 09.04.2004. Spiegel 16/2004. Klappern unterm Schädeldach - DER SPIEGEL. 26.10.2020
- Eilenstein, Harry: Hathor und Re II: Die altägyptische Religion - Ursprünge, Kult und Magie. Berlin 2015
- Fink, Humbert: Joseph II. Kaiser, König und Reformer. Dusseldorf/Wien/New York 1990
- Fuhrmann, Günter, Mustapic, Maria: Geheimnisse der Inneren Stadt. Wien 2014
- Garnier, Claudia: Symbolische Kommunikation während der Herrschaft Ludwigs des Bayern am Beispiel von Bündnis- und Friedensschlüssen, in: Seibert, Hubertus (Hg.): Ludwig der Bayer (1314–1347). Reich und Herrschaft im Wandel. Regensburg 2014
- Größing, Sigrid-Maria: Um Krone und Liebe: Die Macht der Geschichte. Wien 2008
- Hamann, Brigitte (Hg.): Die Habsburger. Ein biographisches Lexikon. Wien 1998
- Hamann, Brigitte: Elisabeth. Kaiserin wider Willen. Wien/München 1997
- Hamann, Brigitte: Kaiserin Elisabeth. Das poetische Tagebuch. Wien 1984
- Hirschfeld, Markus Dr. Sanitätsrat (Hg.): Sittengeschichte des Weltkrieges. Bd. 2. Leipzig 1930
- Holler, Gerd: Sophie. Die heimliche Kaiserin. Mutter Franz Josephs I. Wien/München 1993
- Lackner, Herbert: Franz Joseph I.: Verklärter Kaiser, hilfloser Monarch | profil.at . in: Profil-online Ausgabe. 21.11.2016
- Lafontaine, Auguste: Sittenspiegel für das weibliche Geschecht. Wien/Prag 1809
- Ludwig Salvator: Die Insel Giglio. Prag 1900
- Markus, Georg: Casanova in Wien. In Kurier Nr.3402, 14.02.2016, PressReader.com - Zeitungen aus der ganzen Welt. 29.10.2020
- Mixa, Elisabeth: Erröten Sie, Madame!: Anstandsdiskurs der Moderne. Pfaffenweiler 1994
- Muslin, Janko [VerfassserIn], Pfaundler, Wolfgang: Prinz Eugen von Savoyen. Wien 1963
- Nag Hammadi Codex II, 3 Vers 55, zit n. http://de.wikipedia.org/wiki/Maria_Magdalena (28.6.2016),Wien Museum Karlsplatz, Hg., Sex in Wien : Lust, Kontrolle, Ungehorsam. Wien 2016
- Oberzill, Gerhard H.: Die bewußten Demoiselles...Glanz und Elend der leichten Mädchen in alter Zeit. Wien/München 1984
- Quellen zur Geschichte Kaiser Ludwigs des Baiern, übers. Von Walter Friedensburg. Leipzig 1883
- Rill, Karl: Karl VI. Habsburger als barocke Großmacht. Graz/Wien/Köln 1992
- Sabitzer, Werner: Geschichte der Prostitution. Von unzüchtigen Weibspersonen. Wien 2000. In: Bundesministerium für Inneres (Hg.). Verlag: Öffentliche Sicherheit 11-12/2000. In: https://www.univie.ac.at/elib/index.php?title=Geschichte_der_Prostitution_in_Wien_-_Werner_Sabitzer_-_2000. 10.07.2020

- Salten, Felix: Josefine Mutzenbacher oder Die Geschichte einer Wienerischen Dirne von ihr selbst erzählt. Wien 1906
- Schiel, Irmgard: Stephanie. Kronprinzessin im Schatten von Mayerling. Stuttgart 1978
- Schulz, Matthias: Die Freiheit. DER SPIEGEL 44/2005 31.10.2005, in Mythos Mittelalter - DER SPIEGEL. 26.10.2020
- Schwendinger, Helg: Erzherzog Ludwig Salvator. Der Wissenschaftler aus dem Kaiserhaus. Palma de Mallorca 2005
- Seydel, Robert: Die Seitensprünge der Habsburger, Liebesrausch und Bettgeflüster einer Dynastie. München 2007
- Sohn, Nikolas: Vom Konzil der Hübschlerinnen. 07.05.2016. Baden online. Nachrichten Vom Konzil der Hübschlerinnen Nachrichten der Ortenau - Offenburger Tageblatt (bo.de). 10.09.2020
- Stadtlaender, Chris: Habsburger intim, Wien 1998
- Tuscany, Luise of, (Ex-Crown Princess Of Saxony): My own Story. New York
- 1911
- Unterrainer, Karin: Kaiser Franz Joseph. 1830-1916 Mythos und Wahrheit. Wien 2015
- Unterrainer, Karin: Kein Kaiser soll uns stören. Katharina Schratt und ihre Männer. St. Stefan im Lavanttal 2014
- Viktring, Johannes von: Das Buch gewisser Geschichten von Abt Johann von Victring. übers. von Walter Friedensburg. Leipzig 1888
- Vocelka, Karl, Heller, Lynne: Die Lebenswelt der Habsburger. Kultur- und Mentalitätsgeschichte einer Familie. Graz/Wien/Köln 1997
- Vocelka, Karl, Heller, Lynne: Die private Welt der Habsburger. Leben und Alltag einer Familie. Graz/Wien/Köln 1998
- Vocelka, Karl: Glanz und Untergang der höfischen Welt. Repräsentation, Reform und Reaktion im habsburgischen Vielvölkerstaat. Wien 2004
- Wallenburg, Amelie Gräfin von: Anstandslehre für das weibliche Geschlecht. Oder mütterlicher Rath für meine Julie über den sittlichen und körperlichen Anstand. Linz 1824/Wien 1825
- Weissensteiner, Friedrich: Die rote Erzherzogin. Das ungewöhnliche Leben der Tochter des Kronprinz Rudolf. Versuch einer Biografie. Wien 1987
- Wien Museum Karlsplatz (Hg.): Sex in Wien. Lust, Kontrolle, Ungehorsam. Wien 2016
- Wiesflecker, Peter: Studien zur habsburgischen Heirats- und Familienpolitik im Zeitalter Kaiser Franz Josephs I. Austritte aus dem Kaiserhaus und Ehen mit Bürgerlichen. Phil. Diplomarbeit. Wien 1989
- Winkler, Anita: Maria Theresia und das Sechste Gebot | Die Welt der Habsburger. 29.10.2020
- Woerl, Leo: Erzherzog Ludwig Salvator aus dem Österreichischen Kaiserhause als Forscher im Mittelmeer. Leipzig 1899
- Zirker, Hans (übersetzt und eingeleitet): Der Koran. Darmstadt 2013
- Zweig, Stefan: Die Welt von Gestern. Erinnerungen eines Europäers. Frankfurt am Main 1970

DRUGS

- Bergmann, Matts: Lust und Leid durch Drogen. Aberglaube und Wissenschaft in der Geschichte der Drogen. Stuttgart 1958
- Brandweiner, Alfred: Leucoderme Syphiliticum. Wien 1907
- Fatur, Karsten: Sagas of the Solanaceae: Speculative ethnobotanical perspectives on the Norse berserkers, Journal of Ethnopharmacology, 2019, in: (99+) (PDF) Sagas of the Solanaceae: Speculative ethnobotanical perspectives on the Norse berserkers | Karsten Fatur - Academia.edu, in: Natur-Droge entschlüsselt, die Wikinger im Mittelalter in wilde Berserker verwandelte | STERN.de. 20.10.2020

- Fellner, Sabine, Unterreiner, Karin: Morphium, Cannabis und Cocain. Medizin und Rezepte des Kaiserhaus. Wien 2008
- Friedländers, Otto: Letzter Glanz der Märchenstadt. Wien um 1900. Wien 1985
- Fürstin von Lonyay, Prinzessin Stephanie von Belgien: Ich sollte Kaiserin werden. Leipzig 1935
- Homer, IV, 219-228. in: Rätsch, Christian: Hanf als Heilmittel: Ethnomedizin, Anwendungen und Rezepte. Solothurn 1992
- Kehl, Brigitte: Rauschmittel und Gifte im Mittelalter und zu Beginn der Neuzeit. Dipl.-Arb.. Innsbruck 1994
- Kielmansegg, Erich: Kaiserhaus, Staatsmänner und Politiker. Aufzeichnungen des k.k. Statthalters Erich Graf Kielmansegg. Wien u.a. 1966
- Köpke, Wulf (Hrsg.). Völkerkunde, Das gemeinsame Haus Europa. Handbuch zur europäischen Kulturgeschichte. Herausgegeben vom Museum für Völkerkunde. Hamburg 1999
- Kupfer, Alexander: Göttliche Gifte. Kleine Kulturgeschichte des Rausches seit dem Garten Eden. Stuttgart 1996
- Lindinger, Michaela: „Hausapotheke" um 1900. Kokain für Kinder. 22.3.2020, Wien Museum, „Hausapotheke" um 1900 (wienmuseum.at). 09.11.2020
- Mattioli, Pietro Andrea: Kreutterbuch. Frankfurt/M. 1590
- Nolte, Hans Heinrich (1938): Weltgeschichte: Imperien, Religionen und Systeme. 15.19. Jahrhundert. Wien 2005
- Proksch, Johann K.: Die Geschichte der venerischen Krankheiten. Eine Studie. Bonn 1895
- Sandgruber, Roman: Bittersüße Genüsse. Kulturgeschichte der Genußmittel. Wien/Köln/Graz 1986
- Schmitz, Rudolf: Opium als Heilmittel. in: Völger, Gisela (Hrg.): Rausch und Realität. Köln 1981
- Schulz, Matthias: Die Freiheit. DER SPIEGEL 44/2005 31.10.2005, in Mythos Mittelalter - DER SPIEGEL . 26.10.2020
- Stolleis, Michael: Von dem grewlichen Laster der Trunckenheit. in: Völger, Gisela (Hrg.) Rausch und Realität. Köln 1981
- Winkler, Anita: Drogenhändler und Würzler. Lukrative Geschäfte mit Arzneien. Drogenhändler und Würzler. Lukrative Geschäfte mit Arzneien | Die Welt der Habsburger. 18.10.2020
- Zweig, Stefan: Die Welt von Gestern. Erinnerungen eines Europäers. Frankfurt am Main 1970

ROCK'N'ROLL

- Anna Ehrlich,Christa Bauer: Der Wiener Kongress, Diplomaten, Intrigen, Skandale. Wien 2014
- Nostitz-Rieneck, Georg: Briefe Kaiser Franz Josephs an Kaiserin Elisabeth. Wien 1966
- Buch der vier Farben, von den verschiedenen Arten, einen Fächer zu halten (aus dem Französischen), Paris 1757, in: Geheime Signale: Der Fächer-Flirt - Wien Aktuell - VIENNA.AT. 27.07.2006. 20.10.2020
- Ehrlich, Anna: Auf den Spuren der Josefine Mutzenbacher. Eine Sittengeschichte von den Römern bis ins 20. Jahrhundert. Wien 2005
- Goethe, Johann Wolfgang v.: Aus meinem Leben. Dichtung und Wahrheit. Erster Teil, Fünftes Buch
- Harmann, Brigitte: Ein Herz und viele Kronen. Das Leben der Kaiserin Maria Theresia. Wien 2004
- Khevenhiller-Metsch, Fürst Johann Joseph: Aus der Zeit Maria Theresias. Tagebuch des Fürsten Johann Josef Khevenhüller-Metsch 1742-1776. Wien 1907
- https://www.habsburger.net
- Klo-und Toiletten-Kulturgeschichte: Die Karriere des stillen Örtchens | BR Wissen, 22.11.2020
- Martin Mutschlechner, https://www.habsburger.net. 18.10.2020
- Mattl-Wurm, Sylvia: Wien vom Barock bis zur Aufklärung. Wien 1999
- Öhlinger, Walter: Wien im Aufbruch zu Moderne. Wien 1999
- Pfeisinger, Gerhard: Die unverhüllte Sinnlichkeit und das Ritual des Besitzens, in: Erotik. Versuch einer Annährung (Ausstellungskatalog Historisches Museum der Stadt Wien). Wien 1990

- Regina Karner, Michaela Lindinger (Hg.): Großer Auftritt. Moder der Ringstraßenzeit (Ausstellungskatalog Wien Museum). Wien 2009
- Vocelka, Karl: Glanz und Untergang der höfischen Welt. Repräsentation, Reform und Reaktion im habsburgischen Vielvölkerstaat, Wien 2004
- Schäffer, Christine: Weihnachtliche Traditionen. In: „Wenn es in Wien weihnachtet". Edition Mokka. ISBN 978-3-902693-63-1. in: www.wienerweihnachtstraum.at/christkindlmarkt/geschichte/weihnachte-traditionen/. 20.09.2020
- Walk, Alfred (Hg.): Das k. k.privilegierte Hetzamphitheater unter den Weissgerbern : eine traurige Tierquälerei im alten Wien des 18. Jahrhunderts. Wien 2012
- Witzmann, Reingard: Wiener Walzer und Wiener Ballkultur: Von der Tanzekstase zum Walzertraum. In: Krasa, Selma: Bürgersinn und Aufbegehren: Biedermeier und Vormärz in Wien 1815-1848: 109. Sonderausstellung des Historischen Museums der Stadt Wien, 17. Dezember 1987 bis 12. Juni 1988. Wien 1897
- Wochni, Sabine: Lustwandeln wie zu Kaisers Zeiten, Die Furche, 27.10.2011. in: https://austria-forum.org/af/Wissenssammlungen/Essays/Vermischtes/Lustwandeln#:~:text=Unter%20Maria%20Theresia%20wurde%20der,noch%20zwei%20Labyrinthe%20geschaffen%20worden. 25.09.2020

ABBILDUNGSVERZEICHNIS

COVER

1. Johann Hieronymus Löschenkohl (Verlag), Löschenkohl: „Der Spaziergang des Abends am Graben oder der Schnepfen-Strich", 1784, Wien Museum Inv.-Nr. 62017, CC0 (https://sammlung.wienmuseum.at/objekt/131815/)
2. Baldi & Würthle [Fotoatelier] ; Ludwig Victor, 1842-1919, ÖNB Bildarchiv und Grafiksammlung NB 519.315 - B
3. Franz Joseph I und Katharina Schratt, ca. 1910, Autor unbekannt File:Franz Joseph I und Katharina Schratt sw.jpg - Wikimedia Commons
4. Johann Christian Schoeller (Künstler), Alles raucht (Satirische Darstellung der Rauchmanie), 1839, Wien Museum Inv.-Nr. 54364, CC0 (https://sammlung.wienmuseum.at/objekt/542066/)
5. Karl Klic (Karikaturist), Johann Strauss., 1877, Wien Museum Inv.-Nr. W 6207, CC0 (httpssammlung.wienmuseum.atobjekt497824)
6. Satirisches Bild Das Begräbnis des Faschings in Wien., circa 1843, Joseph Cajetan (= Anton Elfinger, 1821–1864) Johann Wenzel Zinker (1821-1864), Wiener Theaterzeitung
7. Hans (Johann) Schließmann (Schliessmann) (Zeichner), So tanzt man in Wien!!, 1887, Wien Museum Inv.-Nr. 143924, CC0 (httpssammlung.wienmuseum.atobjekt811316)
8. Ludwig Angerer (Fotograf), Kaiserin Elisabeth, 1860, Wien Museum Inv.-Nr. 49804278, CC0 (httpssammlung.wienmuseum.atobjekt126976)
9. Unbekannt, Modebild Vier Figuren, Anzüge zu Maskenbällen, 1835, Wien Museum Inv.-Nr. M 30972, CC0 (httpssammlung.wienmuseum.atobjekt50189)
10. Wilhelm Gause (Künstler), Ballszene, um 1900, Wien Museum Inv.-Nr. 238693, CC0 (httpssammlung.wienmuseum.atobjekt1034768)

SEX

1. Constitutia Criminalis Theresiana, 1769
2. Titelblatt von Versuch von denen Krankheiten, welche aus der Selbstbefleckung entstehen, 1760, U.S. National Library of Medicine, Image ID 175408, Urheber bzw. Inhaber, A. Achilles, 1829, 26.10.2006, Joergens.mi (Original-scan), Mosmas (Bearbeitung) http://commons.wikimedia.org/wiki/Image:De_Selbstbefleckung_Tissot_01.jpg File:De Selbstbefleckung Tissot 01 cropped.jpg – Wikimedia Commons
3. Samuel Tissot – Portrait, 1829, (A. Achilles) U.S. National Library of Medicine, Image ID 175408, Datei:WP Simon-Auguste Tissot.jpg – Wikipedia
4. Korsett zur Verhinderung der Masturbation, 1921, Albert Moll, File:Corsetto onanista p. 627 1.jpg - Wikimedia Commons
5. Johann Hieronymus Löschenkohl (Verlag), „Lohn des Ausschweifung / zur Warnung für andere", um 1782, Wien Museum Inv.-Nr. 62024, CC0 (https://sammlung.wienmuseum.at/objekt/131928
6. „Mütterlicher Rath", in: Fliegende Blätter, Heft 12, Nummer 278, 1850, Josef von Camerlohr (1819-1851), München, Universitätsbibliothek Heidelberg Inv.-Nr. G 5442-2 Folio RES, CC0
7. Theodor Zasche (Zeichner), Das Stubenmädchen und der „Gnädige Herr" (Vorlage für Buchillustration), 1900, Wien Museum Inv.-Nr. 167998/3, CC0 (https://sammlung.wienmuseum.at/objekt/339827/)
8. Ferdinand Schmutzer (Künstler), Sigmund Freud, 1930, Wien Museum Inv.-Nr. 47894, CC0 (https://sammlung.wienmuseum.at/objekt/122939/)

9. Portrait of Richard von Krafft-Ebing, 27.01.2007, Quelle: Всемирная Иллюстрация, 1891, Autor: фотография В. Г. Чеховского, гравировал Б. А. Пуц
10. Erotische Szene von Ostseite der Südwand des Lupanars. Römisches Fresko in Pompeji, 15.03.2009, Filippo Coarelli ed.: Hirmer, München 2002, ISBN 3-7774-9530-1, p. 195, Urheber: Wolfgang Rieger
11. 19th century engraving of „Spintriae" purportedly found in Pompeii, before 79 AD, Unknown source, Unknown Author, PD, File:Spintriae aus Pompeji.jpg - Wikimedia Commons
12. Johann Hieronymus Löschenkohl (Verlag), Löschenkohl: „Der Spaziergang des Abends am Graben oder der Schnepfen-Strich", 1784, Wien Museum Inv.-Nr. 62017, CC0 (https://sammlung.wienmuseum.at/objekt/131815/)
13. László Frecskay (Karikaturist), Carl Angerer (Stecher), „CASANOVA! CASANOVA!! CASANOVA!", 1872, Wien Museum Inv.-Nr. W 1091, CC0 (https://sammlung.wienmuseum.at/objekt/303134/)
14. Johann Hieronymus Löschenkohl (Verlag), Am Spittelberg im Extrazimmer, 1783, Wien Museum Inv.-Nr. 108472, CC0 (https://sammlung.wienmuseum.at/objekt/185727/)
15. Neuzeitliches Treiben - Flugblatt „Errichtung eines Bordell-Hauses in Wien", 1848, Druck: Michael Lell, 36,5 x 23cm, Wienbibliothek im Rathaus, Druckschriftensammlung, Inv.Nr. E 71.758
16. Pornographischer Druck nach Biedermeier-Original, um 1910, Druck nach Aquarell, je 36 x 28 cm, Wienbibliothek im Rathaus, Druckschriftensammlung, Sign. Secr-D 538
17. Homosexuellenfeindliche Karikatur aus „Kikeriki", 11. März 1869: Ein Geistlicher flieht vor einem Artilleristen, der mit ihm im Stadtpark „einen unmoralischen Diskurs führen wollte".ANNO/Österreichische Nationalbibliothek
18. Unbekannt, Illustrierte Postkarte aus der Reihe „Das haben die Mädchen so gerne...!" mit pornographischen Motiven: Prater-Hauptallee, um 1920, Wien Museum Inv.-Nr. 239182/2, CC0 (https://sammlung.wienmuseum.at/objekt/1059137/)
19. Unbekannt, Illustrierte Postkarte aus der Reihe „Das haben die Mädchen so gerne...!" mit pornographischen Motiven: Prater-Ringelspiel, um 1920, Wien Museum Inv.-Nr. 239182/3, CC0 (https://sammlung.wienmuseum.at/objekt/1059144/)
20. Kondomtrockengestell, Metall, 18,4 x 3,8 x 3,8 cm, MUVS, Wien, Inv.Nr. 2305, Museum für Verhütung und Schwangerschaftsabbruch (muvs.org)
21. Stiftpessar, spätes 19. Jahrhundert, Kupfer, 7 x 2,5 x 1 cm, MUVS, Wien, Inv.Nr. 1649, Museum für Verhütung und Schwangerschaftsabbruch (muvs.org)
22. Kindermädchen im Park. Öl auf Leinwand. Wien. 1889., 1889, Louis Uhl, IMAGNO/Wien Museum Inv.Nr. 00453841
23. Familie des Kaisers Maximilian I. (1459-1519), Bernhard Strigel, nach 1515, Kunsthistorisches Museum, File:Bernhard Strigel - Emperor Maximilian I with His Family - Google Art Project.jpg - Wikimedia Commons
24. Reiterportrait Karl V., Tizian, 1548, Museo del Prado File:Tizian karl v.jpg - Wikimedia Commons
25. Don Julius Caesar nach der Ermordung seiner Geliebten Margarete Pichler, Adolf Liebscher, File:Levob 05.jpg - Wikimedia Commons
26. Portrait of Empress Marie Louise, 1810, Francoise Gerard, File:L'impératriceMarie-Louise.jpg - Wikimedia Commons
27. Adam Albert von Neipperg, ritatto di Adam Albert Graf Neipperg, secondo marito di Maria Luigia d´Austria (incisione – 1820 circa) Museo Glauco Lombardi – Parma, cloppj, File:Adam Albert Graf Neipperg.jpg - Wikimedia Commons
28. Plakat „Centralbad", 1904, Enwurf Hermann Grom-Rottmayer, Farblithografie, 61 x 98cm, Wien Museum Inv. Nr. 129152_2
29. Baldi & Würthle [Fotoatelier] ; Ludwig Victor, 1842-1919, ÖNB Bildarchiv und Grafiksammlung NB 519.315 - B
30. Otto Franz Joseph von Österreich, Maria Josepha Luise von Sachsen und ihre zwei Söhne, 1897, ÖNB / Carl Pietzner, Otto Franz Joseph von Österreich - Wikiwand
31. Anna Nahowski mit 22 Jahren Fotografie von ca. 1882, 26.12.2005 (Original-Hochladedatum) File:Anna Nahowski.jpg - Wikimedia Commons
32. Portrait of Katharina Schratt in evening dree, Heinrich von Angeli, File:Katharina Schratt im Abendkleid.jpg - Wikimedia Commons
33. Franz Joseph I und Katharina Schratt, ca. 1910, Autor unbekannt, File:Franz Joseph I und Katharina Schratt sw.jpg - Wikimedia Commons
34. Vinzenz Katzler (Künstler), „Der Kaiser und die Kaiserin von Oesterreich auf der Fuchsjagd.",

1873, Wien Museum Inv.-Nr.W2461,CC0 (https://sammlung.wienmuseum.at/objekt/375376/)

35. Bay Middelton, vor 1892, Autor unbekannt, https://de.wikipedia.org/wiki/Bay_Middleton#/media/Datei:Bay_Middleton_(*_1846,_%E2%80%A0_1892).jpg
36. Luise von Österreich-Toskana (1870–1947) und Enrico Toselli (1883–1926), etwa 1907, Autor unbekannt, Bildarchiv Austria, Datei:LuiseToselli.jpg – Wikipedia

36a. Luise von Toskana als Marie-Antoinette, Luise von Österreich-Toskana (1870-1947), 1907-1912, Unbekannter Autor, Österreichische Nationalbibliothek File:Luise von Toskana as Marie-Antoinette.jpg - Wikimedia Commons

DRUGS

37. Apotheker im Jahr 1568, Jost Amman, Hans Schachs: „Eygentliche Beschreibung aller Stände auff Erden, hoher und nidriger, geistlicher und weltlicher, aller Künsten, Handwercken und Händeln…", Frankfurt am Main, 1568, www.digitalis.uni-koeln.de, Autor unbekannt, File:Apotheker-1568.png – Wikimedia Commons
38. Johann Christian Schoeller (Künstler), „Alles raucht" (Satirische Darstellung der Rauchmanie), 1839, Wien Museum Inv.-Nr. 54364, CC0 (https://sammlung.wienmuseum.at/objekt/542066/)
39. Zeitschrift des allgemeinen österreichischen Apotheker-Vereines 3. Januar 1903, S. 7 Cocain…Präparate, ANNO/Österreichische Nationalbibliothek
40. Zeitschrift des allgemeinen österreichischen Apotheker-Vereines 3. Januar 1903, S. 9 Cocain/Strychnin… Präparate, ANNO/Österreichische Nationalbibliothek
41. Johann Hieronymus Löschenkohl (Verlag), „Denkmal auf das Ende der Tranksteuer den 31 October 1783", 1783, Wien Museum Inv.-Nr. 31709, CC0 (https://sammlung.wienmuseum.at/objekt/61116/)
42. A busy examining hall in the opium factory at Patna, India. Lithograph after W.S. Sherwill, c. 1850, Science Museum Group, Wellcome blog post, http://catalogue.wellcomelibrary.org/record=b1182886, Library reference: ICV No 19551, Photo number: V0019156, Full Bibliographic Record: http://catalogue.wellcomelibrary.org/record=b1182886; https://wellcomeimages.org/indexplus/obf_images/6f/d5/1a8c881aa6d95d09479a6ed88c3b.jpg, https://wellcomeimages.org/indexplus/image/V0019156.html, Wellcome Collection gallery (2018-03-21): https://wellcomecollection.org/works/e9dsn6pj CC-BY-4.0; File:A busy examining hall in the opium factory at Patna, India. Wellcome V0019156.jpg - Wikimedia Commons
43. A busy drying room in the opium factory at Patna, India. Lithograph after W. S. Sherwill, c. 1850., Iconographic Collection, Keywords: W. S. Sherwill, Library reference: ICV No 19555, Photo number: V0019160, Full Bibliographic Record: http://catalogue.wellcomelibrary.org/record=b1182891, https://wellcomeimages.org/indexplus/obf_images/bf/0d/6ed022535292272767a2b257b848.jpg, Gallery: https://wellcomeimages.org/indexplus/image/V0019160.html, Wellcome Collection gallery (2018-03-21): https://wellcomecollection.org/works/ryr67nb4 CC-BY-4.0; File:A busy drying room in the opium factory at Patna, India. Lit Wellcome V0019160.jpg - Wikimedia Commons
44. A busy stacking room in the opium factory at Patna, Lithograph after W.S. Sherwill, c. 1850., Science Museum Group, Welcome blog post, http://catalogue.wellcomelibrary.org/record=b1182884; Library reference: ICV No 19549, Photo number: V0019154, Full Bibliographic Record: http://catalogue.wellcomelibrary.org/record=b1182884, https://wellcomeimages.org/indexplus/obf_images/ae/51/fd329437cd0c605021758db14fdd.jpg, Gallery: https://wellcomeimages.org/indexplus/image/V0019154.html, Wellcome Collection gallery (2018-03-21): https://wellcomecollection.org/works/u2mv2ajj CC-BY-4.0; File:A busy stacking room in the opium factory at Patna, India. L Wellcome V0019154.jpg - Wikimedia Commons
45. Werbeschild von Bayer für US-Apotheken, vor dem staatlichen Heroinverbot 1924, vor 1925, Autor unbekannt; https://www.invaluable.com/auction-lot/drug-store-sign-bayer-3014-c-b0e4e1b86e; File:Drug store sign for products Heroin and Aspirin before US Heroin ban 1924.jpg - Wikimedia Commons

46. Advertisement for Heroin, around 1900., Unknown author, Michael de Ridder: Heroin. Vom Arzneimittel zur Droge. Frankfurt am Main, Figure 15. Campus Verlag 2000, ISBN 3-593-36464-6, Unbekannter Autor; File:Heroin-Werbung.jpg - Wikimedia Commons
47. Neue Freie Presse 25. April 1887, S. 7, Cocain Pastillen Allheilmittel, ANNO/Österreichische Nationalbibliothek
48. Neues Wiener Tagesblatt 23. Oktober 1889, Nr. 292, S.24 - Gummi, ANNO/Österreichische Nationalbibliothek
49. Albrecht Dürer zugeschriebene Darstellung eines Syphilitikers (Flugblatt mit dem Lehrgedicht des Arztes Dietrich Ulsen, Nürnberg 1496), 1484, https://www.historicalresearchupdate.com/stories/science-history-syphilis-and-christopher-columbus/; File:DürerSyphilis1496.jpg - Wikimedia Commons
50. Zeitschrift des allgemeinen österreichischen Apotheker-Vereines 3. Januar 1903, S. 4 – Quecksilber Pastillen, ANNO/Österreichische Nationalbibliothek
51. Einspritzungsinstrument für Männer-Image from page 120 of "Arzneiverordnungslehre für Studierende und Ärzte" (1900), Identifier: arzneiverordnung00kobe, Authors: Kobert, Rudolf, 1854-1918, Drugs Prescription writing Drug Prescriptions, Stuttgart : Ferdinand Enke, Contributing Library: Francis A. Countway Library of Medicine, Digitizing Sponsor: Open Knowledge Commons and Harvard Medical School; Image from page 120 of „Arzneiverordnungslehre für Studier... | Flickr
52. Neus Wiener Tagblatt 29. Oktober 1877, Nr. 297, S. 6, Geheime Krankheiten, ANNO/Österreichische Nationalbibliothek

ROCK'N'ROLL

53. Maria Theresia im türkischen Kostüm und mit Maske / Maria Theresa in Turskish costume with a mask. Ölgemälde, Martin van Meytens zugeschrieben, um 1745 © Schloß Schönbrunn Kultur- und Betriebsges.m.b.H. / Fotograf: Alexander Eugen Koller SKB 001407
54. Das Damenkarussell in der Winterreitschule der Wiener Hofburg 1743. Ölgemälde von Martin van Meytens und Werkstatt, um 1765 © Schloss Schönbrunn Kultur- und Betriebsges.m.b.H. / Fotograf: Edgar Knaack/Sammlung Bundesmobilienverwaltung, Standort Schloss Schönbrunn MD 040145
55. Artaria & Co. Verlag (Verlag), Das kaiserliche Karussell in der Winterreitschule am 23. November 1814, 1814, Wien Museum Inv.-Nr. 23711/1, CC0 (https://sammlung.wienmuseum.at/objekt/73849/)
56. Johann Hieronymus Löschenkohl (Verlag), „Vorstellung des abgebrannten Hetzamphitheaters, in Wien am ersten September 1796", 1796, Wien Museum Inv.-Nr. 47406, CC0 (https://sammlung.wienmuseum.at/objekt/501098/)
57. Johann Hieronymus Löschenkohl (Verlag), Der Brand des Hetzamphitheaters in Wien am 1. September 1796, 1796, Wien Museum Inv.-Nr. 179064, CC0 (https://sammlung.wienmuseum.at/objekt/396889/)
58. Anton Ziegler (Künstler), Ein Maskenball im kaiserlichen Redoutensaal, um 1830, Wien Museum Inv.-Nr. 427, CC0 (https://sammlung.wienmuseum.at/objekt/45371/)
59. J. Langer (KupferstecherIn), Johann Josef Schindler (Zeichner), „Feierlicher Einzug Seiner Majestät Franz I. in seine Residenzstadt Wien ...", 1814, Wien Museum Inv.-Nr. 55565, CC0 (https://sammlung.wienmuseum.at/objekt/471618/)
60. Joseph Schütz (Künstler), Maskenball im k.k. Redoutensaal der Wiener Hofburg, um 1815, Wien Museum Inv.-Nr. 31615, CC0 (https://sammlung.wienmuseum.at/objekt/60462/)
61. Balthasar Wigand (Künstler), Das Militärfest im Prater anlässlich des Jahrestags der Schlacht bei Leipzig am 18. Oktober 1814, 1814, Wien Museum Inv.-Nr. 24957, CC BY 4.0 (https://sammlung.wienmuseum.at/objekt/81430/)

62. Unbekannt, Entwurf zu einem Feuerwerk Kaspar Stuwers im Wiener Prater zu Ehren von Kaiserin Carolina Augusta und Kaiser Franz I., 1817, 1817, Wien Museum Inv.-Nr. 89537, CC0 (https://sammlung.wienmuseum.at/objekt/457705/)
63. Ball der Fürsten, französische Karikatur, 1815; picturedesk.com/Interfoto/Sammlung Rauch
64. Karl Klic (Karikaturist), „Johann Strauss.“, 1877, Wien Museum Inv.-Nr. W 6207, CC0 (https://sammlung.wienmuseum.at/objekt/497824/)
65. Karl Klic (Karikaturist), Johann Tomassich (Ausführung), „An der Wien, am 10. Februar 1871.“, 1871, Wien Museum Inv.-Nr. W 6209, CC0 (https://sammlung.wienmuseum.at/objekt/497826/)
66. Wenzel Deimel (Stadtbaumeister), Etablissement Apollosaal in der Zieglergasse, Schnitt durch die beiden Säle, 1819, Wien Museum Inv.-Nr. 19351/3, CC0 (https://sammlung.wienmuseum.at/objekt/152223/)
67. Ansicht des Tanzhains im Apollo-Saal in Wien., um 1808, unknown author, Wien Museum, Inv. Nr. 57.632-1; Datei:Apollosaal Tanzhain 1808.jpg – Wikipedia
68. Das Neue Elysium um 1840, circa 1840, Autor unbekannt, Quelle: http://www.filmarchiv.at/show_content.php?sid=89; Datei:Elysium um 1840.jpg – Wikipedia
69. Das Neue Elysium in Wien (Kontinent Asien). Kreidelithografie, 28,8 x 44,5 cm. Sammlung: Wien Museum., 1840, Robert Waissenberger (Hrsg.): *Wien 1815-1848. Bürgersinn und Aufbegehren. Die Zeit des Biedermeier und Vormärz.* Office du Livre und Verlag Carl Ueberreuter (1986), Franz Wolf, (1795-1859); File:Neues Elysium-Asien.jpg - Wikimedia Commons
70. Daumsches Elysium, um 1840, Wilhelm Kisch: Wien. Die alten Strassen und Plaetze Wien´s und ihre historisch interessanten Haeuser: ein Beitrag zu Culturgeschichte Wiens mit Rücksicht auf die vaterländische Kunst, Architektur, Musik und Literatur. Wien: Gottlieb 1883, S. 508, fig. 181, CC BY-NC-ND 4.0; Datei:Daumsches Elysium.jpg – Wien Geschichte Wiki
71. Satirisches Bild: Das Begräbis des Faschings in Wien., circa 1843, Joseph Cajetan (= Anton Elfinger, 1821-1864)/Johann Wenzel Zinker (1821-1864), Wiener Theaterzeitung; File:Funeral of the carnival in Vienna-1843.jpg - Wikimedia Commons
72. Hans (Johann) Schließmann (Schliessmann) (Zeichner), „So tanzt man in Wien!!“, 1887, Wien Museum Inv.-Nr. 143924, CC0 (https://sammlung.wienmuseum.at/objekt/811316/)
73. Wilhelm Gause (Künstler), Ballszene: Begrüßung auf der Treppe mit Kaiser Franz Joseph, um 1900, Wien Museum Inv.-Nr. 238694, CC0 (https://sammlung.wienmuseum.at/objekt/1034769/)
74. Die Gartenlaube, „Wiener Fasching: Gestaltet vom Lumpenball.“, 1888, Leipzig, Autor unbekannt, Hrg. Ernst Keil´s Nachfolger; File:Die Gartenlaube (1888) b 076.jpg - Wikimedia Commons
75. Wilhelm Gause (Künstler), Martin Gerlach jun. (Fotograf), Der Wäschermädelball, 1896 (Inv.-Nr. 18407), um 1925–1945, Wien Museum Inv.-Nr. 210144, CC0 (https://sammlung.wienmuseum.at/objekt/30731/)
76. C. K. (Zeichner), „Auf dem Fiakerball“ (Zeitungsausschnitt aus der Wochenzeitschrit „Der Floh“, 1891), 1891, Wien Museum Inv.-Nr. 111500, CC0 (https://sammlung.wienmuseum.at/objekt/584042/)
77. J. Albrecht: „Wiener Faschingslust“, Lithografie, 1854, Wien Museum Inv.-Nr. 98153
78. Vorsatz: Johann Hieronymus Löschenkohl (Verlag), Die Liebe, um 1800, Wien Museum Inv.-Nr. 62119, CC0 (httpssammlung.wienmuseum.atobjekt132204)
79. Nachsatz: Unbekannt, Im Carltheater (Karikatur aus Kikeriki, 7. Jänner), 1877, Wien Museum Inv.-Nr. 76276143, CC0 (httpssammlung.wienmuseum.atobjekt455841)